KB083788

『콜랭 드 플랑시 문서철』에 새겨진

젊은 한국학자의 영혼

모리스 쿠랑 평전과 서한자료집

글쓴이

다니엘 부세(Daniel Bouchez) 전 프랑스 국립과학연구원 한국학연구부장
노미숙(盧美叔, No, Mi-Sug) 콜레주 드 프랑스 한국학연구소 IGE-AS연구원
신상필(申相弼, Shin, Sang-Phil) 부산대학교 점필재연구소 HK교수
이상현(李祥賢, Lee, Sang-Hyun) 부산대학교 인문학연구소 HK교수
이은령(李恩姈, Lee, Eun-Ryung) 부산대학교 불어불문학과 교수
전수연(全壽蓮, Chun, Soo-Yun) 연세대학교 사학과 교수
하상복(河相福, Ha, Sang-Bok) 부산대학교 인문학연구소 HK교수

『콜랭 드 플랑시 문서철』에 새겨진
젊은 한국학자의 영혼 모리스 쿠랑 평전과 서한자료집

초판 인쇄 2017년 6월 5일 **초판 발행** 2017년 6월 15일
엮은이 부산대학교 인문학연구소/점필재연구소, 콜레주 드 프랑스 한국학연구소
펴낸이 박성모 **펴낸곳** 소명출판
출판등록 제13-522호 **주소** 서울시 서초구 서초중앙로6길 15, 1층
전화 02-585-7840 **팩스** 02-585-7848
전자우편 somyungbooks@daum.net **홈페이지** www.somyong.co.kr

값 20,000원
ISBN 979-11-5905-196-8 03990
ⓒ 소명출판, 2017

이 책은 2007년 정부(교육과학기술부)의 재원으로 한국연구재단의 지원을 받아 수행된 연구임
(NRF-2007-361-AM0059)

모리스 쿠랑
Maurice Courant

평전과
서한자료집

THE SPIRIT OF A KOREAN SCHOLAR
ENGRAVED ON PA-AP. COLLIN DE PLANCY

『콜랭 드 플랑시 문서철』에 새겨진

젊은 한국학자의 영혼

부산대학교 인문학연구소 / 점필재연구소,
콜레주 드 프랑스 한국학연구소 엮음

소명출판

발간사

　오늘날 모리스 쿠랑(Maurice Courant, 1865~1935)은 한국인과 동떨어진 낯선 외국인이 아니다. 한국에서도 그는 한국도서의 존재를 세계에 널리 알린 인물이자 한국학을 개척한 선구자로 기억되고 있다. 또한 쿠랑의 삶과 그의 한국학 저술, 그가 수집, 조사했던 한국고전 목록을 오늘날 우리는 '한국어'로도 만날 수 있다. 예컨대, 지금은 고인이 된 다니엘 부셰 교수의 쿠랑에 관한 전기를 통해 쿠랑의 삶과 그의 한국학 저술 전반의 성격을 살필 수 있다.[1] 이희재 교수가 각고의 노력 끝에 세상에 내놓은 『한국서지』 완역본(1994), 파스칼 그러트(Pascal Grotte) 교수가 펴낸 『프랑스 문헌학자 모리스 쿠랑이 본 한국의 역사와 문화』(2009)를 통해, 쿠랑의 대표적인 한국학 논저를 검토할 수 있다.[2] 파리국립도서관 및 동양언어 문화학교 소재 한적자료에 관한 조사들, 또한 최근 이귀원 소장과 이혜은 교수에 의해 조사, 발굴된 콜레주 드 프랑스(Collège de France) 한국학연

1　다니엘 부셰, 전수연 역, 「한국학의 선구자 모리스 꾸랑」, 『동방학지』 51 · 52, 연세대 국학연구원, 1986[D. Bouchez, "Un défricheur méconnu des études extrême-orientales Maurice Courant", *Journal asiatique*, Tome CCLXXI, 1983.]
2　모리스 쿠랑, 이희재 역, 『한국서지』, 일조각, 1994(*Bibliographie coréenne*, Paris, 1894~1896, 1901); 모리스 쿠랑, 파스칼 그러트 · 조은미 역, 『프랑스 문헌학자 모리스 쿠랑이 본 한국의 역사와 문화』, 살림, 2009(Collège de France éd., *Études Coréennes de Maurice Courant*, Paris : Éditions du Léopard d'Or, 1983)

구소에 소장된 쿠랑의 한적자료 등을 통해, 쿠랑이 조사했던 한국고전의 전체 윤곽과 그 얼개를 가늠할 수 있게 되었다.[3]

그럼에도 우리가 부세 교수가 쓴 쿠랑의 전기, 또한 그가 발굴한 쿠랑의 서한문을 엮어 이렇게 출판한 이유는 쿠랑의 초상을 복원하며 이를 기념할 필요가 여전히 남겨져 있기 때문이다. 쿠랑을 '한국학의 선구자'로 인식하고 그의 한국학 저술을 살피게 된 가장 큰 계기가 쿠랑을 잇는 또 다른 재외의 한국학자, 부세 교수의 논문이었음을 기억할 필요가 있다. 부세 교수는 한국과 프랑스 양측에 묻혀져 있던 쿠랑이란 존재를 발굴했으며 쿠랑의 초상을 '한국학의 선구자'로 재조명하고 그의 한국학 논저를 집성하여 학계에 널리 알린 가장 큰 공헌자이다. 하지만 우리는 부세 교수의 성과를 얼마나 잘 계승하고 있으며, 그가 복원해낸 쿠랑에 대한 기억을 얼마나 잘 발전적으로 계승하고 있는 것일까?

부세 교수가 내놓은 쿠랑의 전기는 쿠랑 관련 신자료의 발굴과 쿠랑의 한국학 저술 전반에 대한 면밀한 엄선 및 실증적 고찰을 통해 작성된 중요한 학술적인 연구성과이며, 30여 년이 지난 오늘날의 눈으로 보아도 여전히 유효한 훌륭한 수작이다. 또한 부세 교수의 업적은 한 편의 학술적 논문으로 전달되지 않는 매력적인 힘을 동시에 지니고 있다. 그의 글에 살아 있는 듯 생생하게 묘사된 쿠랑의 초상을 통해, 우리는 쿠랑의 한국문명에 대한 사랑과 그로 인해 결코 녹녹하지 않았던 한국학자로서의 삶을 대면하며 그를 외국인 아니라 우리가 상속하고 갚

---

3 국립중앙도서관 편, 『국외소재 한국 고문헌 수집성과와 과제』(개정판), 국립중앙도서관 도서관연구소, 2011; 국립중앙도서관 도서관연구소 편, 『콜레주드 프랑스 소장 한국 고문헌』, 국립중앙도서관 도서관연구소, 2012.

아야 할 부채를 전해준 한 사람의 한국학자로 재인식하게 된다.

또한 이렇듯 부셰 교수가 쿠랑의 초상을 복원할 수 있었던 큰 원동력은 오늘날까지도 여전히 검토되지 않은 쿠랑이 남겨놓은 유물 때문이었음을 기억할 필요가 있다. 이 유물은 부셰 교수에게 큰 영감을 제공해준 자료로, 쿠랑이 주한프랑스공사 플랑시에게 보낸 서한문이다. 이 자료는 부셰 교수의 발굴 이후에도 프랑스파리 외무부 문서고에 여전히 잠들어 있었다. 이에 우리는 2013년경 이 자료를 입수한 후 콜레주 드 프랑스 한국학연구소와 공동작업을 진행했고, 이제 그 결과물을 세상에 내놓게 되었다.

당연히 이 결과물이 나오기까지 함께 해 준 분들에게 감사의 인사를 드리고 싶다. 먼저 2013년 프랑스 외무부 문서고를 방문하여 자료조사를 하고, 콜레주 드 프랑스 한국학연구소와 공동연구를 기획하고 돌아온 연구단의 연구원들이다. 부산대 인문학연구소의 하상복·이상현 교수와 점필재연구소의 신상필 교수 그리고 지금은 부산대 불어불문학과에서 근무하고 있는 이은령 교수, 이분들의 노고에 고마운 마음을 표현하고 싶다. 더불어 흔쾌히 다니엘 부셰 교수님 논문의 한국어 번역원고를 이 책에 수록할 수 있도록 허락해주신 연세대학교 사학과 전수연 교수님과 『동방학지』에도 감사를 표한다.

또한 이 책의 프랑스어판을 준비해주고 콜랭 드 플랑시에게 보낸 모리스 쿠랑의 육필서한을 재구하는 작업에 참여한 콜레주 드 프랑스의 한국학연구소에 지면을 빌어 감사의 인사를 전하고 싶다. 특별히 이 책의 한국어판과 프랑스어판 기획에 동참해주신 한국학연구소의 알랭 들리센(Alain Delissen) 소장님, 우리 연구단과의 협력으로 콜레주 드 프랑스 한국학연구소측의 출판진행을 맡아주신 동연구소의 한국장서 책임자 노미숙(No Mi-Sug) 선생님, 직접 서한 재구 작업을 담당해주신 콜레주 드 프랑스 레비스트로스 도서관(Bibliothèque Claude-Lévi-Strauss)의 전 책임자이신 마리옹 아벨레스(Marion Abélès) 선생님, 또한 원고 재구작업에 소중한 도움을 주신 기메 박물관(Musée Guimet, 현 국립기메 동양박물관 Musée national des arts asiatiques–Guimet)의 프란시스 마쿠엥(Francis Macouin) 전 도서관장님, 비서구 언어 문화도서관 뷸락(BULAC, Bibliothèque universitaire des langues et civilisations)의 학예연구관 솔린 로 쉬셰(Soline Lau-Suchet) 선생님, 그리고 재구된 서한을 다시 검토해주시며 귀중한 조언을 아끼지 않으셨던 한국학연구소 마크 오랑주(Marc Orange) 전 소장님께 심심한 謝意를 표한다. 마지막으로 쿠랑의 서한문에 관한 해제논문을 프랑스어로 번역해 준 파리 디드로 대학 동양학과 피에르 엠마뉘엘 루(Pierre-Emmanuel Roux) 교수님께도 감사의 인사를 전한다. 이들의 도움이 없었다면 이 책의 출판이 불가능했음은 말할 나위가 없기 때문이다.

2016년 12월 30일
부산대인문학연구소
소장 김인택

발간사

대외 관계에 소극적이었던 19세기 조선의 상황을 고려할 때, 프랑스와의 관계는 오히려 매우 이른 편이었다. 1825년 조선 천주교 신자들의 사제 파견요구에 의해, 1827년 9월 1일 교황이 파리 외방전교회에 선교사 파견을 요청하면서 시작되었기 때문이다. 이후 1886년 양국 간의 정식 수교가 맺어진 130주년을 기념하여, "2015~2016 한-불 상호 교류의 해"를 지정하기도 했다. 또한 2015년 9월부터 2016년 8월까지는 '프랑스 내 한국의 해', 2016년 1월부터 12월까지는 '한국 내 프랑스의 해'로서 많은 행사가 있었다.

이렇게 양국 간 의미 깊은 시기에 모리스 쿠랑의 서간문이 두 나라의 언어로 번역되어 출간된다는 사실은 무척이나 의미심장하다. 본서의 출간은 프랑스 한국학의 본격적인 계기를 열어준 모리스 쿠랑이 1890년부터 1892년까지 2년 동안 한국에 체류해 있었던 것과 깊은 관계가 있다. 그는 대한제국 초대 프랑스 공사관을 지낸 빅토르 콜랭 드 플랑시(Victor Collin de Plancy, 1853~1922)의 서기관으로 있으면서 한국에 머물렀고, 플랑시의 권유로 『한국서지』라는 위대한 역작을 남길 수 있었다.

본서는 그런 저서를 만들어가는 과정에서 1891년 6월 일본 도쿄로 전속한 플랑시에게 그간 진행된 자료의 조사와 구매 내용, 또는 출판과 인쇄에 관한 상황을 담아 보낸 쿠랑의 편지들을 탈초하고 번역한 것이다. 이들 서간에서 우리는 모리스 쿠랑과 플랑시의 공사(公私)에 걸친 밀접한 관계는 물론, 『한국서지』가 완성되던 과정을 저자인 쿠랑 자신의 목소리로 직접 들을 수 있다. 뿐만 아니다. 이들 서간은 한국학 연구자들에게 희미하던 19세기 말 한국고전의 정황을 알려준다는 점에서 무척 값지다.

이런 뜻 깊은 본서가 발간될 수 있었던 것은 지난 2013년 여름 부산대 인문한국(HK)(고전번역＋비교문화학) 연구단의 콜레주 드 프랑스 한국학 연구소 방문에서 비롯되었다. 그리고 그곳에서 만난 알랭 들리센(Alain Delissen) 소장과 노미숙 선생의 친절한 안내와 자료 소개의 덕택에 힘입은 것이다. 그 뒤, 여름휴가로 한국에 들린 노미숙 선생은 남편과 함께 부산을 방문했다. 그때, 노미숙 선생이 보여준 해외 한국학에 대한 진지하고도 적극적인 관심은 지금도 기억에 생생하다. 그리고 그런 과정을 통해 양국 간의 공동 작업에 튼튼한 돌다리 역할을 해 주시리라 확신할 수 있었다.

물론 본서가 나오기까지 그 외에도 많은 분들의 노력이 있었다. 본 연구단의 지금 진행된 연구교류와 출간과정을 주관하였던 부산대 불어불문학과 이은령 교수와 인문학연구소 이상현 선생, 이들과 성실하게 작업을 함께 해온 인문학연구소 하상복 선생과 점필재연구소 신상필 선생의 노고도 잊을 수 없다. 이 모든 분들의 노력으로 오늘의 결실을 이룰 수 있었다. 이런 작업의 과정을 지켜볼 때, 오래전 한국에서 맺어진 플랑시와 쿠랑의 만남이 지금 콜레주 드 프랑스와 부산대학교의 만남으로 새롭게 재연된 것 같다는 생각이 들기도 한다. 그렇다면 한국의 고전으로 맺어진 이 오랜 인연이 본서 출간에 그치지 않고 보다 새롭고도 깊은 공동연구의 성과들로 확산되기를 기대한다.

끝으로 본서가 나오기까지 19세기 문서를 다루면서 프랑스어와 한국어 사이의 협곡에서 탈초와 번역으로 애쓰셨을 많은 관계자들에게 다시 한 번 감사의 말씀을 전한다. 또한 평생 한국학에 깊은 애정을 갖고 연구를 진행해 오셨음은 물론, 모리스 쿠랑이 남긴 발자취에 학적 이해를 더해주신 고(故) 다니엘 부셰(Daniel Bouchez) 선생을 추모하며 머리 숙여 감사한다.

2016. 12. 24.
부산대학교 점필재연구소
소장 정출헌

발간사_ 한국을 향한 우정 : 친애하는 콜랭 드 플랑시 공사님

한국과 프랑스 간에 몇 주년이란 수교를 기념할 때마다 모리스 쿠랑 (Maurice Courant, 1865~1935)과 빅토르 콜랭 드 플랑시(Victor Collin de Plancy, 1853~1922)라는 두 이름은 한결같이 행사의 특별석을 차지하며 등장한 다. 이 이름이 반드시 되풀이되는 것에 놀랄 수 있겠지만 잘 알려진 일 반론에 머무는 것은 삼가고 이 책에 다시금 그들이 등장하는 것이 타당 한 지를 살펴보면, 모리스 쿠랑과 빅토르 콜랭 드 플랑시는 1890년대 중반 서울에서 함께 근무했던 시기부터 외교와 학술관련 행사들을 거 듭해온 이래로 두 사람 모두 더 이상은 동아시아학에 있어 "잘 알려지 지 않은 선구자들"[1]이 아님을 알 수 있다. 그러면 이미 많은 내용이 드 러나고 서술된 이 시점에서 그들에 관한 재론이 또 필요할 것인가?[2]

이유는 바로 그들이 우리에게 남긴 자료를 또다시 향유할 권리가 주 어졌기 때문이다. 우리는 그 자료들을 한번씩 경애심에서 의례적으로 치루는 강요된 행위가 아니라, 두 사람이 장시간에 걸쳐 이뤄놓은 풍부

---

1   *Journal Asiatique*(Leuven, Peeters Publishers, 1983, 271, pp.43~150)에 처음 발표된 모리스 쿠 랑과 콜랭 드 플랑시에 관한 故 다니엘 부셰 교수의 결정적인 논문 제목으로 이 책에 재차 수 록한다. 재간행을 허락해주신 아시아협회 장 피에르 마에 회장(Jean-Pierre Mahé, président de la Société Asiatique)께 깊이 감사드린다.

2   프랑스국립극동연구원 엘리자벳 샤바놀(Élisabeth Chabanol) 서울분원 소장 간행의 『서울의 추억: 프랑스/한국 1886-1905』(*France/Corée, 1886-1905, Souvenirs de Séoul*, 2006) 참고.

한 결실과 우리 내면에까지 깊은 반향을 일으키는 영감의 이름으로 꾸준히 되돌아보게 된다. 그러므로 우리는 완료된 논저의 규모와 그토록 짧은 기간에 쿠랑이 발굴하여 작성한 서지목록의 우수성, 그리고 우리에게 남겨진 이 유산의 진가를 항시 찬탄하며 되새겨야 한다. 한편 이 주어진 자산이 한국이라는 나라에 대한 애정과 그의 심원한 독창성에서 비롯하였을 거침없는 직관이 없었더라면 19세기에 이미 축적되어 있던 학술적 기술과 진기한 수집품들로 작성된 방대한 목록에 단순히 항목 하나만을 더 추가하는 일이 되었을 터이다. 학자이며 외교관이었던 쿠랑과 콜랭 드 플랑시는 저마다의 방식으로, 글을 쓰고, 또 수집을 하며, 한국과 중국을 동일시하여 보게끔 만들어진 잣대에서 벗어날 줄 알았을 뿐만 아니라 지역 선비문화 전통에만 고정된 한국의 잣대를 떨쳐낼 줄 알았다. 그들은 텍스트의 영역에 직접 현장에서 체험으로 얻은 살아있는 통찰적 지식을 더했던 것이다.[3]

예컨데 쿠랑이 『한국관직역대총람』[4]을 집필하기 위해 작성한 육필 원고를 읽을 때면, 곧잘 중국의 국가 모델과 한국의 차이점이 기록되어 있을 뿐만 아니라 방대한 분량의 서지목록으로 가득차 있는데, 쿠랑은 19세기 말엽의 한국 사회가 어떠했는지를 면밀히 기술하고자 한 만큼이나 그 서지목록에 당시 한국의 실제 생활상과 문서 및 법률적 규범의

---

3 아직 잘 알려지지 않은 한국학자 카미유 생송(Camille Sainson)과 비교할 수 있을 것이다. 그는 최초로 『동국통감(東國通鑑)』을 발췌해 번역하여 『한국의 기원』이란 제목으로 1895년 베이징에서 출판하였는데 단군을 특별히 소개하였다.

4 Cf. *Répertoire historique de l'administration coréenne*(Cahiers d'études coréennes, vol.3, Paris, Centre d'études coréennes du Collège de France, 1986). 『韓國官職歷代總覽』의 육필본은 콜레주 드 프랑스에 소장되어있다. 현재 프랑스 사회과학고등연구원(EHESS)의 나은주(Eunjoo Carré-Na) 연구원이 XML로 콘텐츠를 구축하고 있다.

편차에 관한 많은 주석을 채워놓았다. 그러기에 우리는 쿠랑을 읽고 또 읽음으로써 새로운 질문들을 던질 수 있는 것이다. 우리는 또한 그에게서 우리가 서 있는 이 21세기의 초입에 통용되는 학문의 문화사를 위한 보다 다양한 방법론과 분석 도구를 이끌어 낼 수도 있다. 학문의 문화사가 사상사(思想史)에서, 그리고 시대적 혹은 행동양식의 맥락화하기에서 멀어질 때면, 우리는 지(知)의 시학과 동시에 소재(모티프)의 지리적 혹은 사회문화적 순환을 주시해야 하는 준엄한 사명과 마주하게 된다. 학문의 문화사는 이미 모두에게 알려진, 심지어 매우 잘 알려진 자료에 대해서도 다시 그 자료를 변환(전사, 번역)하고, 종합하고, 해설하는 작업들을 상세히하기 위해, 작품의 근거가 되는 제1차 자료, 즉 가장 가공이 덜 된 상태의 자료에서 출발한 새로운 질문서 작성을 요구한다. 이 과정은 또한 초심의 열정에서 시작하여 다양한 비평의 수용까지, 기획의 재조정, 제자리걸음, 지체, 실패…… 등을 거치며, 학술교류와 그 환경 및 긴 시일이 필요한 프로젝트들을 동반하고 구조화하는 학술기관들을 탐사하는 시간이기도 하다. 『지식의 장소』[5]라는 거대한 기획으로 크리스티앙 자콥(Christian Jacob)과 그의 동료들이 제시했던 방법론과 도구를 적용해보는 것도 쿠랑의 연구 업적에 생명력을 보존하는 일일 것이다.

이쯤에서 나는 감히 도발적인 가정을 시도해본다. 오늘날 모리스 쿠랑은 참된 지식의 대성당으로서, 수없이 인용되고 번역까지 된[6] 기념비

---

5 Christian Jacob (dir.), *Les lieux de savoir 1, Espaces et communautés*, Paris, Albin Michel, 2007; *Les lieux de savoir 2, Les mains de l'intellect*, Paris, Albin Michel, 2011.
6 도발에도 한계가 있다. 『한국서지』(서울, 일조각, 1997[1994], xvii-922)의 방대한 번역직업을 완료하신 故이희재 교수에게 이 자리를 빌어 경의를 표한다.

적인 『한국서지』[7]의 명망 높은 저자이다. 그럼에도 나는 이 『한국서지』를 아무도 읽지 않은 것으로,[8] 제대로 읽지 않은 것으로, 흥미로운 발견이 예상되는 그 구석구석까지는 읽지 않은 것으로, 또 그 누구도 이 책을 진정한 질문과 연구자로서의 큰 계획을 세우며까지 고무되어 읽지는 않은 것으로 가정해본다. 이 책의 "독자들" 개개인이, 별 뜻은 없었을지라도 소홀하게, 쿠랑의 저술계획에 깃든 애초의 격정을 포기하고 그 일을 성공으로 이끌던 고집불통의 야망을 망각한 채, 실리적 방책으로, 쿠랑의 저서를 '점잖고 엄숙한' 정보 보관처 상태로 두어 디지털화라는 "프로크루스테스의 침대"에[9] 들도록 하였다는 가정을 해본다.

다시 제자리로 돌아오면, 실제로 그런 이유에서 여기 이 단행본에 모아진 다소 이질적일 수 있는 글들이 의미를 가지게 된다. 이 책에는 나름의 논리와 필연성, 오랫동안 품어온 열망이 있다. 그리고 이 책은 프랑스와 한국의 기념일들과 관련한 일시적인 분망(奔忙)으로 치부할 수만도 없다.

많은 분량은 아니지만 그 결정적인 중심에 1891년과 1921년 사이 쿠랑이 콜랭 드 플랑시에게 보냈던 33통의 편지가 있다. 연장자이며

---

7 1894년에서 1896년에 걸쳐 르루(Leroux) 출판사를 통해 파리에서 세 권이 출판되었고, 1901년에 같은 출판사에서 보유판으로 제4권을 출판하였다. 네 권 모두 Gallica(프랑스국립도서관의 전자도서관)에서 열람 및 파일 내려받기를 할 수 있다.

8 부끄럽게 나도 『한국서지』를 제대로 읽었다고는 할 수 없음을 고백한다. 이러한 나를 그나마 옹호해 줄 수 있는 두 작가의 작품을 소개한다. 롤랑 바르트의 『텍스트의 즐거움』(Roland Barthes, *Le plaisir du texte*, Paris, Seuil, 1973)("프루스트의 행복 [...], 결코 같은 구절을 건너뛰는 건 아니다")과 특히 피에르 바야르의 『읽지 않은 책에 대해 말하는 법』(Pierre Bayard, *Comment parler des livres qu'on n'a pas lus*, Paris, Minuit, 2007)이 그것이다.

9 역주) 프로크루스테스의 침대 : 그리스 신화에 등장하는 인물의 일화에서 나온 표현으로 자기 생각에 맞추어 남의 생각을 뜯어 고치려는 행위나 횡포를 말한다. 여기서는 획일화된 자료의 디지털화에 빗댄 표현으로 볼 수 있다.

상관이었던 콜랭 드 플랑시는 쿠랑에게 있어 한국에 관한 대화상대자였고, 필요한 서적들을 제공해준 인물이며, 동시에 그의 멘토였다. 오랜 기간 지속된 이 협력관계의 모태는 서울의 프랑스 외교관으로서 역사의 두드러진 요동기를 함께 보내던 짧고 강렬한 초창기 시절로 거슬러 올라간다. 동학혁명, 청일전쟁, 개화파의 갑오개혁 등으로 주권국 조선 또는 대한제국이 차츰 붕괴되어 사라지던 시기, 공관만 벗어나면 전개되는 일상적인 서울의 동요와 고난 속에서 그들은 한국의 희귀 고서와 진귀품들에 대한 열정을 공유했고 서적 수집과 박물관에 대한 태도도 함께 나누었다. 바로 그러한 행보가 이 현실 세계에서 유실로 이어지지 않고 실현될 수 있는 기획의 힘이 된다. 많은 자원이 여전히 존속함에도 파국으로 치닫고 있는 한 나라의 상황을 예리하게 감지한 쿠랑과 콜랭 드 플랑시는 그로 인한 영감으로 문화 자산의 가치를 살리는 구축 작업을 실천한 것이다.

이러한 사실이 우리가, 프랑스어로 처음 간행이 되거나 자료 접근에 한계가 있는, 이 단행본에 모은 글을 통해 상기해볼 수 있는 점이다. 이 책에 소개된 논문들은 더욱 폭넓은 맥락과 경로를 설정하여 이 짧은 서문에 비해 보다 무게 있게, 그리고 각자가 제시하는 해석으로—특히 제국주의 시대 배경을 놓고 타자에 대한 지식을 구성함에 있어—보다 야심차게 일정 분량의 서간들을 뒷받침하고 있는데, 파리근교 라 쿠르뇌브(La Courneuve)에 위치한 프랑스 외무부 문서보관소(Centre des Archives diplomatiques)에 보관된 서한자료에 대해서는 한 마디 언급이 필요하다고 본다.

서신의 존재가 알려지지 않았던 것은 아니다. 고(故) 다니엘 부세 교수가 그의 출중한 논문에서 이 편지들에 대해 거론하였으나 간행되지 않았을 뿐더러 연구도 이어지지 않았다. 그리고 이번 기회에 출판을 목적으로 육필서간을 아주 수고롭게,[10] 하지만 때론 보람도 없이, 오른손을 다친 쿠랑[11]의 뒤늦은 필체까지 판독해야 했다. 이제 남은 문제는 활용이다. 작업장은 자유로이 열려있다. 그럼에도 나는 연구자를 고려해서 몇 가지 단초 내지는 의견을 간략히 피력해 둔다. 솔직히 말하자면, 여러 개인적 자료와 병렬적 편집에 기대어, 주요 논저로 주목할 만한 기여를 염두에 두고 보기에는 부가가치가 적어 보인다. 기본 자료는 30년 동안 33통의 편지로 얼마 되지 않을 뿐더러 1901년부터는 아주 드물어져 연속적이지도 않고, 때로는 막연히 전보 형식을 띠며 내용은 암시적이다. 특히나 아쉬운 것은 콜랭 드 플랑시에게 쓴 쿠랑의 서간만 있어서 전적으로 불균형을 이룬다는 점이다. 그 반면에 콜랭 드 플랑시의 편지는 없다. 엄밀히 말해 이 책에 소개하는 것은 상호 서신교환이 아니다. 물론 세세한 것을 좋아하는 사람들은 필요에 따라 한 뛰어난 학자의 사생활이 주는 이런저런 면모, 즉 결혼생활의 역경와 경력에 있어서의 좌절과 같은 간단한 정보를 얻을 수도 있고, 20세기로의 전환점에 서울의 외교 생활에서 기인한, "관저" 문제 같은, 이런저런 재미난 묘사를 만날 수도 있겠지만, 혁신적인 내용은 전혀 아니다.[12] 전통적인

10 이 수고로운 일을 마다하지 않은 마리옹 아벨레스(Marion Abélès), 프란시스 마쿠엥(Marion Abélès), 마크 오랑주(Marion Abélès), 솔린 로 쉬셰(Soline Lau-Suchet), 노미숙(No-Génetiot Mi-Sug) 선생님들께 감사드린다.

11 다니엘 부셰 교수는 쿠랑이 오른손을 완전히 못쓰게 된 사고 시기를 1910년 말로 잡고 있으며, 연구를 계속하기 위해 뒤늦게 쿠랑은 왼손잡이가 되었다.

12 편지의 성격으로 보아 내용에 언급된 장소, 인물 혹은 사건에 학문적 주해를 달아 무게를 더하는 것은 적절하지 않을 것 같았다. 다양한 언어로 한국에 관한 일반 역사서는 많이 있다. 쿠랑과 콜랭 드 플랑시를 이어주었던 "외무"에 대해서는 당연히 마크 오랑주 전 한국학연구소 소

"고귀한" 외교사 측면에서도 이끌어낼 수 있는 것은 거의 없고, 엄 상궁과 고종 황제에 관한 뒷얘기라든가 열강 간의 패권다툼을 둘러싼 기밀 폭로 등은 아예 없다. 따라서 모든 것이 조금 빈약하다.

정작 흥미로운 점은 내가 보기에 다른 곳에 있다. 그것은 쿠랑이나 콜랭 드 플랑시가 맡았던 직책과 그들 인생의 파란을 넘어, 이 한쪽의 서신 교환이 간직하여 증언하고 있는 것에 널리 기인한다. 즉,『한국서지』출판이라는 훌륭한 기획의 끈기 있고 집요한 실천과, 그 책이 완성되고 보유판이 나온 이후에도 한국과 한국인을 향한 쿠랑의 자발적이고 열정적인 참여와 고집스런 지속성을 이 서간들이 증언하고 있다. 또한 이 소량의 편지는 우리에게 이러저런 시기에 있어 학자의 근심어린 관심사와 그리고, 쿠랑과 그의 "서지목록" 및 쿠랑과 자신의 사부와(Savoie) 지방의 성(城)에서 보내는 "학구적인 휴가" 등, 그의 공부 방식에 대해서도 약간은 일러주고 있다. 세월이 지남에 따라 이들의 서신교환은 그 시대와 환경과 서로의 지위로 요구되었던 초창기의 공손한 거리두기(짐짓 꾸민, 남성적인, 명사(名士)로서의, 제3 공화국과 외무부 특유의 어투)에서도 자유로워진다. 그리고 때때로 쿠랑이 틀을 깸으로 드러나는 소탈한 감정도 감지할 수 있는데 그것은 이를테면 명백하게 각인된 우정이었다. 외교관들에게 이 말은 생소한 것이 아니다. 여기서 우정이란 말은 그 낱말이 의미하는 모든 의장(儀裝)을 다 갖추고 있다.

한국을 통한 우정. 한국의 덕으로 얻은 우정. 한국을 향한 우정. 쿠랑

장이 준비한 두 권의 책을 참고하기 바란다(Archives françaises relatives à la Corée – Inventaire analytique, Ministère des Affaires Étrangères 1(1987), 2(2013), Paris, Collège de France). 이 책에는 서울 주재 프랑스 공관에서 근무했던 사람들을 시기순으로 정리한 유용한 목록이 있다.

에게는, 상상하건대 콜랭 드 플랑시에게도, 한국에 대한 애정과 한국을 향한 우정이 학문적 인생 전반에 걸쳐 두 사람의 인간적 우애의 굳건한 토대로서, 처음부터, 그리고 이후에도 끊임없이, 그들을 배양해왔음을 증거하는 학술적 발화의 냉철함으로 넘치고 있다.

한 세기가 지난 후 여기 또 다시 한국을 향한 이러한 우정, 한국에 대한 이러한 애정이 반향을 일으켜 여러 사람들이 힘을 모아 글을 쓰고 번역을 하며, 한편에선 한국어로, 한편에선 프랑스어로 이 책을 출간하게 되었다. 부산대학교가 시작하여, 쿠랑과 콜랭 드 플랑시처럼, 어떻게든 완성으로 이끌어 오지 않았더라면 이 책은 나올 수 없었을 것이다.[13] 특히, 프랑스를 향한 한국의 우정이라는 — 우리를 영예롭게 하는 — 이 명명백백한 소중함이 없이는 이 책은 존재할 수 없었을 것이다. 그런 사실에 마음을 모아 감사의 뜻을 표한다.

2017년 3월 15일
콜레주 드 프랑스 한국학연구소
소장 알랭 들리센(Alain Delissen)

---

13 특별히 부산대학교 인문학연구소의 김인택 소장, 동 대학 점필재연구소의 정출헌 소장, 이은령(현, 불어불문학과), 이상현, 하상복, 신상필 교수들께 감사드린다.

차례

제1부 | 모리스 쿠랑 평전 다니엘 부셰|Daniel Bouchez | 전수연 옮김

M a u r i c e   C o u r a n t

제 1 부

모리스 쿠랑
평전

Un défricheur méconnu des études extrême-orientales ― Maurice Courant (1865 ~ 1935)

다니엘 부셰|Daniel Bouchez | 전수연 옮김

잊혀진 동양학자, 모리스 쿠랑
한중일 동양순회와 『한국서지』
전문적 학자의 길과 한국학 저술
리옹대학 중국어과 교수임용과 동양학 저술
리옹대학 교수로서의 족적과 리옹중법대학〔里昻中法大學〕
유럽 최초의 '한국사 강의'와 이루지 못한 동양학자의 꿈

잊혀진 동양학자, 모리스 쿠랑

동양학자들이 선구자로 받드는 모리스 쿠랑(Maurice Courant(古恒), 1865~1935)은 20세기 초 많은 저서를 남긴 인물이다. 그중에서도 한국에 관심을 가진 이라면 1894년부터 1901년에 걸쳐 출판된 쿠랑의 불후의 저서 『한국서지』[1]를 기억할 것이다. 그러나 이들에게조차도 모리스 쿠랑은 그다지 잘 알려지지 않아, 한국인들이 그에 관해 가지고 있는 호기심을 만족시켜 주지 못하고 있다.

지난 세기 말 조선에 극히 짧은 기간 체류한 뒤 이 같은 믿을 만한 참고서를 남긴 젊은 외교관은 과연 어떤 인물인가? 그리고 그 후엔 곧 조선에 관한 관심을 잃은 것인가? 왜 그에 대해 알려진 바가 거의 없는가? 이러한 질문에 답하고자 관련 분야 간행물 등을 섭렵해 보지만, 그에 대한 추도문 같은 것을 도저히 발견할 수가 없다. 1935년 그가 죽었을 때 세상의 관심을 끌지 않았다는 사실 자체가 놀라운 일이다. 중국·일본학자이기도 했던 쿠랑이 그 당시에도 인정받지 못하였다는 이야기이다. 오늘날 프랑스의 한국학이 쿠랑의 존재를 망각함은 그 학문 자체의 역사를 부정함이며 선구자의 노력에 대한 배은망덕이라 할 것이다. 이미 늦은 바 없지 않지만, 이 같은 공백은 언젠가는 메워져야 하며 쿠랑이 받아 마땅한 경의를 표해야 할 것이다.

---

1 원명은 *Bibliographie Coréenne*, Paris, 1894~1901, 4 vols.[이하 *BC*로 약칭] 한국에서 두 차례에 걸쳐 영인 출판되었다. 『한국서지』에 소개된 한국서적의 수는 3,821권에 달한다.(편집자 주:『한국서지』에 대한 다니엘 부셰의 원문주석과 함께, 이희재의 번역서(모리스 쿠랑, 이희재 역, 『한국서지』, 일조각, 1994) 속 인용면을 이하 함께 제시하도록 한다).

본고는 쿠랑이 출판한 주요 중국·일본 연구와 그가 리옹에서 35년간 담당했던 강의도 취급하고 있다. 더욱이 본인이 참고로 한 자료는 불중·불일 관계에 관해 현재까지 거의 연구되지 않았던 몇 가지 외교문제를 명확히 해주고 있다. 1919년 쿠랑의 도쿄 파견이 그 한 예이며, 특히 리옹 중법대학[里昴中法大學, Institut franco-chinois de Lyon]의 창립과 운영에 그가 담당한 역할은 중국 사학자들의 관심을 끌 만한 문제이다.

한중일 동양순회와『한국서지』

1) 쿠랑과 파리 동양어학교

모리스 쿠랑(Maurice Courant)은 1865년 10월 12일 파리의 프랑클랭(Franklin)가 6번지에서 샤를 이지도르 쿠랑(Charles Isidore Courant, 1826~1888)의 장남으로 출생하였다. 부친 샤를 역시 파리 출생이나 노르망디 인의 후손이었다. 몇십 년 거슬러 올라가면 프랑스 혁명 당시 리지외(Lisieux)의 나사 상인이던 그의 조상을 추적할 수 있다. 재운이 없었던 부친 샤를은 모리스 출생 시 국방성의 서기직을 맡고 있었다. 파시(Passy)구(區) 공증인의 딸 마리 코나르(Marie Cosnard, 1835~1907)와 혼인하여 모리스 이외에도 여러 자식을 두었으나 살아남아 장성한 이는 앙리(Henri, 1871~1925)뿐이다.

장남 모리스의 유아기·사춘기에 대해서는 아무런 기록이 없으며, 1883년 대학 자격시험에 통과, 같은 해 파리대학 법과를 다니기 시작하였다. 법학공부를 계속하는 가운데 2년 후 1885년 동양어학교에 등록하여 중국어와 일본어 공부를 시작하였다. 당시 중국어 강좌를 맡고 있던 폴란드인 알렉상드르 클래쇼브스키(Alexandre Kleczkowski) 백작(1818~1886)은 건강 악화로 곧 퇴임하여 가브리엘 드베리아(Gabriel Devéria, 1844~1899)[2]가 그 뒤를 이었다. 그러므로 젊은 쿠랑에게 처음으로 중국어를 가르친

2　Gabriel Devéria(1844~1899). 1860~1882년 중국에서 통역사로 근무. 1889년 동양어학교 교수로 임명. 1897년 이후 고등연구소 멤버. 특히 서기체계의 역사에 관심이 많았음. Ed. Chavannes, *Journal asiatique*, nov.-dec. 1899, pp.375~387의 주석을 참고할 것.

이는 드베리아 교수이다. 그러나 제2학년, 3학년에 강의를 맡은 것은 드베리아 교수가 아니라 모리스 잠텔(Maurice Jametel, 1856~1889)[3]이라는 강사였다. 드베리아 교수는 1889년에야 복직하게 된다. 일본어의 경우, 1868년 일본어 강좌 개설 후 줄곧 강의를 맡고 있던 레옹 드 로니(Léon de Rosny, 1837~1914)의 가르침을 받았다.

쿠랑의 동양어학교 시절 학우로는 이후 서구세계 최고의 중국학 권위자[4]로 불리게 될 에두아르 샤반(Edouard Chavannes, 1865~1918)을 꼽을 수 있다. 샤반은 쿠랑보다 1년 늦게 입학하였으나 제2학년을 월반, 3학년부터 동급생이 되었다. 이 둘의 친분은 지속된 것 같다. 1897년과 1898년 병든 샤반은 콜레주 드 프랑스 일을 다름아닌 쿠랑에게 부탁했다.

장학생으로 제2·3학년을 마친 쿠랑은 1888년 중국어와 일본어과를 졸업하였다.[5] 이 해는 그의 부친이 작고한 해이기도 하다. 두 해 전 1886년 법학 학사 학위를 받았다.

당시 동양어학교 졸업생의 주요 진출로는 외무부 통역 관직이었다.[6] 폴 드미에빌(Paul Demiéville)은 통역관에 대해, "그들은 당시 동양 제국과의 관계에서 중요한 역할을 담당한 인물들이다. 그들에게 주어진 책임은 막중한 것이었다"라는 평가를 한 바 있다.[7] 클래쇼브스키를 비롯해

---

3   Maurice Jametel(1856~1899). 1878~1880 베이징에서 통역을 공부한 후, 홍콩주재 프랑스 영사관 관리로 근무. 병환으로 본국으로 돌아감. 1886년부터 동양어학교에서 중국어를 가르쳤으며, 죽기 몇 달 전 정교수로 임명.

4   Paul Demiéville, "Aperçu historique des études sinologiques en France", *Acta Asiatica*, no.11, Tokyo, 1966, pp.56~110, p.95.

5   Décisions du conseil de perfectionnement de l'École des 11 janvier et 20 décembre 1887. Archives de France, 62 AJ 4.

6   Jean Deny. dans *Cent cinquantenaire de l'École des langues orientales. Histoire, organisation et enseignement de l'École des langues orientales vivantes*, Paris, Imprimerie nationale. 1948. 468p., p.18.

쿠랑을 가르친 교수들 드베리아, 잠텔 모두 통역관이었고, 그 역시 같은 길을 밟았다. 졸업한 해 9월 6일부터 그는 베이징 주재 프랑스 공사관에서 통역 실습생으로 근무하게 되었다.

21개월에 걸친 쿠랑의 첫 중국 체류에 대해 자세한 내용은 알 수 없다. 마지막 6개월 동안은 아르놀드 비시에르(Arnold Vissière)를 대신하여 수석통역관 임무를 수행하였다. 여가를 이용하여 써낸 「베이징의 궁정(La Cour de Péking)」 연구로 1891년 본국 외무부로부터 통역관 상을 받았다. 쿠랑은 이 연구를 발판으로 더욱 폭넓은 작업을 계속할 생각이었으나, 그의 부재 시 저자의 허가도 수정도 받지 않은 채 출판이 되어 차후 연구를 포기하였다.[8]

2) 한국주재 프랑스공사, 콜랭 드 플랑시

1890년 5월 23일 모리스 쿠랑은 베이징에서 서울로 전속, 프랑수아 게랭(François Guérin)의 후임으로 서기관 직무를 수행하게 되었다.[9] 그 당시 조선주재 프랑스 외교관은 단 두 사람이었다. 쿠랑이 보좌하게 된 상관 빅토르 콜랭 드 플랑시(Victor Collin de Plancy, 1853~1922)는 1886년에

---

7 *Ibid.*, p.158.
8 1891년 12월 17일 플랑시에게 보낸 서한; 쿠랑이 콜랭 드 플랑시에게 보낸 편지에서 이 같은 사정을 파악할 수 있다. 콜랭이 쿠랑에게서 받은 사신들은 외무부 문서보관소에 콜랭의 개인 문서 중에 소장된 것으로서 이 글의 주요 참고 자료가 되었다.
9 게랭의 출국과 쿠랑의 발령에 대해서는 『구한국외교문서』, 서울, 1965~1973, 22권 중 권19, 265, 266, 270번을 참조. 이 문서에의 서양인들의 이름은 한자로 기록되고 있다. 쿠랑의 한자 이름은 고항(古恒), 게랭은 업국린(業國麟).

조선과 프랑스 사이에 체결된 통상우호조약 비준문서를 교환할 임무를 띠고 1887년에 파견된 인물이다. 이 임무를 마친 후 그는 서울 주재 프랑스 공사로 임명되었다.[10] 콜랭 드 플랑시도 12년 연하인 쿠랑과 마찬가지로 법학 학사, 동양어학교 중국어과 졸업, 베이징 주재 통역관의 경로를 겪었다. 쿠랑이 서울에 온 직후 콜랭 드 플랑시는 1890년 7월 12일 베이징으로, 곧이어 8월 16일 도쿄로 전속발령을 받게 된다. 그러므로 이에 의하면 콜랭 드 플랑시가 그의 새 서기관과 서울에서 함께 일한 시간이 거의 없었다는 이야기가 되겠다. 그러나 실제로는 첫 발령은 실행되지 않았고 도쿄 발령 역시 1891년 6월 15일 그를 대신할 에밀 로셰(Émile Rocher)[11]가 서울에 도착한 후에야[12] 그 사실을 조선 정부에 통고하였다. 그러므로 쿠랑이 콜랭 드 플랑시와 함께 보낸 시간은 13개월이나 되는 셈이다.

콜랭 드 플랑시는 존경을 받는 외교관이었다. 그는 1895년 총영사 겸 주재공사 자격으로 서울에 돌아와 1906년까지 붕괴해가는 조선 왕실이 경청하는 충고자 구실을 하였다. 어느 미 외교관은 그에 관하여 "진지하고 예의 바르며 사려 깊은 인물, 친러파이면서도 음모에는 전혀 가담하지 않는 사람"이라고 쓰고 있다.[13] 오늘날 동양학자들은 그의 외교활동보다는 그가 동아시아 체류 중 수집한 예술품과 고서적에 관심을 기울인다. 여기서 우리는 그의 확고한 감식력과 폭넓은 교양을 엿볼 수 있다.

---

10 콜랭 드 플랑시의 생애에 대해서는 앙리 코르디에(H I. Cordier)가 쓴 추도문을 참조: *T'oung Pao*, XXI(1992), p.445.

11 에밀 로셰의 한자 이름은 미락석(彌樂石).

12 『구한국외교문서』 권19, 356번. 콜랭 드 플랑시의 한자 이름은 갈림덕(葛林德).

13 William F. Sands, *Undiplomatic memories*, New York, 1930, Repr., Royal Asiatic Society reprint series, Seoul, 1975, 238p., p.51.

그중 가장 뛰어난 수집물은 단연 1377년 주조 활자로 인쇄된 『백운화상초록불조직지심체요절(白雲和尙抄錄佛祖直指心體要節)』제2권이다.[14] 이는 현존하는 최고의 금속활자 인쇄물이며 구텐베르크(Gutenberg) 성서보다 71년 앞선 것이다. 콜랭 드 플랑시의 수집품과 장서 대부분이 1911년 3월 27일과 30일에 파리의 드루오 경매청(Hôtel Drouot)에서 시행된 경매 후 뿔뿔이 흩어졌다.[15] 그러나 1887~1891, 1895~1899년에 그가 한국에서 사들인 한국 서적은 경매 이전 이미 두 차례에 걸쳐 거의 모두 동양어학교 도서관에 기증되어 오늘날까지도 유럽에서 가장 풍부한 한국 고전 장서를 이루고 있다.

콜랭 드 플랑시가 어떤 방법으로 그러한 귀중한 서적들을 취득하였는지 궁금한 일이다. 1888년과 1889년, 즉 콜랭 드 플랑시가 그 후 1891년에 기증하게 될 서적들이 구매된 바로 그 시기에 조선을 답사한 프랑스 지리학자 샤를 바라(Charles Varat)의 아래와 같은 기록으로 호기심을 만족시킬 수밖에 없다.[16]

---

14 『직지심경』이라는 부적절한 이름으로 더 잘 알려졌다. 쿠랑의 『한국서지(보유편)』(Supplément à la Bibliographie coréenne, Paris, 1901, vol.1, p.122, p.IX, pp.70~71, no.3738; 모리스 쿠랑, 이희재 역, 앞의 책, 847쪽)에 첨가되었고, C.P.를 명시하여 콜랭 드 플랑시 장서 중 하나라는 것을 밝히고 있다. 또한, 이에 앞서 1900년 파리 박람회 당시 다른 저서들과 함께 한국관에 전시된 바 있다(Henri Vivarez, "Vieux Papiers de Corée", dans le Bulletin de la Société archéologique, historique et artistique, I-3, Paris, octobre 1900, pp.76~80).

15 Collection d'un amateur. Objets d'art de la Corée, de la Chine et du Japan, Me André Desvouges, Commissaire-priseur, et Ernest Leroux, expert, Paris, E. Leroux, 1911. 『백운화상초록불조직지심체요절(白雲和尙抄錄佛祖直指心體要節)』은 이 목록의 711번에 자리한다. 파리시 문서 보관소에서 열람한 경매기록부(Archives de Paris, D. 60E3 83)에 의하면 이 도서는 브베르(Vever)라는 이에게 180 프랑에 팔렸다고 한다. 파리의 보석상인 브베르(1854~1943)는 일본 판화 수집가로 유명한 인물이다(브베르에 대해서는 다음을 참조 Raymond Koechlin, Souvenir d'un vieil amateur d'art de l'Extrême Orient, Chalon-sur-Saône, 1930, p.113; Jack Hillier, Japanese Prints and Drawings from the Vever Collection, Sotheby Parke Bernet, London, 1976, 3 vols., vol.1, pp.11~12I). 이어 1950년경 그의 상속인에 의해 국립도서관에 기증되었다.

서울에서 나의 일과는 다음과 같다. 콜랭 드 플랑시 씨는 어느 프랑스 여행자가 매일 아침 프랑스 공사관에 자리 잡고서 이 나라에서 생산된 모든 물건의 견본을 사들이고 있다는 소문을 퍼뜨렸다. 아침 일찍부터 상인들이 떼를 지어 오면 조선민속학적 견지에 따라 물건을 신중하게 검토하는 것이 내 임무이다. 외국에서 온 상품은 가차 없이 제외된다. 다행히 콜랭 드 플랑시 씨는 그가 매일 프랑스어를 가르치고 있는 조선인 비서들을 내 밑에 두어 일을 돕게 해 주었다. 이들이 나로서는 용도를 알 수 없는 물건들에 관해 설명해 주고 가격 흥정도 맡아 한다. 상인들은 때로는 엄청난 가격을 부르거나 이쪽의 제의를 거절하곤 하지만 흥정하느라 시간을 허비할 필요는 없다. 그 다음 날이면 다시 와 전날 거절했던 조건을 수락하니까.

오후에 우리는 프랑스어를 하는 비서들과 함께 서울을 누비며 민속적 가치가 있는 물건은 눈에 띄는 대로 사들인다.

옛 서울의 수많은 상점! 그중 서점은 쿠랑도 『한국서지』의 자료를 찾아 순회에 참여하였을 것이다. 그가 『한국서지』의 「서론」에서 생생하게 묘사하고 있는 서울의 상점에 대한 구절은 유례없는 귀중한 자료로 남아있다.[17] 처음에는 바라, 이어서 쿠랑의 발길을 여기로 이끌어 간 사람이 누구였는지는 쉽게 짐작할 수 있다.

---

16 탐험가 샤를 바라는 프랑스 교육부에 의해 민속연구의 임무를 띠고 파견되었다. "Voyage en Corée; 1888~1889", dans *Le Tour du monde, Nouveau Journal des Voyages,* livraison 1635(7 mai 1892), Paris, pp.289~368, p.296(편집자 주: 샤를 바라, 성귀수 역, 「조선종단기 1888~1889」, 『조선기행』, 눈빛, 2001, 64~65쪽). 샤를 바라가 조선에서 수집한 고서와 예술품은 오늘날 파리의 기메(Guimet) 박물관에 소장되어 있다. 이 점에 대해서는 코르디에의 추도문 참조 *T'oung Pao,* 1893, p.311.

17 *BC* l, pp.XIX~XXIV(모리스 쿠랑, 이희재 역, 앞의 책, 1~3쪽).

3) 한국인 조력자들과 뮈텔 주교

「서론」에 열거된 참고 문헌을 보면[18] 그가 탐독한 자료의 우수성에 놀라지 않을 수 없다. 한국말로 의사소통하지도 못했던 그가[19] 더욱이 공공도서관이 존재치 않는 나라에서 그토록 짧은 체류 중 최선의 자료에 곧바로 접했던 것이다. 아무리 그의 자질이 뛰어났다고 해도 주변의 우수한 조언 없이는 전문가들의 경탄의 대상인 이런 신속성은 이루어질 수 없다.

그는 우선 공사관에 고용된 조선인들의 조언을 받았다. 그들 덕분에 수많은 시행착오를 면할 수 있었고 책에서는 찾을 수 없는 설명이나 정보를 얻을 수 있었다. 그중 한 예로 이인영(李寅榮)을 꼽을 수 있는데, 쿠랑은 후에 그를 가리켜 "끈기 있고 통찰이 있으며 양심적인 협력자"라고 했다.[20]

『한국서지』의 저자가 「머리말」[21]에서 깊은 감사의 뜻을 표하고 있는 귀스타브 뮈텔 주교(Gustave Charles Mutel, 閔德孝, 1854~1933) 역시 그에게 많은 도움을 준 것 같다. 상파뉴 출신인 뮈텔 주교는 한국 가톨릭교회의 창설자이기도 했다.[22] 그가 아시아에 온 것은 1877년의 일이며 한

---

18 *Ibid.* p.XXVII-XXX, 4~6쪽.
19 쿠랑이 조선에 도착하자마자 이 같은 작업에 착수할 수 있었던 것은 당시 여전히 조선의 공용문자이던 한문에 능하였기 때문이다. 그러나 한자음의 한국식 발음에 따라 옥편을 찾아보기 위해서는 한글을 익혀야 했다. 그 후 한글로 쓰인 문장을 해독하는 데까지 이르지만, 한국말을 하지도 이해하지도 못하였다.
20 *Répertoire historique de l'administration coréenne*, deux cahiers manuscrits in fol., inédits, 1891, p.IX, cf. infra, pp.62~63. 콜랭 드 플랑시에게 보낸 1891년 7월 3일자 편지에서 쿠랑은 이인응(李寅應)과 변원규(元圭)도 그의 협력자로 꼽고 있다.
21 *BC* 1. pp.XXVII, *BC* Supplement, pp.IX~X(모리스 쿠랑, 이희재 역, 앞의 책, 11~12쪽, 765~767쪽).

국에는 1880년에 들어왔다. 아직 기독교 전도가 허용되지 않는 시기였다. 1886년 파리로 소환되어 바크(Bac)가에 있는 파리 외방전교회 신학교의 강단에 섰으며, 1890년 주교 임명과 서품을 받고 1891년 2월 다시 서울로 돌아와, 당시 부임 9개월째를 맞고 있던 쿠랑과 곧 두터운 친분을 맺게 되었다.

이리하여 서울 시절 이미 시작된 두 사람 사이의 서신 왕래는 아마 그의 말년까지 끊이지 않았던 것 같으며, 1923년 8월까지의 편지는 뮈텔 주교에 의해 보관되어 이 글의 주요 참고 자료를 구성하고 있다.[23] 쿠랑은 그의 작업 경과를 주교에게 상세히 알리는 한편, 역사적 또는 서지학적 방면의 정보를 그에게 조회하곤 하였다. 조선을 떠난 후 『삼국사기(三國史記)』나 『동국여지승람(東國輿地勝覽)』 등과 같은 서지의 편찬에 중요한 서적들을 구하는 막중한 임무를 위탁한 것도 바로 뮈텔 주교에게 서였다.[24] 그중에서 희귀본의 경우, 뮈텔 주교는 필사생을 시켜 쿠랑이 필요로 하는 서적의 사본을 만들게 하였다. 수많은 해제를 작성하는 데 도움을 준 『대동운부군옥(大東韻府群玉)』의 경우가 바로 그러하다.[25] 조선에서 충분한 시간을 보낼 수 없었던 쿠랑의 야심찬 기획은 서울에 남아 있던 그의 벗의 도움 없이는 결코 실행될 수 없었을 것이다.

---

22 Adrien Larribeau M.E.P., *Un grand Évêque missionnaire, S.E. Mgr Gustave Mutel*, Paris, 1935, p.40; G. Gompertz, "Archbishop Mutel, a biographical sketch", *Transactions of the Korea Branch of the of the Royal Asiatic Society*, vol.XXVII, 1937, pp.67~132; 유홍렬, 『한국천주교회사』, 카톨릭출판사, 1984를 참조

23 이 글에서 인용된 쿠랑이 뮈텔 주교에게 보낸 편지는 모두 한국교회사 연구소에 보관되어 있다(『뮈텔 문서』).

24 1893년 5월 7일, 11월 18일 뮈텔에게 보낸 서한

25 *Ibid.*, 1892년 9월 7일 뮈텔에게 보낸 서한, Sur cet ouvrage, cf. *infra*, note 35.

4) 『한국서지』의 공동저자

그러나 쿠랑과 콜랭 드 플랑시 사이에 오고 간 편지에 의하면, 애초이 작업을 제안하였고 이후 단순한 충고자에 머물지 않고 해제 일부를 맡아 저술하기까지 한 이는 바로 콜랭 드 플랑시이다. 그는 쿠랑이 관심도 없던 나라에 파견되어 침울해하고 있음을 처음부터 알고 있었다. 후에 그에게 보낸 편지에서 쿠랑은 "첫 3개월 동안은 무척 괴로웠습니다. 당시의 정신 상태로는 극히 사소한 일로도 조선에 대해 혐오감을 느끼고 빠져나갈 궁리만 하곤 했습니다"[26]라고 썼다. 그 가운데 한 가지 낙이라면 저녁 식사 후에 상관과 오랜 대화의 시간이었다. 콜랭 드 플랑시는 동양어학교 교수들이 거의 언급조차 하지 않았던 이 미지의 나라에 대해 자신이 직접 와서 체험하고 발견한 것을 후배에게 일러 주고, 그가 수집한 조선서적을 소개하였다. 바로 이 대화 중에 당시 대부분의 서양인에게 그 존재조차 알려지지 않은 조선 문학의 목록, 더 나아가서 하나의 서지를 만들어보자는 생각이 싹텄던 것이다.

이를 제안한 것은 쿠랑이 아니었다. 반대로 콜랭 드 플랑시가 마치 오래전부터 자신이 구상해 온 기획인 것처럼 말하며 젊은 쿠랑의 도움을 구하였다. 쿠랑은 처음에는 망설였으나 그를 믿고 목록 작성에 협조할 것을 응낙하였다. 처음 착상을 확대하자고 제안한 사람도 역시 콜랭드 플랑시이다. 조선 문학이 그 정도로 알려지지 않았다면 단순히 제목만 열거하기보다는 해설을 첨부한 서지를 작성하는 게 낫지 않겠는가?

---

26 1892년 1월 21일 콜랭 드 플랑시에게 보낸 서한.

적절한 입문서가 요구되는 이 시점에 이로써 진정한 의미의 "조선문헌 일람"을 서구에 제공하게 될 것이다.

1891년 6월 도쿄로 전속된 콜랭 드 플랑시는 쿠랑에게 저서의 계획표를 부쳤으며 동년 9월 9일 쿠랑은 이를 받았다는 전갈을 보냈다. 한편 그들의 의도를 동양어학교장 샤를 셰페르(Charles Schefer)에게 알린 쿠랑은 그로부터 그들의 저서를 기꺼이 동양어학교총서(Publications de l'École des langues orientales)에 포함하겠으며 단지 인쇄소 선정 문제만 남았다는 내용의 회신을 받았다.[27] 그 해 말 합의를 보아 『조선문헌일람』(가제)은 파리의 에르네스트 르루(Ernest Leroux)사에 의해 빅토르 콜랭 드 플랑시, 모리스 쿠랑 공저로 동양어학교 총서에 넣을 목적으로 출판되기로 결정되었다.

두 사람은 각자 맡은 부분을 꾸준히 진행해 나갔다. 그러다가 1892년 초 갑자기 콜랭 드 플랑시는 공저로 하기에는 자신이 한 역할이 너무 적다는 내용의 편지를 보냈다. 모든 영광을 그의 젊은 벗에게 돌리기로 작정한 것이다. 더욱이 애초에 이 작업에 전념할 의도는 없었으며, 쿠랑에게 그 일을 권고한 것은 그가 주재국에 관심을 두고 침체기에서 벗어나게 하고자 함이었다고 고백했다. 2월 25일 쿠랑의 격렬한 답장.

뭐라고요? 이 책을 위해 하신 일이 전혀 없다고요? 제게 보내주신 해제 꾸러미부터가 그 말씀을 부인하고 있습니다. 그것만으로도 이 책의 상당 부분을 구성하며 중요하고 필수적인 문제를 다루고 있습니다. 그것뿐입니까? 이 모두 누구의 발상으로 시작되었습니까? 조선의 서지에 관심을 두고 서점을 샅샅이

---

27   1891년 12월 17일 콜랭 드 플랑시에게 보낸 서한. 이 편지 속에 샤를 셰페르와 도서관 사서 립 브레히트가 쿠랑에게 보낸 서신들에 대한 언급이 수록돼 있음.

뒤져보자는 생각을 한 것이 저였습니까? 저의 반대와 주저를 잊으셨는지요 몇 개월 동안 저를 설득하신 후에야 협력하기로 작정했던 바 아닙니까? 그것도 단지 공사님 말씀을 거절할 수 없어 마지못해 응낙한 것입니다. 시작하고 나서야 진정으로 관심을 가지게 된 것입니다. 그러고서도 공사님이 아니었다면 어떻게 제가 일을 할 수 있었겠습니까? 저의 생각은 묄렌도르프(Möllendorf)식의[28] 극히 간단한 해제를 작성하자는 것에 지나지 않았을 때, 거기에 살을 붙이고 설명과 분석을 더하여 생명을 불어넣은 이가 누구란 말입니까? 게다가 누가 이 책의 계획표를 작성하고 서양 서적을 조사했습니까? …… 아무것도 하신 일이 없다고요? 첫 발상, 실행 방법, 계획표, 기술 방식, 서지학적 접근, 전체의 삼분의 일 이상에 달하는 5~6장 저술, 이 모든 것이 공사님께서 하신 일입니다. 그래도 아무것도 하신 일이 없다 할 수 있겠습니까?

이상과 같은 우정 어린 질책도 콜랭 드 플랑시의 결심을 돌리지 못하였다. 그러나 그 자체 하나의 자료로서 이를 보면 두 사람의 관계 그리고 특히 『한국서지』의 유래를 알 수 있다. 그것 없이는 고작 콜랭 드 플랑시가 저자에게 미친 영향의 중요성을 짐작할 수 있었을 뿐이다. 그러나 전자의 결정적인 역할을 축소하지 않는 한편, 위 편지가 쓰인 당시 엄청난 양의 작업이 남아있었음을 고려해야 한다. 후자가 조선을 떠난 후 뮈텔 주교에게 보낸 청구편지가 보여주듯이 해제 작성에 가장 필요한 일부 저서가 아직 그의 수중에 있지도 않았던 것이다.

---

28 P.G. von Möllendorf, *Manual of Chinese Bibliography, being a list of works and essays relating to China*, by P.G. & O.F. von Möllendorf, interpreters to H.I.G. Majesty's consulates at Shanghai & Tientsin, Shanghai, Celest. Empire Office, 1876, Ⅷ~378p., in-8.

쿠랑이 이같이 주변의 도움과 지도를 받아 이용한 자료는 두 가지 범주로 나눌 수 있다. 그중 해제의 소재를 마련해준 자료에 대해서는 차후 자세히 설명키로 하고, 우선 짚고 넘어갈 것은 조사 당시 수중에 지니지 못했던 서적들의 존재 사실에 증거가 돼 준 자료이다. 쿠랑은『대전회통(大典會通)』[29] 또는『육전조례(六典條例)』[30]와 같은 법전의 예부분(禮部分)에서 도서명을 발견할 수 있었다.『고사촬요(故事撮要)』[31]에서는 1554년 유통된 상당수의 도서명을 찾아내었으며, 그중 지리 부분에는 각 지방에 보존되어 있던 목판목록이 명시되어 있었다. 고려시대에 저술되어 1669년에 출판된 저자 미상의『동경잡기(東京雜記)』[32]로 그는 경주에 그 목판이 보관된 80여 서적의 제목을 알아낼 수 있었다.『통문관지(通文館志)』(1720년 초판)[33] 제8장에서 역관들이 만든 외국어 습득을 위한 교재의 목판 목록과 62권의『통문관』소장 도서 목록을 발견하였으며, 그 외『통문관지』

---

29 『대전회통』1865년 고종황제의 명에 의해 편찬된 법전으로 6권으로 구성되어 있음. 각 조항은 이전에 편찬된 1469년, 1746년, 1785년 법전의 해당 항목을 따르고 있어, 편리한 참조도구의 역할을 한다. 설명과 목차는 BC, vol.2, pp.148~152(모리스 쿠랑, 이희재 역, 앞의 책, 382~384쪽)에 수록. 현대 재인쇄본, 조선총독부 중추원, 경성, 1939년. 조선왕조법전집 4권(1964)년에 영인본으로 수록.

30 『육전조례』대전회통 출간 1년 후인 1866년 10권으로 출간. 6조의 행정법규를 설명함으로써『대전회통』의 부족한 부분을 보충함. 참조 BC, vol.2, pp.152~157(모리스 쿠랑, 이희재 역, 앞의 책, 384~386쪽).

31 『고사촬요』3권으로 구성된 백과사전. 1554년 어숙권에 의해 처음 편찬된 후 여러 저자에 의해 수차례 내용이 보강되고 재편집된다. 임진왜란 이전 시기와 관련된 중요한 사료. 참조 BC 2, pp.435~437(모리스 쿠랑, 이희재 역, 앞의 책, 503-504쪽), BC 3, pp.426~427(모리스 쿠랑, 이희재 역, 앞의 책, 751쪽).

32 『동경잡기』라는 제목은 1669년 신라의 수도 경주에 관한 이 저서를 펴낸 지방관리가 命名한 것이다. 오늘날 흔히『동경통지』라고 불린다. 쿠랑은 1711년도 판을 한 부 사들이는 데 성공하여 참고하면서도 그 저술 시기가 1669년보다 훨씬 앞선다는 사실을 파악하지 못하였다.

33 12권으로 된『통문관지』는 그 외에도 많은 자료를 쿠랑에게 제공해 주었다. 이것은 사실 역관을 매개로 이루어졌던 조선과 주변국들 사이의 관계를 체계적으로 정리한 총람이라 할 수 있다.

편자가 참고로 했다는 68권의 문헌 목록 덕분에 그가 모르고 있던 몇 가지 제명을 알 수 있게 되었다. 1892년 뮈텔 주교가 복사시켜 보내준[34] 『대동운부군옥』[35]의 서두에 있는 이와 유사한 참고 문헌 목록은 극히 유용한 것으로 밝혀졌다. 총 189권 중 174권이 한국인에 의해 저술된 것이기 때문이다.

5) 『한국서지』의 학술사적 의의

이상과 같은 문헌 조사에는 그 우수성에도 불구하고 오늘날 쉽사리 간파되는 공백이 있는 것은 무리가 아니다. 우선, 당시 조선에는 『한국서지』가 언급한 것 이외 많은 목판 대장이 존재하였음을 지적할 수 있다.[36] 다음으로, 그의 해제 작성에 그래도 큰 도움이 되었던 『동국문헌비고(東國文獻備考)』에 대해 그가 쓴 바를 보자. 제명에서 알 수 있듯이 이는 중국인 마단림(馬端臨)의 『문헌통고(文獻通考)』를 본떠 어명(御名)에 의해 1770년 출판된 것으로 쿠랑은 서울 체류 시 한 부 입수하는 데 성공하였다. 그는 『동국문헌비고』에 문학사에 관련된 내용이 거의 없다고 불평하고 있는데[37] 이는 당연한 일이다. 왜냐하면, 거기에는 예술과 문학에 관련된 부분인 「예문고」가 빠져있기 때문이다. 「예문고」는 20년 후 1790년에야 완성되어, 1908년 나머지 부분과 함께 수정·보완

---

34 1892년 9월 7일 뮈텔에게 보낸 서한.
35 『대동운부군옥』 참조, BC 2, pp.437∼439(모리스 쿠랑, 이희재 역, 앞의 책, 504-505쪽).
36 정형우·윤병태, 『한국책판목록총람』, 한국정신문화연구원, 성남, 1979, 631쪽 참조.
37 BC 1, p.XXXI[모리스 쿠랑, 이희재 역, 앞의 책, 6쪽].

되어 재판될 때까지 원고본의 상태로 남아있었었다.[38] 쿠랑이 이 사실을 알았다면 한국의 한서의 체계적 목록을 「예문고」에서 발견할 수 있었을 것이다.

마지막으로, 규장각[39] 도서 목록의 미비함을 지적할 수 있다. 콜랭 드 플랑시가 구해다 준 봉모당(奉謨堂)[40] 인장이 찍힌 『내각장서휘편(內閣藏書彙編)』 사본은[41] 불행히도 제목만이 그것도 각운(脚韻)에 따라 쓰기 불편하고 나열된 내용이 극히 부족한 목록에 지나지 않았다. 쿠랑은 1866년에 편집되었다고 추정되는 『서고장서록(西庫藏書錄)』이라는 훨씬 나은 규장각 도서 목록이 당시 존재하고 있었음을 끝내 모르고 있었다. 『서고장서록』은 각 도서에 관한 기재조항이 놀랄 만큼 상세하다.[42] 쿠랑이 알지 못한 『서고장서록』과 『문헌비고』의 「예문고」 두 책은 조선이 현대 서지학에 물려준 최고의 업적으로 꼽히는 것이다.[43]

두 가지 모두 쿠랑에게 결여되었다는 사실은 그의 저서의 한계를 부정할 수 없게 한다. 그렇지 않았다면 조선의 도서출판에 대해 좀 더 완전하고 균형 잡힌 일람을 외부세계에 소개할 수 있었을 것이다. 한 가지 위로가 되는 점은 왕실 도서관이 그만큼 은밀한 장소였기에 소장도서가 1950년의 전화를 피할 수 있었다는 사실이다. 또한, 만일 쿠랑이

---

38 영인본, 동국문화사, 서울, 1959년, 3권. 재인쇄 1970년.
39 규장각. 쿠랑은 직접 규장각을 방문한 적은 없으나, BC2, p.418(모리스 쿠랑, 이희재 역, 앞의 책, 495~496쪽)에 그가 기술한 내용으로 미루어 그 중요성에 대해서는 의심하지 않았다.
40 이곳의 장서들은 1981년 한국정신문화 연구원으로 이관하였다.
41 BC1, p.XXVII(모리스 쿠랑, 이희재 역, 앞의 책, 5쪽). "콜랭 드 플랑시가 서울 왕립장서목록의 사본을 구해주어 나의 서지 목록이 더욱 풍부해졌다." 이 목록에 대한 점검 BC2, pp.418~419(모리스 쿠랑, 이희재 역, 앞의 책, 495~496쪽).
42 『규장각도서한국본종합목록』서울대학교, 1981, 493쪽, 7717번.
43 위의 책, 4쪽 참조

이 도서의 존재를 알았다면 그 엄청난 수에 압도당하지는 않았을까? 오늘날 한국인의 눈에 비친 쿠랑의 공적은 한국의 도서 목록을 번역 소개했다는 점에 있기보다는 오히려 콜랭 드 플랑시가 개척해 준 길을 밟아나갔다는 사실에 있다. 다시 말해서 수많은 상점, 세책가, 절의 창고를 뒤져 당시의 지식층에 의해 무시되고 따라서 사서나 서지학자들에 의해서도 무시되어 있던 수많은 도서를 찾아내어 해설을 덧붙였다는 점에 있다. 불교 서적, 이단 서적, 그리고 특히 한글로 쓰인 민중문학이 여기에 속하며, 그중에는 쿠랑의 소개가 없었다면 우리에게 알려지지 않은 채 잊혔을 서적들도 있다. 만일 이 프랑스인이 이상적인 여건 아래에 왕실 도서관을 출입하는 것마저 가능했다면 그토록 짧은 체재 기간이었던 만큼 이상과 같은 조사를 할 시간은 없었을 것이다.

『한국서지』가 겨냥한 서구 독자로 말할 것 같으면 그 책이 완벽하지 않다고 해도 상관없는 일이었다. 그들에게 이 책이 가지는 중요성은 오히려 그 풍부한 해제로 전 지식 분야에 걸친 미공개 사실을 알게 되었다는 점에 있다. 해제의 소재를 제공한 자료 역시 『한국서지』의 「서론」[44]에 명시되어 있다. 제일 먼저 16세기 사전인 『대동운부군옥』을 일컬어 1592년 임진왜란 이전의 고서와 그 저자에 대해 많은 참고가 되었다고 했으며, 위에서 이미 언급한 『통문관지』는 역관 층에 의한 저서에 관하여 탁월한 자료원이 되었고, 어정유서(御定類書)인 『동국문헌비고』를 통해서도 많은 것을 배울 수 있었다고 했다.[45] 그러나 앞서 지적했듯이 빠진 부분인 「예문고」야말로 그에게 가장 유용했을 터이다.

---

44   *BC*1, p.XXIX[모리스 쿠랑, 이희재 역, 앞의 책, 4~5쪽].
45   *Ibid.*, pp.XXX~XXI, pp.5~6쪽.

체계적 목록뿐 아니라 한국에 중국 문헌이 한국에 도입된 연대와 상황, 한반도의 여러 표기문자 또는 인쇄 기술의 역사에 대해 좀 더 자세히 알 수 있었을 것이기 때문이다.

게다가 조선의 지식인들이 당대 자국의 모든 지식을 총망라한 중국의 유서와 같은 일반 개요서가 여럿이 존재하고 있었는데, 쿠랑이 사용한 것은 단 하나 김창집의 『후자경편(後自警編)』뿐이다.[46] 1722년에 사망한 이 책의 저자는 조선 말까지 세도를 부렸던 노론의 거물이었다. 관학의 독단성을 타파하고자 했던 실학파에 의해 이루어진 유사한 성격의 저서에 대해 쿠랑이 전혀 전해 듣지 못했다는 것은 주목할 만하다. 이익(李瀷, 1579~1624)의 『성호사설(星湖僿說)』이 『한국서지』에 언급되어 있긴 하나[47] 극히 간단하게 그것도 간접적으로 『동사강목(東史綱目)』[48]의 설명을 따랐을 뿐이며, 한치윤(韓致奫, 1765~1814)의 『해동역사(海東歷史)』는[49] 언급조차 되어 있지 않다. 쿠랑은 이들 저서를 보지 못했을 뿐만 아니라 그에게 도움을 준 지식인 중 아무도 이에 관해 이야기해 주지 않았다.

그들은 또 하나 중요한 저서 『해동문헌총록(海東文獻總錄)』에 대해서도 침묵을 지켰는데 만일 쿠랑이 이를 발견했었다면 흥미 있게 보았을 것이며 편자 김휴(金烋, 1597~1640)를 자기의 선구자로 알았을 것이다.[50]

46 *Ibid.*, p.XXVIII(위의 책, 5쪽) : *BC* 2, pp.444~445.(위의 책, 507~508쪽), 3권으로 구성된 『후자경편』은 송(宋)의 『자경편』을 따라 명명되었고 필자가 아는 바로는 재판된 적이 없다. 쿠랑이 가지고 있는 사본(이니셜 M.C., p.444)은 불행히도 소실되었다.

47 *BC* 1, p.491(위의 책, 314쪽).

48 『동사강목』, 안정복이 저술한 역사서로 20권으로 구성. 참조 *BC* 2, p.336(위의 책, 459쪽). 재인쇄 : 조선고서간행회, 1915년, 4권. 경인, 서울, 1975년 3권.

49 『해동역사』 70권의 본편에 한진서가 보충한 속편 15권으로 구성. 초판 : 조선고서간행회, 경성, 1911; 광문회, 서울, 1913.

이 영남 선비는 영남 지방 곳곳을 답사하면서 임진왜란의 화를 면한 서적을 조사하였다. 두 세기 후 프랑스인이 그러했듯이 그 역시 제목의 열거에 만족지 않고 해제를 첨부하였다. 그 덕택에 그 후 소멸한 많은 서적의 존재를 알 수 있어 오늘날 우리에게 매우 귀중한 자료가 되고 있다. 『해동문헌총록』은 그 풍부성, 주제별 분류, 그리고 특히 진정한 서지학적 내용을 담고 있는 점에서 『한국서지』의 선행자라 일컬을 수 있다. 두 저서 사이, 즉 1637년에서 1894년 사이 유사한 예로서 꼽을 수 있는 것은 위에서 인용한 『해동역사』의 42장부터 59장에 걸친 해제와 『누판고(鏤板考)』[51]의 해제 정도뿐이다.

이상과 같은 자료의 결여는 『한국서지』의 약점임이 틀림없다.[52] 그러나 여기서도 그것을 보상할 만한 면이 없지 않다. 『대동운부군옥』이 편찬된 16세기 말 이후의 시기에 대해서 이른바 "구두정보의 우연에 의존"할 수밖에 없어[53] 쿠랑은 그가 질문한 조선인들의 대답을 기록해

---

50 『해동문헌총록』1637. 대조 조사를 거친 도서의 수는 670을 헤아린다. 1969년 학문각에 의해 처음으로 영인 출판되었다.

51 『누판고』7권은 서유구(徐有榘, 1764~1848)에 의해 편집되었으며 홍명희에 의해 수정되었다. 재판 : 서울, 1941. 삼판 : 서울 : 변학사, 1965.

52 쿠랑의 문헌 조사의 또 하나의 공백으로 일연의 『삼국유사』(1280년경)를 들 수 있다. 쿠랑은 『삼국유사』에 대해 유학자들의 견해를 인용하는 데 그쳤다 : "사실과 우화가 뒤섞인 선동적 작품"(BC 2, pp.391~392(모리스 쿠랑, 이희재 역, 앞의 책, 484쪽)). 현존하는 유일한 완본은 1512년의 목판 인쇄본으로서 쿠랑이 『한국서지』를 집필할 당시 아직 대중에게 알려지지 않았었다. 이 희귀본은 일본인 이마니시 류(今西龍)의 수중에 들어갔으며 1921년 교토 대학에서 영인본이 출판되었다(京都帝大文學部叢書 제6호). 코도 대학은 쿠랑에게 한 부를 보내주었다(1923년 1월 21일 뮈텔 주교에게 보낸 편지). 그러나 『한국서지』를 집필할 당시 이 책을 직접 보지 못한 탓으로 그는 『삼국유사』 속에 포함된 신라 시대의 향가의 존재를 모르고 있었다. 만일 이 향가를 읽었다면 향찰 또는 이두를 이용하여 신라인의 언어를 문자로 완전히 재현해 낼 수 있으며 실제로 오랫동안 사용되었다는 사실을 알 수 있었을 것이며, 그의 「서론」(BC 1, p.LXXXIX(모리스 쿠랑, 이희재 역, 앞의 책, 30쪽))에서 이두로 문장을 만드는 것을 불가능하다고 주장하는 오류를 범하지 않았을 것이다. 여기서 쿠랑이 주장하는 바는 사실 구결(또는 현토)에만 해당하는 말이다.

놓았는데 이리하여 그는 조선말 구전의 증인이 되었다. 한 예를 들자면 당시 『구운몽』의 저자가 김춘택으로 여겨지고 있었다는 사실을 오늘날 우리가 알고 있는 것은 그의 덕분이다.

그토록 짧은 시간에 그 많은 자료를 모으기 위해서는 이 일에 전심전력을 기울였을 것으로 생각될 것이다. 하나 이는 사실이 아니다. 본 업무가 그다지 분주하지 않았던 젊은 쿠랑은 여가 동안 『한국서지』뿐 아니라 다른 분야에도 정열을 쏟았다. 금석문 연구에도 관심이 있었던 그는 서울과 그 지방의 주요 묘소, 유적 등을 계획에 따라 답사하여 비명을 탁본하거나 베낀 후 공사관으로 돌아와 조선인의 도움을 받아 해독하였다. 1891년 8월 27일 콜랭 드 플랑시에게 그는 "이제 서울의 세 군데와 여기서 멀지 않은 묘소 한 군데만 남았다"고 했으며 9월 중 이틀에 걸쳐 강화도를 방문한 후 11월 6일 동인에게 "제가 기획한 바 서울과 그 주변의 묘소 연구가 끝났다"라고 썼다.

한국 금석문 분야에 있어서 그의 업적은 불행히도 서지학 분야에서와 같은 비중을 차지하지 못한다. 왜냐하면, 『한국서지』에 그의 머리글자 MC가 표시된 18개의 탁본만이 있을 뿐이다. 그러나 그 중 절반가량은 한국 금석문에 관한 3대 저서 중 어디에서도 찾아볼 수 없는 중요한 것임을 여기서 일러둔다.[54]

전통적 건축양식 또한 그의 관심을 불러일으켰다. 그의 서류 속에서 서울과 근교의 수많은 건축물에 대한 상세한 지형학적 명세표와 한국

---

53 *BC* 1, p.XXX(모리스 쿠랑, 이희재 역, 앞의 책, 6쪽).

54 『朝鮮金石總覽』, 조선총독부, 1919; 이난영, 『韓國金石文追補』, 중앙대학교출판부, 1968; 황수영, 『韓國金石遺文』, 일지사, 1976. 이상 세 저서 중 어느 것에도 올라있지 않은 쿠랑의 금석문 탁본은 『한국서지』의 3491, 3516, 3520, 3530, 3573, 3577, 3585, 3586, 3596번이다.

의 기념 건조물에 대한 원고를 찾아볼 수 있다. 몇 년 후 1900년 12월 23일 기메(Guimet) 박물관에서 이 주제에 관한 강연을 했으나 내용이 출판되지는 않았다.

6) 쿠랑의 미출간 명저, 『한국관직역대총람』(1882)

이상과 같은 현지답사에서 돌아와 서재에서 해낸 작업은 『한국서지』에 국한되지 않는다. 1891년 8월 27일 그는 콜랭 드 플랑시에게 "약 보름 전부터 외무부의 콩쿠르에 제출할 조선의 행정에 관한 논문을 준비하고 있습니다. 그다지 시간이 소요되지 않으리라고 봅니다"라는 자신 있는 내용의 편지를 보냈다. 그러나 11월 6일 "상당히 일이 연장되는군요", 12월 17일 "현재 마무리 단계인 이 작업으로 인해 『한국서지』는 10월초부터 방치된 상태"라고 고백했다. 1월 15일 이 논문을 발송하고 곧 『한국서지』에 다시 몰두해야 했다.

1892년 2월 1일 뮈텔 주교에게 위탁된 『한국관직역대총람(*Répertoire historique de l'administration coréenne*)』원고는 곧바로 본국에 보내져 통역관 상을 받았다. 알 수 없는 연유로 저자 생전에 출판되지 못하였으나[55] 다행히 원고가 분실되지는 않았다. 원고는 파리에 있는 콜레주 드 프랑스의 한국학연구원에 1958년 이래로 보관되어 있는데,[56] 녹색 표지에 이절판 크기

---

55 2권 마지막 페이지에, 날짜는 없으나 붉은 잉크로 기메 박물관 관장 밀루에의 서명과 함께 '연보 총서 속에 간행될 만함'이라는 언급이 있음. 이 저서에 관해서는 이 글의 20번 주석 참조
56 연구소의 도서출납부에는 이 필사본의 출처에 대한 언급이 전혀 없음.

로 각각 282쪽, 154쪽의 두 권으로 되어 있고 모리스 쿠랑의 서명이 있다. 한눈에 그의 또 하나 걸작이라는 사실을 알아볼 수 있다. 권두의 목차를 보면 내용 차례가 특별하고 독창적임을 알 수 있다. 서두에서 쿠랑은 조선의 제법전을 비롯해 그가 사용한 자료를 열거하고 있는데, 그가 참고로 한 제법전은 『대전회통』(1865)에서[57] 찾아낸 것으로 모두 6부로 나뉘어 각각 육조를 취급하고 있다. 그런데 명(明)의 『대명률(大明律)』을 모방한 이 같은 분류법의 단점은 중앙행정기관들이 사조를 매체로 간접적으로 언급되는 데 그친다는 점이다. 이를 수정하고자 쿠랑의 『한국관직역대총람』은 우선 왕실과 그에 관련된 행정기관 그리고 그가 "일반고등행정기관"이라 명명한 것을 제1장에서 4장에 걸쳐 취급하고 있다.

제5장부터 10장까지는 전통적인 육분법에 따라 육조의 행정을 개별적으로 다루었다. 그러나 그는 다시 지역행정 —『문헌비고』의 경우처럼 지방행정에 그치지 않고 수도행정도 포함 — 에 관련된 사항과 군사조직을 취급한 사항을 추출하여 11장~13장에 재정리하였다. 다음 9개 장은 양반에서 천민에 이르는 전 조선사회 계층을 망라하고 있다. 양반에 관한 제14장에서 그는 과거와 관직의 등급을 다루었으며, 외교문제는 역관층 다음 장에 자리 잡고 있다. 그리고 양민을 취급한 제19장에는 『문헌비고』보다 더 상세한 동업조합 목록과 장인직종 목록이 포함되어 있다.

이상과 같이 구성된 그의 『한국역대관직총람』은 이에 상응하는 조선 저서들보다 더 조리 있고 훨씬 참고하기 편리하다. 제도마다 우선 그 제

---

57 이 책에 대해서는 이 글의 주석 29번을 참조

도의 전신과 변천 과정을 기술한 후, 제도 자체에 대한 설명이 뒤따랐다. 설명은 일반적으로『대전회통(大典會通)』을 참조한 것이다. 사용된 모든 용어에 대해 한자, 그리고 한글식 발음을 기록하고 그에 대한 번역이나 해석을 첨부하였으며 심지어는 따로 주를 덧붙이기도 했다.

한국의 고서 중 색인이 포함된 예가 전혀 없는 것과는 달리 쿠랑의 『한국관직역대총람』은 색인이 제2권 전체를 차지하고 있다. 과연『한국관직역대총람』이라는 제명에 충실히 답하였다고 하겠으며 오늘날에도 출판된다면 유용하게 쓰일 것이다.

7) 한국복귀의 소망과『한국서지』의 출판

1892년 2월 20일 쿠랑은 주교관에 전갈을 보내어 베이징으로 전속 발령을 받았음을 알렸다. 그는 3월 10일 단 21개월의 조선체류를 마치고 제물포를 떠났다. 떠날 즈음 그는 마지못해 왔던 이 나라에 대해 커다란 애착을 지니게 되었다. 1891년 6월 이후 콜랭 드 플랑시에게 쓴 편지와 1892년 3월부터 뮈텔 주교에게 쓴 편지 내용은 조선과『한국서지』로 넘쳐나고 있다. 그는 이 나라로 되돌아갈 소망을 안고 있었으나 몇 차례에 걸친 그의 전속신청은 본국에서 받아들여지지 않았다.[58]

조선인들 역시 자국문화에 그같이 깊은 관심을 표한 이 외국인을 잊지 않고 있었다. 1896년 중 학부대신 민종묵(閔種默, 1835~1916)은 1895

---

58 1895년 3월 15일 뮈텔에게 보낸 서한.

년부터 다시 조선에서 프랑스를 대표하고 있던 콜랭 드 플랑시를 두 번이나 방문하였다. 목적은 모리스 쿠랑으로 하여금 외국고문의 자격으로 학부에서 일할 수 있게끔 프랑스 정부에 요청하고자 하는 것이었다. 그의 임무는 교육제도 개편에 대해 의견을 나누고 젊은 관리양성에 참여하는 것이었다.[59] 쿠랑은 2년간의 첫 임기를 수락하고 서울에 갈 목적으로 1897년 휴직명을 받았다. 그러나 이 계획은 실현되지 못하고 말았다. 민종묵은 왕의 인가를 받았음에도 불구하고 당시 조선에서 막중한 인물, 전임 러시아공사 베베르(Karl Ivanovichi Weber, 1841~1910)에게 조회하는 것이 필요하다고 생각했다. 베베르는 즉각 이 계획에 반대하였고[60] 그의 반대는 결정적이었던 것 같다. 쿠랑의 두 번째 체류가 더욱이 이번에는 조선 정부와 더욱 더 긴밀한 접촉 하에 현실화되었다면 서구의 한국학연구에 큰 공헌을 하였으리라는 것은 짐작하고도 남는다.

1892년 쿠랑이 베이징에 머문 것은 겨우 몇 개월에 지나지 않는다. 동양어학교의 허가와 르루사의 동의를 그에게 알려온 콜랭 드 플랑시에게 그는 6월 1일 다음과 같은 답장을 썼다.

매사 순조롭고 모든 준비가 완료되었는데 원고만이 부진하군요. 서울에서 베이징으로 옮기는 통에 6주간 작업이 중단되었고 여기서는 서울서 하던 분량의 절반도 못하고 있습니다. 현재 행정, 의례, 불교, 도교 부분은 완성되었습니다. 불교, 도교 부분에서는 주사(主事)[61]와 함께 몇 가지 오류를 바로 잡

---

59   1897년 1월 5일 외무부에 보낸 콜랭 드 플랑시의 보고서. 쿠랑이 콜랭 드 플랑시에게 보낸 1897년 2월 5일, 4월 9일, 9월 20일자 편지(외무부, 문서보관소, 콜랭 드 플랑시 개인 문서).
60   외무부에 콜랭 드 플랑시가 보낸 편지, 같은 책.
61   비서를 의미함.

앉고 보완자료를 찾고 있습니다. 나머지 부분을 마치려면 시간이 필요할 것 같습니다. 역사서적에 관한 긴 해제가 아직 남았지만 그다지 오래 걸리지는 않을 것입니다. 왜냐하면 서적 자체가 수중에 있지 않으니 결국 이미 만들어 놓은 색인카드를 거의 그대로 베끼는 데 지나지 않을 터이니까요. 오히려 집 (集)[62] 부분에서 할 일이 더 많습니다. 그 저자들에 대한 개별적 정보가 필요 하니까요. 도에 넘친 욕심을 부리지 않고 잘 연구해 나가면 두 달 가량이면 끝 날 것 같습니다. 와일리(Wylie)의 저서[63]와 사고전서총목[64]을 참조하면서 작 업을 하고 있는데 여러 가지로 큰 도움이 되고 있습니다.

위의 글월을 써 보낼 당시까지도 쿠랑은 『한국서지』를 혼자만의 이 름으로 출판하는데 반대하였다. 같은 편지에서 콜랭 드 플랑시에게 그 주장을 되풀이하였다.

「서론」을 쓰는 것은 당연히 공사님의 권리입니다. 「서론」을 작성하신 후 제게 보내주십시오. 혹 보충할 사항이 있으면 제가 첨가하도록 하겠습니다. 그래 주신다면 제가 「서론」을 쓰는 것보다 좀 더 빨리 인쇄에 착수할 수 있겠 습니다. 더욱이 세부사항과 문서 속에서 허우적대고 있는 저보다 이 작업을 총괄적으로 파악하고 게다가 일본과 흥미로운 비교를 할 수 있는 여건에 있 는 분이 「서론」을 당연히 맡아야 한다 하겠습니다.

---

62 동일 작가의 작품 모음.
63 A. Wylie, *Notes on Chinese Literature*, Shanghai-Londres, 1867, xxvlll-307 p.64.
64 1782년 중국황제의 명에 의해 출간되었으며, 200권으로 구성.

이런 설득도 허사로 돌아가 콜랭 드 플랑시는 거듭 사양하고 쿠랑으로 하여금 「서론」을 쓰게 하였다. 더 나아가 그는 혼란과 시간 낭비를 막기 위해 인쇄와 교정도 맡아 처리하기를 거절하였다.

그해 10월 쿠랑은 중국을 떠나 귀국하였다. 파리에서 모친과 동생 앙리를 재상봉하였고, 12월 뮈텔 주교에게 동양어학교장의 딸 엘렌 세페르(Hélène Schefer)와의 약혼소식을 알렸다. 결혼식은 1893년 1월 30일 이루어졌다.

부부는 신혼 첫 해 약 반년을 파리에서 보냈다. 쿠랑은 5월 7일 뮈텔 주교에게 "귀국 이래 매우 분주하여 사실 제 일이 타격을 받고 있습니다. 그러나 동양어학교 도서관 중국도서목록 작성을 맡아 이미 끝냈고 『한국서지』도 원고에 관한 한 착실히 진척되고 있습니다. 제가 극동으로 돌아가면 중국이나 일본에서 출판될 것입니다. 런던에 며칠 들러 대영 박물관 소장의 한국 서적을 열람하였는데 흥미로운 책이 얼마간 있었습니다"라고 썼다.

샹베리(Chambéry) 부근 라 크루아-생-탈방(La Croix-Saint-Alban)의 처가에서 그는 7월 20일 뮈텔 주교에게 베이징 공사관에 배속되어 중국을 향해 출발할 것이라는 사실을 알렸다. 그러나 새 임지에 닿기 전 도쿄 공사관의 수석통역관 죠제프 도트르메르(Joseph Dautremer)의 대리근무를 하라는 파리의 명령을 받았다. 그로서는 나쁘지 않은 계획변경이었다.

11월 18일 선상에서 그는 "일본에 머무는 것이 환경, 인간관계, 건강 등 뭐로 보나 베이징보다 낫다고 생각합니다. 아내를 위해서도 다행한 일이고 저로서도 베이징과 서울을 이미 거쳤으니 도쿄는 큰 관심사이며 저의 극동순회를 완전하게 해 줄 것입니다. 삼국에 대해 전반적인 지식을 갖게 되고, 장차 깊은 이해를 할 수 있게 되기를 바라고 있습니다."

그리고 그는 "도쿄에서 보내는 시간이 저의 연구와 견해확장에 도움이 될 것을 기대하고 있습니다"라고 덧붙였는데 이것은 앞으로 그의 주관심사가 무엇이 될 것인가를 우리에게 알려주는 문구라 하겠다.

도쿄에서 그의 상관인 싱키에비치(Sienkiewicz)가 시키는 일은 별로 없었고 이 점 쿠랑에게 잘 된 일이었다. 일본어 공부와 『한국서지』 준비로 대부분 시간을 보냈으며 그의 편지를 보면 『한국서지』에 관한 내용으로 가득하다. 그는 뮈텔 주교에게 부탁하여 부족한 참고 도서를 찾게 하였고 그 자신도 도쿄 도서관에 『고려사(高麗史)』의 사본을 만들었다. 그가 서점에서 우연히 발견한 서적 중 『해동제국기(海東諸國記)』는 그 후 매우 유용한 자료가 될 것이다.[65] 또한 우에노(上野)도서관과 조조사(增上寺)에 보관된 한국 서적을 검토하던 중 조조사에서 15세기에 일본으로 가져온 한국 대장경의 뛰어난 사본을 직접 보게 된다.[66]

1894년 2월 힘겨운 흥정 끝에 도쿄의 어느 인쇄소와 『한국서지』 인쇄 계약을 맺었다.[67] 12월 쿠랑은 「서론」 별책본 한 부를 뮈텔 주교에게 보낼 수 있게 된다.

---

65 Cf. *infra*, p.33.
66 *BC* 3, pp.215~219(모리스 쿠랑, 이희재 역, 앞의 책, 645~647쪽).
67 동양어학교의 출간규정을 벗어나 예외적으로 쿠랑은 해외에서의 인쇄 허가를 얻었다. 인쇄소의 상호는, 도쿄 츠키지[築地] 인쇄소

전문적 학자의 길과 한국학 저술

1) 전문적 학문연구의 길

쿠랑 부부가 도쿄에서 보낸 두 해 동안 두 아들의 출생을 보았다. 장남 샤를은 1894년 4월 16일, 이어 루이가 1895년 2월 28일에 태어났다. 한 집안의 가장이 된 쿠랑은 떠도는 생활에 진력이 나기 시작했다. 도트르메르의 대리근무를 맡을 당시 그를 이어 수석통역관 직에 정식 발령을 받게 될 것으로 기대되었으나 이 희망은 그가 1894년 6월 복직함으로써 무너지고 쿠랑은 새 임지를 기다리는 동안 그 밑에서 일하는 처지가 되었다.

1895년 3월 15일 그는 뮈텔 주교에게 "저에게 가장 부족한 것은 작업하는데 필수적인 안정성입니다. 한 자리에 두어 달조차 머무를지가 확실치 않은 이 생활은 독신일 때도 피곤한 일이었으나 가족을 거느린 몸이 되니 견딜 수 없을 정도군요"라고 토로하였다.

그 다음 날, 서울로 보내달라는 쿠랑의 요청에도 불구하고 톈진의 프랑스 영사관으로 가라는 명령을 받게 되었다. 6월 1일 가족과 함께 일본을 떠났다. 같은 날[68] 『한국서지』 제2권을 프랑스로 보냈다. 제3권의 인쇄도 상당히 진전되었다. 도트르메르가 1차 교정을 보고 교정쇄가 도쿄와 톈진 사이를 오가며 2차 3차 교정이 이루어졌다.

---

68 1895년 8월 17일 뮈텔에게 보낸 서한.

중국 도착 직후 순탄치 못한 극동에서의 직장생활과 가정생활을 양립시키기 어렵다는 사실을 실감케 하는 비극적 사건이 발생하였다. 같은 날 겨우 한 시간 간격으로 두 아들이 차례로 콜레라에 희생된 것이다.

프랑스로 귀국한 후 1896년 9월 7일 셋째 아들을 보게 되는데 역시 샤를이라고 이름 지었다. 쿠랑 가족은 파리에 정착하였다. 그가 콜랭드 플랑시에게 밝힌 바에 의하면[69] 호된 경험을 겪은 쿠랑은 장래 다른 계획을 세우게 되었다. 즉, 1895년 12월 23일 당시까지 대리근무를 하던 그가 정식으로 톈진의 통역관 발령을 받았음에도 불구하고 그는 이 직업을 포기하고 전문적인 학문의 길로 들어서기로 작정했던 것이다. 그러기 위해서는 가족의 생계를 보장할 만한 자리를 고등교육기관에서 획득해야만 했다.

2) 파리국립도서관의 중국서목 작업

더 나은 일을 기다리는 동안 그는 1897년 2월 4일 국립도서관의 제안을 수락하였다. 이미 오래전부터 국립도서관의 극동 특히 중국 서적은 그사이 현저하게 분량이 늘어나 새로운 목록을 작성할 필요가 있었다. 1853년 스타니슬라스 쥘리앵(Stanislas Julien)[70]에 의해 만들어진 옛 목록은 그 정확성에 부족한 점이 많았다. 도서관 측은 『한국서지』의 저

---

69 1897년 2월 5일에 콜랭 드 플랑시에게 보낸 편지를 통해 분실된 1896년 12월 14일의 서한의 내용을 추측할 수 있다.

70 Stanislas Julien, 부관장. 국립도서관의 새 장서 중 중국, 만주, 몽고, 일본 도서 목록, 1853년, 4권, 필사본.

자에게 이 일을 부탁하기로 했다.

전임자인 아벨 레뮈자(Abel-Rémusat)[71]나 쥘리앵의 목록과 마찬가지로 쿠랑 역시 체계적이며 설명이 가해진 목록을 만들어야 했다. 이 경우 제일 먼저 해야 할 일은 계획표 확정이다. 심사숙고 끝에 쿠랑은 중국 서지학의 전통적 분류법을 피하기로 작정했다. 왜냐하면, 그가 서문에서 밝혔듯이[72] 이 작업은 유럽인을 대상으로 한 것이다. 더구나 중국식을 채택하게 되면 일본 서적이나 중국 학자들의 경멸대상이던 불교 또는 기독교 서적, 소설, 희곡을 분류하는데 곤란을 겪었을 것이다. 그러므로 우리는 쿠랑의 이 같은 선택에서 하자를 찾을 수 없다.

그 반면에 유감스러운 점은 쿠랑이 다른 면에서는 쥘리앵을 능가하면서도 한 가지 치명적인 점에서 그의 뒤를 따랐다는 사실이다. 즉, 중국어로 기록한 것은 도서명뿐 저자명을 위시한 나머지 기재사항은 모두 로마자로 옮겨 기록했다는 사실이다. 쿠랑의 초고를 보면 알 수 있듯이 그가 항상 완전히 순 중국어로 서적 대조기재를 했던 것을 생각할 때 더욱 애석한 일이다. 그에게는 과외 작업이었을 로마자화는 오늘날 이 목록의 주요 약점이 되고 있기 때문이다. 이로 인해 그의 목록은 시대에 뒤떨어져 역사적 관심거리에 지나지 않게 되었다. 왜냐하면, 목록에 올라있는 서적을 열람하고자 하는 이라면 당연히 해당 언어에 대한 지식이 요구되므로 오히려 거추장스러운 로마자보다는 원어로 기록된

---

71 Jean-Pierre Abel-Rémusat(1788~1832), 왕립도서관 중국도서목록, 1권, 필사본, 575ff, 연월 미기입. 이 목록의 재발견에 대해서는 H. Cordier의 "Abel Rémusat, bibliographe", dans *T'oung Pao*, 1892, pp.109~118을 참조할 것.

72 Maurice Courant, Bibliothèque nationale, *Catalogue des livres chinois, coréens et japonais*, Paris, 1900~1912, 8 fasc. en 2 vols., pp.1~3.

것이 훨씬 편리하기 때문이다. 오늘날에는 상식적인 이야기이나 당시 쿠랑의 생각이 미치지 못했던 부분이다. 아니면 좀 더 넓은 독자층에 중국 서적을 소개하고자 하는 서지학자적 관심이 작용했던 탓일까.

쿠랑은 이 목록 작성으로 인하여 그로서는 생각지도 못했던 엄청난 과업에 발을 들여놓게 되었다. 양심적인 그는 이 일에 최선의 노력을 기울였고 더욱 나은 일에 쏟을 수도 있었을 시간과 정열이 여기에 소모되었다. 1897년 2월 5일 뮈텔 주교에게 그는 "이 일은 적어도 1년 이상 또는 2년 정도 걸릴 듯합니다"라고 했으나 이는 연이은 새 도서의 구입을 고려치 않고 한 이야기이다. 실제로는 15년이 걸려도 끝내지 못하였다. 1900년 파리를 떠난 후에도 쿠랑은 매년 여름 2개월씩 수도에 머무르면서 1897년에 시작한 이 일을 계속 추진해 나가게 된다. 마지막 책은 1912년에 출판되는데 9,081번을 헤아리며 "유서(類書)"편인 제21장에서 끝나고 있다. 그러나 그가 서문에서 기획한 바에 의하면 "총서(叢書)"편인 제22장과 "잡서(雜書)"편인 제23장은 계속될 예정이었으며 쿠랑의 서류 속에서[73] 22장에 대한 원고와 교정쇄가 발견되었다. 또한, 여기서 취급된 것은 중국 서적에 국한되었고, 그 제목이 시사하고 있는 한국과 일본 서적은 이미 오래전부터 포기되었다.

1897년 쿠랑이 이 일을 맡은 것은 생활을 위한 임시방편이었으나 덕분에 수많은 자료에 익숙해질 수 있었다. 2월 5일 뮈텔 주교에게 이 소식을 알리면서 그는 "이렇게 해서 점점 학문의 길로 깊이 들어서게 되는 것 같습니다"라고 했다. 그가 원하는 자리에 지원하려면 출판 경력

---

73   Archives de l'Association universitaire franco-chinoise(이후 AUFC), Lyon, *supra*, p.44.

이 풍부해야만 했다. 같은 날 콜랭 드 플랑시에게 "이번 프랑스에 머무는 동안 여러 논문을 발표하여 동양학계에 저를 알리는 계기로 삼고자 합니다"라고 썼다.

3) 『한국서지』의 출판과 그 반향

쿠랑이 이 편지를 쓴 것은 『한국서지』 제3권이 출판된 이듬해의 일이다. 그렇다면 『한국서지』의 출판은 그의 명성의 확고한 발판이 되어주기에 충분치 못했다는 것인가? 불행히도 그런 현실이었던 것 같다. 그의 『한국서지』는 당시 그 가치를 인정받지 못하였다. 한국과 그 문화에 대한 전반적인 무지를 그 원인 중 하나로 들 수 있겠으며, 또한 저서 자체가 가진 모호성 탓이기도 하다. 『한국서지』라는 제목과 『한국문학 일람』이라는 부제 사이의 대조에서 이미 그 모호성을 간파할 수 있다. 서지란 통독하기보다는 오히려 참고하는 전문서적을 의미하므로 제한된 수의 관련 지식인층만을 대상으로 하게 된다. 그러므로 이 나라의 문학을 그 존재조차 모르고 있는 일반 대중에게 소개하고자 한 저자의 원래 의도를 고려할 때에는 이는 적당치 못한 방법이었던 것이다.

보다 효과적으로 그의 목적을 달성하려면 좀 더 무던하고 덜 학문적이며 단숨에 읽어 내릴 수 있는 책을 출판하는 편이 나았을 것이다. 5회에 걸친 번역본의 경우처럼 170페이지에 달하는 그의 탁월한 「서론」[74]만 따로 출판하였다면 그 같은 효과를 거둘 수 있었을 것이다.

그렇다면 쿠랑이 장별로 나누어 다루고 있는 문학·역사·언어학·

민족학·과학기술사·종교학 각 분야 전문가들은 적어도 『한국서지』를 충분히 활용하였는가? 이들을 위해 쿠랑은 중요하고 흥미롭다고 생각되는 저서를 더 깊이 분석하고, 출판되지 않은 책까지 덧붙였으며, 또한 중요한 자료를 프랑스어로 정리해 놓았다. 그런데도 쿠랑이 인용되는 것은 극히 드문 것으로 보아 그의 책이 그다지 이용되지 않았음을 짐작할 수 있다. '서지'라는 용어 자체가, 그리고 그것에 연결된 미미한 소국을 연상시키는 형용사 역시 전문가들의 흥미를 북돋을 만한 것도 아니었다.

동양학계 반응으로는 제1권이 출판되었을 때 에두아르 샤반이 쓴 감탄어린 서평을 들 수 있다.[75] 그는 『한국서지』의 심오한 분석과 이것이 평범한 서지 이상의 작품임을 지목하였다. 그리고 한국 인쇄물의 오랜 역사와 우수성, 중국 서적의 재판, 한반도에 미친 유교사상의 "경탄할 만한 영향력"과 같은 새로운 사실이 그의 장문의 「서론」에 의해 밝혀졌음을 강조하였다. 또한, 그는 낭독 상 편의를 위해 한문 문장 사이에 삽입한 현토와[76] 1443년 발명된 놀라울 정도로 간단한 자모음, 한국 역관들의 언어 관련 저서에 언어학자들의 관심을 주목시켰다. 그는 "극동

---

74 • 일역 : 아사미 린타로(淺見倫太郞) 역, 『朝鮮藝文志』, 조선총독부, 1912; 오쿠라 치카오(小倉親雄) 譯註, 『朝鮮書誌序論—『朝鮮』第三百四至三百五十號 別刷』, 조선총독부, 1941.
  • 영역 : "Introduction to Courant's Bibliographie coréenne", trans. by Mrs W. Massy Royds, in *Transactions of Korea Branch of the Royal Asiatic Society*, XXV(1936), pp.1∼99.
  • 한국어 역 : 김수경 역, 『조선문화사서설』, 범장각, 1946; 박상규 역 『한국의 서지와 문화』, 신구문화사, 1974.
  이상과 같은 서문의 완역본에 앞서 게일(J.S. Gale)에 의해 부분적으로 영역된 바 있다 : *The Korea Review*, 1901, pp.155∼163, 289∼293. 그리고 원문은 콜레주드 프랑스에 의해 *La Corée ancienne à travers ses livres*라는 서명으로 1984년에 재판되었다(*Cahiers d'Études Coréennes*, no.2).
75 *Journal asiatique*, 9-V(1895), pp.539∼542.
76 한국어를 쓰기 위해 중국 한자를 활용한 방식에 있어 혼돈하지 말아야 할 것이 두 가지 있다. 샤반은 구결 혹은 현토만 언급했는데, 더 오래된 방식으로 향찰과 이두가 존재한다.

문화사에 한 장을 첨부한 작품"이라 결론지었다. 그러나 그는 『한국서지』의 편자가 하루속히 "프랑스로 돌아와 국립도서관 소장의 중국 서적의 목록을 작성할 수 있게 되기를" 바란다는 희망을 표시하면서 서평을 마쳤다.

이처럼 샤반은 그의 동양어학교 동창 쿠랑에게 그가 정성을 다해 개척한 땅을 남의 손에 맡기고 중국과 중국 서적목록 작성 쪽으로 되돌아올 것을 촉구한 것이다. 그러나 그가 아니라면 다른 누구를 들 수 있겠는가? 쿠랑 이전에 로니, 셰르제르(Scherzer), 잠텔과 같은 프랑스 동양학자들이 한국에 관한 짤막한 논문을 발표하기는 하였으나, 쿠랑 이후 한국학에 도전하려면 종전 이상의 대담성이 요구되었다. 더욱이 이제는 『한국서지』가 프랑스에 도입한 방식을 따라야만 하게 되었다. 즉, 한국의 지명 인명과 용어를 중국 발음대로가 아니라 한국 한자음대로 표기해야만 하게 된 것이다.[77] 그러기 위해서는 한글을 익혀야만 한국에서 편집된 한문 사전으로 한국식 한자 발음을 찾을 수 있었다. 물론 대수롭지 않은 난점이지만 동기 유발에 장애가 되는 요소이며 한학자들이 앞으로의 한국학은 전문가의 일이라고 생각하도록 만들었다.

4) 한국학을 향한 소망과 한국학 저술들

이처럼 『한국서지』에 대해 개척된 길을 추구해 나가는 데 가장 적절

---

77 쿠랑이 채택한 표기 방식은 파리외방전교회에서 만든 방식으로 당시로서는 유일한 방식이었다. 참조, *Dictionnaire coréen-francais*, Yokohama, 1880, VIII-615-IV-57-21p., p.VII.

한 인물은 두말할 나위 없이 쿠랑 자신이었다. 당시에 쓴 편지에서 피력하고 있듯이 그 자신의 소망이기도 했다.

뮈텔 주교에게 보낸 1898년 12월 30일 자 편지에서 "귀국한 이래 주변 상황으로 인하여 어쩔 수 없이 저의 작업이 중국과 일본에 국한되는군요. 2년 동안 서울에서 수집한 자료를 언제 어떻게 사용할 수 있게 될지 아직 모르겠습니다. 언젠가는 실현되겠지요. 그러자면 시간이 더 필요하고 제 뜻대로 일할 수 있는 여건이 이루어져야 합니다. 한 마디로 확고하게 정착을 해야겠지요."

"한국에 대해 하고 싶은 일이 아직도 많습니다"라고 1902년 10월 29일 되풀이했다.

"언젠가 다시 한국에 관한 책을 쓰려고 자료를 모으고 있습니다. 그러나 상황이 여의치 않아 하고 싶은 일을 제 마음대로 할 수가 없군요."(1903년 7월 17일 콜랭 드 플랑시에게 쓴 편지).

귀국 이래 한국에 대해 아무런 글도 쓰지 않았다는 말은 아니다. 오히려 그 정반대이다. 1897년 2월 21일 기메 박물관에서 「9세기까지의 한국, 일본과의 관계와 일본문화의 기원에 미친 영향」이라는 주제로 강연하였다.[78] 여기서 그는 한국 사료와 일본 사료, 즉 『삼국사기』와 『일본서기』를 비교하였다. 같은 해 발표된 논문 「한국의 판소리와 무용」[79]은 그가 직접 목격한 현장을 간단히 기술한 것이다. 이보다 더 중

---

78 *T'oung Pao*, 1898, pp.1~27. 역자 주: 이 강연의 내용은 한국에 대한 쿠랑의 다른 10개 논문과 함께 *Études Coréennes de Maurice Courant*이라는 제목 아래 재출판되었다 : *Cahiers d'Études Coréennes*, no.1, Collège de France, Paris, 1983, 293 p.(편집자 주: 쿠랑의 이 한국학 논문집에 대한 한국어 번역본은 "모리스 쿠랑, 파스칼 그러트 · 조은미 역, 『프랑스 문헌학자 모리스 쿠랑이 본 한국의 역사와 문화』, 살림, 2009"이다).

79 *Journal asiatique*, 1897, pp.74~76.

요한 논문은 1898년에 발표한 「고구려 왕국의 기념비」[80]이다. 이것은 1875년에 발견된 그 유명한 고구려 광개토왕비에 관한 서양 최초의 연구논문이다. 1899년 12월 17일 다시 기메 박물관에서 이에 못지않게 참신한 내용의 강연회를 가졌다. 「조선의 종교의식의 연혁과 개요」[81]라는 제목 아래 그는 조선에서 행해지는 의식 중 초자연적 실체에 호소하는 모든 의식을 총망라하였다. 그는 논쟁의 대상이 되지 않을 정도로 폭넓은 기준에 따라 공식제례, 제사, 자연숭배와 무속, 불교 등 4가지 범주로 분류하였다. 묘사는 간결하지만, 짜임새 있는 일람표를 구성하고 있으며 한국의 종교현상의 다양성에 대해 처음으로 만들어진 것이다. 한국에 관하여 쿠랑이 발표한 대개의 연구서가 그러하듯이 이 역시 상대적으로 광범위한 주제를 선정하여, 당시 동양학자들조차 모르고 있던 기본 자료를 세밀히 조사하고, 그 자료의 주요 내용에 대한 설명을 곁들인 소개서이다.

1898년 초 서울의 콜랭 드 플랑시는 그의 벗에게 한국에 대한 또 다른 작업을 제안하였다. 1900년 파리에서 개최될 만국박람회를 대비하여 너무나 알려지지 않은 이 나라에 대한 지리·역사·행정·사회·지질·식물 전체를 총망라한 "완벽한 보고서"를 작성해 보지 않겠느냐는 제안이었다. 쿠랑은 그가 수집한 충분치 않은 자료로 2년도 못 미치는 기간 동안 그같이 야심적인 기획을 성공리에 마칠 수 없으리라고 판단하고 이를 사양하였다. 그러나 1900년 박람회의 한국관 소개서를 쓴 이는 역시 쿠랑이었으며 80년이 지난 오늘날 감동 없이는 읽을 수 없

---

80 *Journal asiatique*, 1898, pp.210~238.
81 *T'ung Pao*, 1900, pp.295~326. 재인쇄; *Revue de Corée*, Seoul, VII-3, 1975, pp.83~105.

는 명문이다. 한국을 사랑하는 이라면 자기 자신이 그 나라에 대해 느낀 감정이 바로 그대로 묘사된 것을 발견할 수 있을 것이다.[82]

5) 파리 동양어학교 취직의 좌절

이상과 같은 연구는 쿠랑이 하고자 열망한 바에 비하면 아무것도 아니었다. 그러나 그의 개인적 관심이 아무리 지대하다 해도 한국학연구는 그의 진로에 아무런 도움이 되지 않았다. 국립도서관 일은 임시직에 지나지 않는 데다가 보수도 신통치 않아 가족의 생계가 보장되지 않았다. 동양어를 가르칠 수 있는 직장이 필요했다. 동양어학교의 경우, 그에게 처음으로 중국어를 가르친 가브리엘 드베리아 교수는 1844년생으로 복직한지 10년도 채 되지 않았으며, 1837년생 레옹 드 로니 교수는 1868년 강좌 개설 이래 30여 년간 줄곧 일본어과를 맡고 있었다. 콜레주 드 프랑스의 샤반은 쿠랑과 동갑이었다. 그러므로 제일 먼저 은퇴할 만한 인물은 이미 육순의 로니일 것으로 생각한 것은 당연하다.

1897년 2월 5일 콜랭 드 플랑시에게 쓴 편지에서 "짐작하시겠지만 저는 동양어학교 일본어과 자리를 겨냥하고 있습니다. 말은 않고 있지만, 이곳 사람들 모두 제 생각을 알고 있습니다. 일본어 문법책과 몇 가지 논문을 준비하고 있는 것도 그런 이유에서입니다"라고 했다.

1897년 「일본식 한자음독과 훈독」에 대한 그의 논문[83]이 『아시아 학

---

82 Maurice Courant, "Le pavillon coréen au Champ de Mars", dans *Souvenir de Seoul, Corée, Exposition universelle*, Paris, 1900, pp.III-VIII.

지』에 실렸으며 1899년 문법책[84]과 「일본의 정기간행물」이라는 논문이 발표되었다.[85] 외국 고문의 자격으로 조선에 부임할 가능성을 타진할 때에도 레옹 드 로니의 자리에 기대를 버리지 않았다. "일본어과에 임용되거나 중대 사유"가 있을 때 계약을 취소할 권리를 보유하고 있었던 것이다. 그러나 장수를 누린 로니 교수가 1907년 일흔 살로 퇴직할 때까지 그 자리를 고수하는 바람에 그의 기대는 무산되고 말았다.

1897년 쿠랑을 향해 문을 연 것은 오히려 중국 쪽이었다. 병이 든 샤반은 쿠랑에게 1897~1898학년도 이어서 1898~1899학년도 강의를 대신해 달라고 요청하였다. 쿠랑이 선정한 강의 주제는 "중국문화의 변천, 당대를 중심으로"였다. 1898년 10월 21일 뮈텔 주교에게 쓴 편지에서 "상당히 묵직한 일거리입니다. 이 주제로 책을 쓰자면 수년 걸릴 것 같습니다"라고 피력하고 있으나, 이후 출판된 저서 중 이 야심적인 기획에 대한 흔적을 찾을 수 없는 것으로 보아 그 직후에 포기한 듯하다.

1899년 쿠랑은 바라던 자리를 드디어 얻게 될 것으로 생각했다. 기회는 일본어과가 아니라 중국어과에서 발생했다. 가브리엘 드베리아 교수가 55세로 사망하여 공석이 생긴 것이다. 쿠랑의 지원서는 코르디에(Cordier)와 부아이에(Boyer)에 의해 11월 6일 교수회의에 제출되었다. 7년 연상의 경쟁자 아르노 비시에르는 중국에서 19년 간 통역관으로 근무하여 중국어에 통달한 인물이었다. 그의 지원서는 1898년에 사망한 샤를 셰페르를 이어 동양어학교장이 된 바르비에 드 메나르(Barbier de Meynard)

---

83 Maurice Courant, "De la lecture japonaise des textes contenant uniquement ou principalement des caractères idéographiques", *Journal asiatique*, 1897, pp.218~265.

84 Maurice Courant, *Grammaire de la langue japonaise parlée*, E. Leroux, Paris, 1899, IV-III-129p.

85 *Journal asiatique*, 1899, pp.504~530.

에 의해 제출되었고, 로니와 보네(Bonet)[86]도 후원하였다. 오랜 토론 끝에 교수회의는 학자보다는 실무경력자를 우선하기로 결정, 비시에르를 제1 순위에 놓을 것을 6대 5로,[87] 쿠랑을 제2순위에 놓을 것을 만장일치로 통과시켰다. 다음날 열린 교학회의에서는 전자 선호 경향이 더욱 뚜렷하게 나타나 제1순위 표결에서 쿠랑은 단 한 표를 획득하는데 그쳤다. 이와는 대조적으로 11월 24일 문예학술원에서 27표 중 24표라는 압도적 다수를 차지한 것은 쿠랑의 이름이었다.[88]

동양어학교장은 문예학술원에 맞서 비시에르를 적극 지지하였다. 그는 드베리아 교수가 비시에르를 천거한다는 뜻을 남겼고 샤반 역시 그를 지지한다고 주장하였다. 또한, 그는 쿠랑을 가리켜 중국학자라기보다는 일본학자라고 주장했다. 사실 어긋난 주장이지만 1897년 쿠랑이 일본어과를 겨냥하고 발표한 글들을 미루어 볼 때는 납득할 만하다. 이어서 바르비에 드 메다르는 "쿠랑이 귀국 이래 심오한 연구에 몰두한 것은 사실이며 그 방면에서는 비시에르의 경쟁 상대가 될 만하다. 그러나 동양어학교가 바라는 교수는 해당 언어에 대해 오랜 경험을 가진 인물이다"라는 주장을 폈다. 이 주장은 바로 3년 전 『한국서지』를 수상한

---

86 프랑스 국립문서고, 62 AJ 4(동양어학교), 1899년 11월 6일 교수회의. 이 교수 선발에 대해 쿠랑의 경쟁자 비시에르는 콜랭 드 플랑시에게 1899년 8월 25일 다음과 같은 편지를 보냈다.(AMRE, Papiers d'agent, Collin de Plancy, 19), "9월말에야 공석이 선언될 중국어 정교수직을 두고 저는 쿠랑과 경쟁을 하고 있습니다. 따라서 투표가 있을 테고, 그때가 되어서야 제가 확정될 것입니다. 바비에르 드 메이나르 교장은 제가 교수가 될 확률이 높다고 보십니다. 하지만, 코르디에 교수가 선언했듯, 교수들은 쿠랑의 장인인 전교장 셰페르에 대한 의무감으로 쿠랑를 위해 투표를 해야 한다고 생각합니다. 제가 가장 만족할 만한 상황은 제가 중국어 정교수에 임명되고 쿠랑이 일본어 교수에 임명되는 것입니다. 사실 로니 공사님께서 이 직무를 오랫동안 수행하지 못 하시는 것 같습니다."

87 이것이 공식적인 결과다(프랑스 국립문서고, 위와 동일한 자료) 쿠랑은 이를 잘못 알고 1899년 12월 18일 뮈텔 주교에게 보낸 편지에서 투표결과가 동점이었다고 알렸다.

88 Académie des inscriptions et belles-lettres, Comptes rendus de séance, 24 novembre 1899.

바 있는 학술원을 설득시키기에는 부족하였다. 문예학술원은 교수회의의 결정을 인가할 것을 거부했다. 결국, 아르노 비시에르로 결정하여 문제를 종결시킨 것은 교육부의 대학국이었다.

이리하여 쿠랑이 파리에서 중국어 강의를 맡을 소지는 완전히 사라졌다. 쿠랑은 일본어과에 대해서도 더는 언급하지 않고 있다. 아마도 노교수가 생각보다 근력이 왕성하다는 것을 깨달은 모양이다. 설령 그의 퇴직까지 7년간 참고 기다릴 방편이 있었다 해도 학자가 된 그로서는 일본어에 능숙한 통역관에게 또다시 고배를 마시게 될지 모를 일이었다. 그러므로 수도에서는 더는 희망이 없었다.[89] "실망이 컸다"고 12월 18일 뮈텔 주교에게 고백하고 있다. 80년이 지난 오늘날조차도 1899년의 결정은 유감스럽기 짝이 없다. 파리의 교단으로부터 제외됨은 곧 중국·한국 서적을 소장하고 있는 국립 도서관과 동양어학교 도서관으로부터 멀어짐을 의미한다. 물질적 근심 없이 수도에 머물러 양 도서관을 최대한으로 활용할 수 있었다면 프랑스 동양학 특히 한국학 발전에 막대한 공헌을 하였을 것이다.

역경을 겪으면서도 통역관으로 복직할 생각은 전혀 하지 않았다. 이제 탐구와 후진 양성의 길로 완전히 방향을 전환한 것이다.

비시에르에 대해 그는 뮈텔 주교에게 "저의 경쟁자의 재능에 이의를 제기하는 것은 아니지만 다만 교육자적 자질에 관한 한 제가 더 낫다고 생각합니다"라고 하였다.

---

89 당시 파리에서 극동 연구가에게 자리를 제공할 수 있는 교육기관은 단 두 군데, 동양어학교와 콜레주 드 프랑스뿐이었다. 전자의 경우 중국어과 교무직은 비시에르에게로 낙찰되었고 일본어과의 레옹 드 로니 교수는 1907년 정년으로 퇴직할 때까지 자리를 고수하였다. 콜레주 드 프랑스에서는 에두아르 샤반이 그의 화려한 경력의 제 일보를 내디디고 있는 바였다.

리옹대학 중국어과 교수임용과 동양학 저술

1) 리옹 '중국어 강좌' 개설의 움직임

파리가 아니더라도 교직 방면으로 계속 추구하였다. 벌써 가능성이 보이기 시작했다. 1898년 6월 26일 그는 콜레주 드 프랑스의 대리 강의가 끝났음을 콜랭 드 플랑시에게 알리고 다음과 같이 덧붙였다.

> 여러 가지 전망이 보입니다. 리옹에서 중국어 강좌를 개설한다는 움직임이 있어 적극적으로 알아보는 중입니다.

파리를 제외하면 극동과 가장 긴밀한 관계를 유지하고 있는 도시는 리옹이었다.

이미 1844년 리옹의 상공회의소는 생테티엔(Saint-Étienne) 상공회의소와 함께 라그르네(Lagrené) 사절단에 참가할 대표를 파견하였다. 이 사절단은 중국과 협상 끝에 같은 해 황포 조약을 체결하게 되었다. 1855년부터 누에 전염병이 번져 리옹의 견직산업은 원자재를 중국과 일본으로부터 수입해야 했으므로 이들 나라와 직접 관계를 맺고 현지에 지부를 설치하였다. 1895년 리옹 상공회의소는 중국에 교역 사절단을 파견, 2년간 중국 남부를 시찰하게 하였다. 귀국 후 발표한 방대한 보고서는[90] 중국인

---

90 *La mission lyonnaise d'exploration commerciale en Chine*, 1895-1897, Lyon, 1898, p.473 또는 Tcheng Tse-sio, *Les relations de Lyon avec la Chine*, L. Rodstein, Paris, 1937, p.182

과 거래를 하려면 그들의 풍습을 익히고 순응할 필요성이 있음을 수차례에 걸쳐 강조했으며 그 나라 언어를 익혀야만 미심쩍은 중개인들을 통솔할 수 있다고 주장했다. 1898년 초 쿠랑에게 접근한 것은 이상과 같은 관찰의 당연한 귀결이다. 리옹에 아무런 연고가 없는 쿠랑에게 그런 교섭이 이루어진 것은 리옹 사절단장 에밀 로세 영사 덕분인 것으로 보인다. 로세는 1891년과 1892년 콜랭 드 플랑시를 대신하여 서울에서 근무할 당시 쿠랑을 거느리고 있었으므로 그를 잘 아는 인물이었다.

쿠랑이 리옹으로부터 받은 제안은 중국에 한정되지 않고 프랑스 신식민지를 대상으로 하는 더욱 광범위한 기획의 일환이었다. 1899년 1월 10일 인도차이나 총독 폴 두메르(Paul Doumer)는 리옹 상공회의소장에게 공문을 보내어 사전에 있던 회담의 내용에 언급하면서, 아시아의 프랑스 식민지와 교역을 보호하기 위해서는 모든 사태에 대비할 수 있는 인재를 양성하는 일이 시급하다고 하였다.[91] 이를 위한 "식민지 강좌" 보조금으로 매년 3만 프랑을 리옹 상공회의소에 맡길 것을 약속하였다.

약속을 공식화해달라는 상공회의소의 요청을 받은 총독은 1899년도 예산이 이미 확정되었다는 사실을 내세우면서 주저하였다. 그러나 그는 다음 해부터 매년 만 프랑의 보조금 지급을 선언하고 중국어와 안남어(安南語)를 담당할 교수 1명과 중국·안남 출신 보조교사를 각각 1명씩 관련 기구에 배치할 수 있을 것으로 내다보았다. 상공회의소는 이 약속을 정식으로 인가하고 중국어 강의에 대해서는 총독이 교수 월급

---

91 1899년부터 1901년 사이 「리옹 상공회의소 연보」 참조

을 제공해 주면 충분하다고 기별하였다.[92]

그러는 동안 상공회의소는 담당위원회를 조직하여 리옹대학과 상업학교의 협조 아래 새 기구의 방침을 세워나갔다. 8월 31일 위원회가 제출한 제안서 내용을 보면 그 신중함에 놀라지 않을 수 없다. 그들이 염두에 둔 것은 2년 단위의 학교가 아니라 겨우 1년으로 한정된 "강좌"이다. 리옹대학이 구상한 강좌 내용은 "일반 상식"을 초월하여 "지나치게 학문적"이라는 비판을 받았는데, 그럼에도 불구하고 "우리 대학 최고의 학자들"이 맡을 것이라 하였으니 전후 문맥 사이 모순점을 찾아볼 수 있다. 그 내용은 식민지사, 영어, 식민지 생산물, 식민지 위생의 4부분으로 구성되어 있다. 또한, 인도차이나 정부가 재정지원을 약속한 동양어 특히 중국어 강의의 개설 "가능성"을 고려하고 있다.[93] 거만하다 할 정도로 신중한 문구이다. 교역 사절단의 보고서는 언어 습득의 중요성을 강조하였지만, 리옹의 위원회를 그다지 이해시키지 못한 것 같다.

위원회 측은 총독의 재정지원 약속도 못 미더워하였다. "리옹의 교수직은 아직도 논의 중입니다. 아무도 자금을 대려 하지 않군요." 1899년 12월 18일 콜랭 드 플랑시에게 이같이 써 보낸 쿠랑은 바로 그 날 폴 두메르의 확인 전보가 상공회의소에 도착했다는 사실을 모르고 있었다. 다음날 부름을 받은 쿠랑은 "중국의 일상생활"에 대한 야간 강좌 주 1회, 중국어 강의 주 2회를 담당할 것을 수락하였다. 전자는 상공회의소에서 후자는 문과대학에서 강의하기로 하였다. 쿠랑은 콜랭 드 플랑시에게 "교수직"이라 했었지만, 실제 내용은 그렇지 못하였다.

---

92 위의 연보, 1899, p.333.
93 위의 연보, pp.334~341.

그렇지만 리옹대학은 단지 강의실을 빌려주는 데 그치지는 않았다. 중국어를 대학 교과 과정에 포함하고 외부로부터 보수를 받는 쿠랑을 교원의 일원으로 포섭하였다. 이미 외무부에 사표를 제출한 모리스 쿠랑은 1900년 5월 1일자로 교육부에 의해 리옹대학교 문과대학 강사로 임명되었다. 쿠랑의 처지에서 볼 때 상공회의소가 주도한 이상과 같은 합의의 최대 수확은 대학에 소속하게 되었다는 점이며 그 외 사항은 극히 제한적이었다. 그러나 상공회의소 측도 쿠랑의 "식민지 강좌"가 성공을 거두는 것을 보고 그에 대한 애초의 태도를 버리게 되었다. 심지어 1901년 5월 리옹대학이 쿠랑을 독점하려는 의사를 표명하자 그를 포기할 것을 단호히 거부하였다.[94]

2) 리옹 지역 정착과 리옹대학의 중국학 강좌

리옹 지역에 정착한 쿠랑은 그의 여생을 여기서 보내게 될 것이다. 그의 가족은 리옹시에서 북서쪽으로 약간 떨어진 에퀼리(Écully)에 자리를 잡았다. 리옹 생활에 대해 쿠랑은 좋은 첫인상을 받았고 이후로도 실망하지 않은 것 같다. 그는 파리 출신이면서도 수도를 혐오하였다. 1896년 12월 9일 뮈텔 주교에게 쓴 편지에서 그는 "제가 프랑스에 머무르고자 한다면 그것은 파리를 사랑해서가 아닙니다. 파리의 기후, 소음, 협소함 등 모두 제 기호에 맞지 않습니다"라고 했다. 반면에 리옹에 대해서는 만족을 표시하곤 하였다. 상공회의소에서는 1900년 1월 25

---

94 「리옹상공회의 보고서」, 1901, p.462.

일에 문과대학에서는 3월 7일에 개강하였다. 그는 양면에서 받은 "진지한 호응"에 기쁨을 표명하였다. "바탕이 우수합니다. 이로써 이 지역에 공헌하게 되며 다른 도시의 모범이 될 것입니다."[95]

첫해 대학 강의에 등록한 학생은 15명가량이었다. 어느 날 총장은 그의 강의를 청강한 후 다음과 같은 평가를 했다. "쿠랑 씨의 강의를 듣고 깊은 감명을 받다. 약간 느린듯하면서도 확신에 차고 폐부를 찌르는 어조. 심오한 지식을 알기 쉽게 설명."[96] 다음 해부터 시간 수가 주당 6시간으로 늘어났다. 쿠랑은 이 기회에 그의 어학 강의의 편성을 바꾸었다. 문과대학에서 문어를 두 시간, 상공회의소에서 구어를 3시간씩 가르쳤다. 그러나 그다음 해부터 이러한 분류를 포기하고 팔레 생피에르(Palais Saint-Pierre), 이어서 앙페르(Ampère) 고등학교의 교실을 빌려 문어·구어를 종합한 초급 중국어를 강의하고 같은 내용을 문과대학에서 강의하였다. 리옹대학은 쿠랑의 강의를 확보하기 위해 1903년 중국학 학위를 제정하였다.

어학 강의는 중단 없이 계속되었다. 수강생 수는 전쟁 기간에 두 명 내지 세 명으로 하락한 것을 제외한다면 최고 18명 최저 6명을 헤아렸다. 대학 당국은 이 같은 성황에 약간 놀란듯하다. 1902~1903년도 "쿠랑 선생의 학생은 수도 많을뿐더러 끈기가 있다."[97] 1903~1904년도 "그의 주변에 많은 학생이 모인다"라는 기록이 남아있다.

상공회의소의 극동 문화에 대한 강의에는 더욱더 폭넓은 관중이 모였

---

95 1900년 5월 1일 뮈텔 주교에게 보낸 서한.
96 프랑스 국립문서고, F 17 24355.
97 위의 자료.

다. 처음 몇 해 동안 20여 명이 정규적으로 그의 강의에 참석하였다. 개괄적인 내용을 매년 무성의하게 반복하는 것을 피하고자 그는 극동 문화를 여러 시각에서 접근하고자 하였다. 그의 강의 제목으로는 "개방시와 대권구"(1902~1903), "중국과 조선의 법, 신일본법전"(동년), "사회구성요소 : 가족, 공동체, 행정 구역, 제국"(1901~1902, 1903~1904, 1909~1910), "중앙아시아와 유목민과 주변 지역의 정착민"(1914~1915), "캄보디아와 태국사회"(1904~1905) 등을 꼽을 수 있다. 여기에다 때로는 중국 각 지역 또는 주변 국가에 대한 지리학을 첨가하였다. 또한, 그의 1929년도 강의안을 보면 알 수 있듯이 학생들에게 주입하고자 노력한 근본적인 개념들을 강의 내용과 관련하여 신중하게 재삼 환기하곤 하였다.

2년간 주당 단 한 시간으로는 입문에 그칠 수밖에 없었으며 매주 2회씩의 어학 강의에서도 기초 이상의 것을 가르칠 수는 없었다. 사실 이들에게 있어서 중국어란 부수적인 과목에 지나지 않았다. 그나마 배운지 얼마 안 되는 중국어는 아시아에 교역 또는 행정 계통으로 진출하는 방편이었고, 그중 현지에 가서 중국어 공부를 계속한 학생들은 그들의 직업 활동에 활용할 수 있는 정도였다. 그렇다고 해서 이들이 외교 통역관 직을 얻을 수 있는 것은 아니었다. 이를 위해서는 여전히 동양어학교 졸업장이 필수적 요건이었기 때문이다. 미래의 동양학자 배출은 기대조차 할 수 없는 일이었다. 그러므로 쿠랑은 제자 중에서 앞으로 그의 후계자가 나오리라는 희망을 품을 수도 없었고 실상 그런 인물이 배출되지도 않았다. 리옹과 그 주변에서 아시아 애호가가 얼마간 양성된 것이 쿠랑의 공적이라 한다 해도 교직 생활 35년에 진정한 의미의 제자는 단 한 사람도 나오지 않았다.

3) 쿠랑의 학문적 역량과 그의 동양학 저술

수십 년에 걸친 그의 초보적 강의를 들은 학생 중 아무도 그 수준 이상의 동양학 공부로 접어들지 않았다. 쿠랑은 달리 발휘할 수도 있었을 그의 재능을 여기서 헛되이 소모하였던 것은 아닌가? 『한국서지』와 같은 훌륭한 업적을 남긴 그에게 고차원의 강의를 하는 한편 그의 능력을 마음껏 전개할 수 있는 여건이 주어졌다면 하고 바라는 마음이 간절하다. 그러나 당사자는 오늘날 우리가 돌이켜 생각하는 만큼 자신의 순수 학문에 대한 소명을 확신하고 있지 않았다. 서울 근무 초기 실무자였던 그는 콜랭 드 플랑시의 권고에 못 이겨 여가 선용이라 여기고 발을 들여놓았고, 시작하고 나서야 탐구의 진미를 맛보게 된 것이다. 그러나 그 자신의 다른 잠재적 자질을 모르지 않았다. 1899년 동양어학교 강단을 놓고 겨룰 때 경쟁자보다 자신이 나은 교사라고 자평했었고 리옹에서 그가 받은 총장의 평가와 청중의 신뢰도로 미루어 볼 때 교사가 지녀야 할 자질은 실제로 확인되었다 하겠다. 과거의 발자취를 추적하는 한편 아시아의 정치 경제 현실 또한 법학사이자 전 외교관인 그의 시선을 벗어나지 않았다.

이 사실을 우리에게 알려주는 비슷한 시기에 발표된 일련의 소논문은 그의 극동 문화 강의 제목에 상응하고 있다. 1901년에 출판된 연구 논문집 「중국의 풍속과 제도, 인간과 사건」을[98] 전개해 나간 강의가 바로 "사회구성요소"였을 것이다. 이 논문집에서 쿠랑은 당대의 중국을

---

98 Paris, Alcan, 1901, p.275.

소개하고 있다. 이같이 화려하고 생기에 넘친 묘사는 사물의 본질에 차근차근 접근해 나가는 끈기와 관용을 가지면서도 습관의 힘에 시야를 흐리지 않는 관찰자가 아니고서는 해낼 수 없는 것이었다. 예를 들어 베이징의 어느 상가와 그곳의 점포, 가게 뒷방 등에 대한 그의 묘사는 잊을 수 없다. 분명하고 짜임새 있는 설명, 중국의 관습법을 서구의 성문법과 비교 설명한 데서 그의 법학사로서의 면모를 엿볼 수 있다. 이 연구집의 각 논문은 1901년의 독자에게 신선감을 주지는 못했어도 오늘날에는 유용하다.

그의 대중화 자질은 1903년 4월에 탈고한 일본 근대화의 주역『오오쿠보 도시미치(大久保利通, 1830~1878) 전기』[99]에서도 나타난다. 이 소책자는 일본 관인연구의 형태를 띠면서도 시사 문제를 겨냥하고 있다. 쿠랑의 의도는 일반 대중에게 과거의 일본과 그 나라가 겪은 변화의 본질을 동시에 일별해 주고자 하는 것이었다. 이 책을 집필할 당시 그는 뮈텔 주교에게 "일본인 모두를 좋아하라고 할 수 없지만 존경할 만한 인물들이 있는 것은 사실입니다"라고 써 보냈다.[100]

4) 한국학 논저들 그리고 유럽과 극동의 관계

1900년부터 1914년 사이 극동 사태의 향방을 대중에게 인식시키기 위하여 쿠랑의 협조가 종종 요청되었다. 조선의 운명이 걸린 1904년의 러일전쟁에 대해 그해 쿠랑은『정치학 연보』에 "조선과 외세"라는 논

---

99 Okoubo, Paris. Alcan, 1904, p.203.
100 1902년 12월 29일 뮈텔에게 보낸 서한.

문을[101] 발표하였다. 그는 충돌의 기원이 되는 영속적인 지정학적 상황을 상기시키고 당시 유럽에 거의 알려지지 않은 사실을 노출했다. 여기서 보인 세심함으로 미루어 보아 그가 사건의 전개를 줄곧 주목하고 있었음을 알 수 있다.

역시 1904년 한국에 관한 또 다른 논문이 발표되었는데 이는 얼핏 보면 정반대로 당시 정세와 무관한 듯하다. 「조선의 일본기지, 15세기 이래의 부산」[102]이라는 제목은 그 내용에 비해 지나치게 겸허하다. 실제로 이것은 한국측 관점에서 쓰인 15세기부터 19세기 말에 걸친 한일 관계사이다. 도요토미 히데요시(豊臣秀吉) 침략 시기는 따로 특별히 다룰 만한 주제라고 판단하고 여기에 포함하지 않았다. 쿠랑이 사용한 한국 측 자료는 1차 사료이다. 1471년 이전 시기는 신숙주가 지은 『해동제국기』를,[103] 이후 시기는 『동문고략(同文考略)』을[104] 참고하였으며 양국 간의 통상무역에 대한 세부사항은 『통문관지』에서 인용되었다. 이러한 고증을 거친 그의 논문은 더욱 유명한 학술지에 게재될 만한 우수한 연구논문이었다. 같은 주제에 관하여 쿠랑의 이 논문에 비길 만한

---

101 위의 서한.

102 *Annales coloniales*, Paris, 15 août 1904, p.353, 1er septembre, p.372, 15 septembre, p.395, 1er octobre, p.421. En brochure dans *Bibliothèque de la France coloniale moderne*, Paris. 1904, p.24, Bref compte rendu de Chavannes dans *T'oung Pao*, 11-5, 1904, p.501.

103 1471년 간행되었으며, 2권으로 이루어진 이 서책에는 일본 및 주변 섬들(쓰시마, 오키나와 등)의 지리와 역사에 관한 도표가 수록되어 있으며, 조선과 이 섬나라들의 관계에 대한 직접적인 증언 등이 수록되어 있다. 이 저작은 1443년 일본을 방문하였으며, 오랜 기간 외국의 사신들을 맞이하였던 신숙주가 했던 노력의 결과물이다. 참조 *BC* 2, pp.529~531 et *supra*, p.67. 재인쇄: 京城: 朝鮮史編修會, 1933.

104 1851년에 출판되었으며, 1636년 이래 조선과 동문 즉 한문을 사용하는 나라, 그중에서도 특히 중국과 일본과의 사이에 교환된 외교문서를 범주별로 선정하여 엮은 것이다. 이것은 1788년 이후의 외교문서를 84권으로 정리한 『동문휘고』를 15권으로 간추린 개요라 하였다. 1881년까지 보유권이 첨가되었다.

연구가 80년이 지난 오늘날까지도 아직 서구세계에서 발표된 예가 없는데도 불구하고 이 논문은 전혀 인용되지 않은 채 잊혀진 실정이다. 이 논문을 쓸 때 쿠랑의 저의는 저자 자신 차후 강조하고 있듯이 일본인들의 한반도에 대한 소위 "역사적 권리"의 사실무근을 증명하고자 하는 것이었다.[105] 이 논문 발표로 모리스 쿠랑은 불행한 시간을 맞은 한국을 위해 발언한 소수의 외국인 축에 속하게 되었다.

1903년부터 쿠랑은 『정치학 연보』에 「극동의 정치생활」을 연재하기 시작했다. 1908년 중단되었다가 동년 「동서양의 정치생활」에 재개되어 1914년까지 계속되었다. 물론 이런 연대기적 기사는 일시적인 가치를 지닐 뿐이다. 현지에서 멀리 떨어진 관찰자가 극히 한정된 자료를 바탕으로 쓴 시사 기사이니 더욱더 그러하다. 쿠랑의 정보원은 그 자신이 기고자인 『프랑스 아시아 위원회 회보(Bulletin du Comité de l'Asie Française)』[106]와 North China Herald, Hong Kong Press, Japan Mail 등의 아시아 관계 영어 신문이었다. 조선에 관한 것은 뮈텔 주교가 정규적으로 보내주는 Korea Repository, Korea Review, Korea Press에 전적으로 의거하였다.

오늘날 쿠랑의 연대기가 불러일으키는 관심은 그것이 보고하고 있는 사건 자체에 있는 것이 아니라 그의 의견과 해설에 있다. 그의 연대기가 실린 두 잡지를 비롯하여 당시 아시아 관계 모든 언론이 백인의 우월성을 공공연히 표명하고 있는 데 반해 쿠랑의 기사는 그가 취급하고 있는 나라에 대한 해박한 지식과 존경이 엿보여 다른 신문기사와 완전히 구별된다. 중국에 대하여 그는 중국 정부의 취약성을 개탄해 하면

---

105 *Annales des sciences politiques*, 1904, p.827.
106 1906, pp.186~190.

서도 그의 논문집 「중국의 풍속과 제도, 인간과 사건」에서 이미 지적한 바 있는 중국의 전통적 제도의 견고성을 거듭 강조하였다. 그는 극동 제국을 무시하거나 과소평가하는 데서 생겨날 위험을 서구 독자들에게 끊임없이 경고하였다. 그의 연대기의 또 다른 특징은 당시 점진적으로 독립을 상실해가고 있는 조선에 관해 기울인 관심이다. 일본의 한반도 침략을 프랑스의 아시아 식민지 정부와는 별개의 문제로 취급하고 있으며 이웃 강대국의 위협을 받고 있던 유럽의 여러 나라와 더 나아가서는 프랑스를 향해 조선이 겪는 불행한 교훈을 상기시키고 있다. "독립은 그것을 지킬 줄 아는 자의 것"이라고 거듭 되풀이하였다.

시사 문제를 담당하면서도 고증학적 연구를 포기하지 않았다. 그가 조선에 대해 계속 자료를 수집하고 있음을 상기한 바가 있다.[107] 그러나 1904년 10월 5일 뮈텔 주교에게 보낸 편지에 의하면 쿠랑은 다른 계획을 하고 있었다. 첫째, 중국어 문법서인데 이것은 1906년에 완성되나 1914년까지 인쇄소 창고에 파묻혀 있게 되었다.[108] 아직도 간혹 참고할 만한 책이다. 둘째, "중국 음악사에 대한 대작"인데 이에 대해서는 차후 설명하기로 하고 우선 그의 서신 속에서 수차례 언급된 동서양 관계사에 관한 그의 연구를 여기서 살펴보기로 하자.

1906년 10월 15일 뮈텔 주교에게 쓴 바와 같이 쿠랑은 "유럽과 극동 관계"에 대한 대단위 작업을 시작하였다. 뮈텔 주교가 유럽에 와 있

---

107 콜랭 드 플랑시에게 7월 14일에 보낸 서한에 따르면, 1902년 7월 쿠랑은 휴가를 내어 3권으로 이루어진 한국에 관한 러시아어 도서를 읽었다. 그 책은 아마도 *Opisanie Korei*, SaintPétersbourg, 1900, vol.3이었을 것이다. 이념적 필요로 인해 재출간, vol.1, Moscou, 1960. 한국어 번역본, 『한국지』, 1959, p.516.

108 Maurice Courant, *La Langue Chinoise Parlée, Grammaire du kan-hwa septentrional*, Paris, 1914, XXVII-384p.

는 동안 서신 왕래가 중단되었다가 2년 후 1908년 11월 21일 다음과 같이 쓰고 있다. "문법서 인쇄 건은 진척되고 있고 국립도서관 목록도 마찬가지입니다. 그러나 저술문제는 만만치가 않군요. 연구가 진정되는데 비례하여 주제가 광범위해지고 분량도 불어나 현재 저는 『19세기 유럽과 극동 관계사』를 3권 이내로 압축시키려고 애를 쓰고 있습니다. 필리핀만 해도 벌써 47페이지나 차지하는군요." 다음 해 1909년 4월 12일 편지에서 "저도 역시 공부하고 있습니다. 그것이 저의 유일한 재능이고 보람이니까요. 이번 겨울 동안 서양 극동 관계사 중 1850년경 까지의 시베리아와 몽골에 관한 장을 마무리했습니다. 필리핀 장은 이미 지난해 끝을 맺었습니다. 시간이 되면 네덜란드 식민지도 포함하려 합니다. 어떤 의미에서 이상의 것은 주변 문제라 할 수 있겠고 핵심을 이루는 프랑스 식민지가 아직 남아있습니다. 이 일을 성공리에 마치려면 수년 걸릴 듯합니다." 7월 16일 "드디어 극동과 중앙아시아에의 러시아 활동에 대한 두 번째 장을 끝냈습니다. 그러나 저의 설명과 전개에 여러 허점이 남아있으므로 이를 보완하기 위한 사실 조사가 필요합니다. 제3장은 네덜란드의 극동 제국 편으로서 곧 시작하려 합니다". 16개월 후 1910년 8월 13일 쿠랑은 러시아의 극동 진출 편을 별도로 인쇄할 찰나에 있다고 밝히고 있다.

그것은 「러시아 식민지 시베리아, 횡단철도 건설에 이르기까지」인데[109] 정작 출판이 되는 것은 1920년, 백 러시아 세력의 소련에 대한 저항으로 인하여 북아시아의 광대한 지역에 관한 관심이 고조된 해의 일이다.

---

109 Maurice Courant, *La Sibérie, Colonie russe, jusqu'à la construction du Transsibérien*, Paris, F. Alcan, 1920, p.95.

저자가 서문에서 밝혔듯이 이 지역에 대한 서양어로 된 총괄적인 일람표가 존재치 않던 실정이었다. 저자는 터키 몽골족의 고유명사나 그들 영토의 지리에 생소한 독자라도 이해할 수 있는 간결하면서도 종합적인 역사를 기술하고 있다. 그는 러시아 제국 내에서 일어난 동·서 접촉의 특이성을 강조하였다. 재미있고 교훈적인 이 책을 대신할 만한 저서는 아직 나오지 않았다 한다. 1909년에 탈고, 1920년에 출판될 이 책은 쿠랑의 주요출판물의 마지막을 장식하게 될 것이다. 그의 방대한 19세기 유럽과 극동관계사는 제1부만 완성된 채 나머지 부분은 그대로 방치되고 말았다.

5) 국가박사학위 논문
—『중국음악소사(小史)』, 『17, 18세기의 중앙아시아』

같은 시기 쿠랑은 중국음악에 관한 논문에 착수하고 있었다. 1904년 10월 5일 편지에서 처음으로 뮈텔 주교에게 이에 관해 이야기한 바 있으며 1913년 리옹대학교 문과대학에 국가박사 논문으로 제출하게 될 것이다. 이같이 전혀 별개의 두 주제에 대한 연구를 병행할 수 있었다는 사실 자체가 그의 동양학자로서의 교양의 폭을 드러내 보여준다. 이 논문은 학장과 총장의 서명으로 보아 1908년에 끝난 것 같다. "『중국음악』인쇄가 진행 중"이라고 1910년 8월 13일 뮈텔 주교에게 썼으며 1912년 들라그라브(Delagrave)社의 『음악백과사전』의 일부로 출판되었다.[110]

---

110 Maurice Courant, *Essai historique sur la musique des Chinois, avec un appendice relatif à la musique coréenne*는 1912년 별책으로 출판되었다가 다음 해 음악백과서전의 제1권에 "중국과 한국"이라는 제목으로 수록되었다. *L'Encyclopédie de la musique et Dictionnaire du Conservatoire*, dir. Par Albert Lavignac, Paris, Delagrave, 1913~1931, 11vols., première partie Histoire de la musique,

『중국음악 소사(小史), 부록 : 조선음악』은 여기서 재삼 소개할 필요가 없을 만큼 잘 알려져 있다. 다만 쿠랑이 서문에서 밝힌바 이 작업의 유래를 옮겨보면, "고전적이고 우아한 악기 금은 원래 가브리엘 드베리아 선생의 관심을 끌었던 악기이다. 이 자리를 빌려 선생의 가르침에 감사를 드리는 바이다. 필자 또한 중국에 머무는 동안 분주한 일정 속에서도 시간이 날 때마다 금을 가까이하였다. 그러다 보니 자연 중국의 음악이론을 조사하기에 이르렀다. 프랑스에 돌아온 후 중국에서 수집한 자료가 충분치 못하다고 판단하고 더는 관심을 기울이지 않던 중 국립도서관에서 새로운 광맥을 발견하게 되었다. 그러므로 여기서 필자가 독자 제위께 제출하고자 하는 것은 음악이론과 정통 고전음악의 역사이다. 비록 부족하기 그지없는 '소사(小史)'이긴 하나 현재까지 간과됐던 사실과 원칙을 정립해 줄 것이다. 따라서 필자의 작업이 무용한 것으로 여겨지지 않기를 바라며, 이같이 확정된 영역 내에서 언젠가 젊은 중국 음악학도들에 의해 더 나은 연구가 이루어지기를 기대한다."

마지막 구절이 의도하는 바는 그 자신의 한국 관련 전문연구에서 이미 모범을 보인다. 즉 광대한 미개척 분야를 선정, 관련된 주요 참고자료를 세밀히 조사한 후, 그 자료가 내포하고 있는 내용의 체계적이고 비판적인 일람표를 작성한다는 것이다.

국가 박사 논문발표회는 1913년 2월 1일 이루어졌다. 심사위원장 에두아르 샤반은 "자신 또한 중국에 체류했었음을 상기시킨 후, 통역관

1913~1914, 3vols. (illustr. et notat. Music), 중국과 한국의 음악에 관한 이 연구 이후 쿠랑은 일본 음악에 대한 논문도 발표하였다 : "Japon, notice historique", 위의 책, vol.1, pp.242~256. 한국 음악에 대해 쿠랑이 참고로 한 자료는 『삼국사기』, 『고려사』, 『문헌비고』, 『진찬의궤』, 『오례의』이며 그의 연구대상은 아악에 국한되었다.

이라는 다망한 직책을 수행하는 가운데 이같이 풍부한 유럽 비공개 자료를 수확하여 학문적으로 높이 평가되는 두 논문을 이루어낸 쿠랑을 치하하고, 특히 음악사 논문은 이 방면 현존하는 연구서 중 가장 깊이 파고든 것이다", "자료의 풍부함과 확실성으로 보아 프랑스 중국학 최고의 작품 중 하나라 하겠다"라고 평가하였다.[111]

그 당시 국가 박사 학위 규정에는 '부' 논문을 필수적으로 제출하게 되어 있었다. 쿠랑의 '부' 논문의 제목은 "17, 18세기의 중앙아시아"이며, "서몽골 제국? 아니면 만주제국?"이라고 의문형식으로 붙여진 부제는 저자가 묻고자 하는 질문이 아니라 이 지역의 패권을 둘러싼 두 민족 간의 투쟁이 낳은 비확실성을 의미하고 있다.[112] 오늘날 흔히 오이라트(Oirats)라 불리우는 서몽골인들은 베이징 부근의 동몽골 영토를 자주 습격하여 이 지역을 통치하던 청 황제의 눈에는 무시 못할 위협적 존재가 되고 있었다. 쿠랑은 물밀듯이 이웃 영토로 쳐들어가는 기마단을 묘사하고 이어서 이들을 격파하기 위해 1696년부터 1759년 사이 수차례 구성된 청의 원정대와 그 결과 발하쉬(Balkash)호에 이르기까지의 중앙아시아가 청에 의해 정복되는 과정을 연결시켰다. 당시 이미 탈고된 「러시아 식민지 시베리아」에도 같은 시기 같은 민족과 지역에 관한 내용이 있지만, 이것은 이들의 러시아와의 관계라는 관점에서 이루어졌다. 이와는 달리 이 논문은 동민족들의 베이징과의 관계에 역점을 두고 있고 중국측 자료를 이용하고 있다.[113]

---

111 프랑스 국립문서고, FI7 24355, Académie de Lyon.
112 Maurice Courant, "L'Asie centrale aux XVIIe et XVIIIe siècles, empire kalmouk ou empire mantchou?", *Annales de l'université de Lyon*, nouvelle série, Ⅱ. Droit et lettres, fasc. 26, Lyon(A. Rey) et Paris(A. Picard), 1912, p.151.

6) 리옹대학 교수임용과 불운의 사고

식민지 예비학교를 주관하고 리옹대학에서의 쿠랑의 강의를 후원하던 리옹 상공회의소는 쿠랑의 논문 발표 후 리옹대학에 중국어 교수직 창설을 위한 특별기금을 제공해 왔다. 대학 당국과 문교부는 이를 수락, 1913년 6월 20일 법령에 따라 중국어 교수직이 정식으로 만들어지고 이어서 11월 1일 쿠랑은 정교수로 임명되었다. 이때 그는 문과대학 강의에 중국과 극동의 역사에 대한 공개강좌를 첨가하기로 작정하였다.

한창 일할 수 있는 나이 48세에 국가 박사 학위를 받고 정교수로 임명되었으나 1913년은 쿠랑으로서는 길년이었으며 원대한 계획을 지니고 있었으리라고 짐작될 것이다. 그러나 불행히도 전혀 그렇지 못하였다. 더는 대작을 준비하고 있지 않았던 것이다. 물론 그의 중국어 문법서가 1914년에, 그리고 『러시아 식민지 시베리아』가 1920년 출판될 것이나, 전자는 1906년, 후자는 1910년에 탈고된 것이다. 『중국음악사』 원고는 1908년 이미 인쇄소로 보내졌으며, 1912년 편집된 그의 부논문도 1911년에 완료되었음이 틀림없다. 국립도서관의 『중국도서목록』 편집이 중단된 것은 같은 시기로서 1912년 그 마지막 책이 출판되었다. 뮈텔 주교에게 보낸 편지 속에서도 유럽과 극동 관계사에 대한 언급이 중지되었다.

---

113 중국측 자료 중 가장 중요한 것으로 1874년 왕셴첸(王先謙, 1842～1917)에 의해 편집된 문서집을 들 수 있는데 베이징 궁정의 문 이름을 따라 『동화록(東華錄)』이라 명명하였다. 중국이나 서양의 참고 도서 이외에도 러시아에서 간행된 저서를 나열하고 있으나 이는 논문의 저자가 이들 저서를 구할 수 없다는 점을 밝히고자 하는데 지나지 않았다.

이처럼 쿠랑은 수년간 계획해 온, 그리고 많은 관심을 불러일으킨 작업을 뚜렷한 이유 없이 포기한 것이다. 1897년에 시작된 국립도서관 목록 작성을 중단한 이유도 알 수가 없다. 그 후 1932, 1933년에 이 작업이 재개된 것으로 보아 그의 방법이 뒤떨어졌기 때문인 것 같지는 않다.[114] 쿠랑이 더는 미래를 계획치 않게 만든 커다란 계기가 있었음이 분명하다. 우선 1914~1918년 제1차세계대전을 생각할 수 있겠으나, 이미 그 몇 해 전부터 시작된 침체상태를 설명해 주지 못한다. 더욱이 그는 징집되지도 않았다. 단절의 원인은 그보다 이전 1911년경에서 찾아봐야 한다.

1915년 9월 2일 뮈텔 주교에게 보낸 편지에서 그는 "오른손이 불구가 된 이래 행동이 극히 제한된다"라고 개탄하고 있다. 사실 그 얼마 전부터 그의 편지가 뜸해지고 간략해짐을 볼 수 있으며, 특히 필적이 종전과 같지 않음을 알 수 있다. 쿠랑의 주변 인물들은 그가 오른팔을 항상 상의 아래 감추고 절대 사용치 않던 것을 기억하고 있다. 그의 조카의 말에 의하면 이는 사고 때문이라 한다. 어느 날 서가의 사다리를 오르던 중, 사다리와 함께 쓰러져 그 와중에 오른팔이 유리창을 관통, 손목 깊숙이 유리 조각이 박혔다. 이 사고 후 오른손을 사용할 수가 없게 되었다.

그의 가족은 사고 일자를 기억하지 못하나, 쿠랑의 서류 속에서 발견된 1910~1911년도 강의안을 보면 대략 그 일자를 짐작해 낼 수 있다. 상공회의소의 중국문화 강의 내용이 매주 두어 줄로 요약되어 있는데,

---

114 본고의 3절 '파리국립도서관의 중국서목 작업'을 참조

학기 초 보통 필적으로 시작되었다가 12월 15일 이후 중단, 1911년 3월 2일에야 극히 불규칙하고 서투른 왼손잡이 글씨로 재개되고 있다. 그러므로 위의 사고는 1910년 12월 15일과 그다음 강의 예정일인 22일 사이에 발생했음이 틀림없다. 또한, 뮈텔 주교에게 보낸 마지막 장문의 편지는 과연 12월 14일자의 것이다.

1910년에 일어난 이 사고는 1913년 그의 논문 「17, 18세기의 중앙아시아」 발표 시 그가 왜 다음과 같은 비판을 받았는지 그 이유를 알게 해준다. 어느 논문 심사위원은 "사전지식이 없는 독자로서는 충분한 설명도 없이 수많은 낯선 인명과 용어가 넘쳐나는 일련의 사건의 홍수 속에 말려들게 되어 극히 이해하기가 힘들다"라고 불평하고 있다.[115] 사실 그 점이 이 논문의 가장 큰 결점인데, 당시까지 항상 세밀하게 검토된 내용만을 출판해 온 쿠랑으로서는 그답지 않은 일이다. 이 역시 그에게 집필 작업이 얼마나 힘들어졌는가를 보여준다.

이리하여 쿠랑은 45세에 이르러 왼손사용법을 익혀야만 하게 된 것이다. 그렇게 다작을 하던 그가 그의 동년배들은 바야흐로 노련한 저작활동을 시작하는 나이에 이르러 날개가 꺾인 것이다. 중앙아시아에 관한 이 논문을 제외하고는 1910년 12월 이전에 이미 완성된 원고 이외에 달리 더 출판하지 않았으며, 이 논문에 대해서도 사고 이전의 서신에서 전혀 언급하지 않고 있다. 사고 후 2년 반 후에 행해진 논문 발표는 그의 경력의 새로운 출발점이 아니라 과거의 인정과 수상에 지나지 않는 것이다.

---

115 프랑스 국립문서고, F 17 24355.

리옹대학 교수로서의 족적과 리옹중법대학[里昻中法大學]

1) 일본 내 프랑스대학 건립 시도, 마지막 한국방문, 가정 문제

제1차세계대전으로 인하여 생활의 흐름이 완만해진 4년간도 새로운 작업을 기획하는 기회로 이용되지 않았다. 쿠랑은 두세 명으로 줄어든 학생을 상대로 강의를 계속하는데 만족하였고 리옹대학 총장이 기록하고 있는 것처럼 "호젓한" 삶을 지속하였다.[116] 에퀼리 자택에서 종래 직접 담당해 온 남은 두 아들의 교육도 포기하였다.[117] 1917년에는 폐렴까지 겹쳐 오래 고생하였다. 1918년 봄에 이르러서야 기력을 되찾고 오랜 동면 상태에서 깨어났다. 그를 재기시킨 것은 일본이었다. 1918년 4월 17일 그는 콜랭 드 플랑시에게 프랑스가 이 나라에 대해 가진 지식이 빈약함을 개탄하면서, "드 로니 교수가 일본어 강좌를 완전히 독점하고 있는 것과 마찬가지"라고 하였다. 휴전이 조인되고 평화를 회복한 1918~1919년도 쿠랑은 문과대학에서 극동사 공개강의를 개설하고 일본의 근대화라는 주제로 일련의 강의를 전개하였다.

이 나라는 이즈음 당국의 관심 또한 재기시켰다. 1919년 문교부는 도쿄에 "프랑스 대학"을 세우거나 아니면 적어도 "양국의 지식인 대학인이 서로 접근하는 방안을 모색할" 임무를 띤 대학사절을 현지에 파견하기로 결정했다. 물리학자이자 이미 1902년부터 대학 행정을 맡아왔

---

116 위의 문서.
117 샤를은 1896년, 장(Jean)은 1902년생이며, 루이는 1899년에 태어나 1903년 사망했다.

고 1905년 이래 리옹 아카데미를 통솔하고 있던 경험자인 폴 주뱅(Paul Joubin)이[118] 선정되어 2월 25일 출발하기로 예정되었다. 17일 그는 쿠랑에게 동행해 달라고 부탁하였다. 가부간 결정을 내릴 시간이 거의 없었던 셈이나 쿠랑은 망설이지 않았다. 사절 파견의 목적은 자신의 관심사와 상응하는 것이었기 때문이다. 그의 젊은 시절을 보냈던 극동 지역을 다시 찾게 된다는 생각만으로도 기운이 되살아나는 것 같았다. 더욱이 주변으로부터도 권유를 받은 그는 이를 즉시 수락하였다.

그러나 25일 배를 타기에는 시간이 너무 촉박하였던 탓으로 출발은 3월 23일로 연기되었다. 쿠랑은 아시아에서 할 일을 계획하며 희망에 넘쳤으며, 그의 기대의 초점은 여전히 한국이었다. 연기된 출발을 기다리는 동안 문예학술원에 "그가 예전에 착수하였던 조선 남부지방 탐사를 이어나갈 수 있도록" 보조금을 지급해 달라고 요청하였다.[119]

5월 1일 뮈텔 주교에게 보낸 편지 "우선 저의 임무를 완수하는 데 전념해야겠지요. 그러므로 약 6주간 일본에 머물게 될 것입니다. 그런 후에 1908년 주교님께서 저를 찾아 주신 것에 대해 답례도 하고 답사도 할 겸 조선으로 건너갈 예정입니다. 그런 의도로 문예학술원의 일을 맡았습니다. 특히 가고 싶은 곳은 경주 지방과 김해 지방이며 해인사도 고려하고 있습니다. 여건이 허락한다면 평양, 용강, 강서도 보았으면 합니다. 비서 겸 사진사를 데리고 갈 수 있도록 힘써 보겠습니다."

---

118 폴 주뱅. 1862년 3월 19일 앙제 출생. 고등사범학교 출신, 물리학 교수 자격증 소지. 브장송대학 교수(1892~1902), 지역 문예학술원 학장을 역임(샹베리(1902), 그르노블(1902), 리옹(1905~1922)), 인도차이나 교육위원회 회장(1922~1925(은퇴))
119 문예학술원은 1919년 3월 9일 회의를 통해 브누아-가르니에 재단의 이자 중 3천 프랑을 쿠랑에게 지급하기로 한다.

쿠랑이 이 편지를 쓴 것은 마르세유에서이다. 왜냐하면, 장기 파업으로 출발이 7주나 연기되어 그와 주뱅 부부는 5월 12일에야 마르세유 항을 떠날 수 있었기 때문이다. 예기치 못했던 이 지연 사태로 인하여 그들의 임무 수행에 지장을 초래하게 되었다. 6월 29일 도쿄에 도착해 보니, 3월에 시작되는 일본의 제1학기가 이미 끝나 대학은 문을 닫고 교수진은 사방으로 흩어져 있는 상황이었고, 게다가 장마철이기까지 했다. 그런데도 곧 협상이 개시되었다.

일본 측은 프랑스 사절단이 도쿄에 "프랑스 대학" 건립에 대한 구체적인 초안을 가지고 올 것으로 예상하고 있었다. 대학 건립은 전 일본 주재 프랑스대사의 구상이었고, 더욱이 1918년 프랑스 법률·경제·역사·문학·언어 예술을 포함하는 교과 과정을 토의할 임무가 리옹대학 이사회에 맡겨지기까지 했기 때문이다. 그러나 신중한 주뱅 총장은 도쿄에서의 대화 방향을 문화 교류 쪽으로 바꾸었다.[120] 그는 수상, 외상, 문교상, 총장, 학장, 교수들 앞에서 프랑스는 일본문화를 높이 평가하고 있으며 양국 간의 우호 관계가 다져지기를 기원한다는 것을 강조하였다. 일본 측에 제안하는 대신 오히려 일본 측을 향하여 우호 관계 촉진 방안에 대한 의견을 묻는 한편, 그러한 관계는 상호적인 성격을 띠어야 한다고 주장한 것이다.

이 같은 협상 방식은 기대한 바의 성과를 거두었다. 이 모든 것이 주뱅의 고안이라고 생각되지는 않는다. 그는 극동 문화에 대해 거의 아무런 관심도 가지고 있지 않았던 인물이기 때문이다. 그 증거로 그가 매

---

120 리옹 사절단과 일본 당국 사이의 협상 내용에 대한 자료는 필자가 발견한 쿠랑의 보고서이다. 『日佛文化』(45號, 1984, pp.31~64)에 실렸다.

년 쿠랑의 기록부에 총장의 평가를 덧붙일 때, "매우 특수하다"라는 단어를 항상 사용하고 있는 사실을 들 수 있다.[121] 방콕에서 캄차카에 이르는 지역과 석기시대부터 자동차 시대에 이르는 시기를 다룬 광범위한 내용의 강의에 대해 그 같은 평가를 한 것으로 보아 그가 극동 문화에 문외한이었음을 가히 짐작할 수 있다. 그렇다면 일본문화에 대해 그같이 갑작스럽게 존경을 표하게 된 것은 현명하고 적절하게 선택한 그의 수행자의 영향력 덕분이 아니겠는가.

일본 관계 당국과 대화를 시작하는 한편 두 사람은 도쿄에 프랑스 대학을 세운다는 애초의 계획이 과연 시기적절한 것이냐에 대해 암암리에 조사를 진행하게 했다. 즉시 그 계획의 비현실성이 명백히 드러났다. 프랑스 대학이란 프랑스어에 능한 일본 학생 수가 충분함을 전제로 하고 있는데 사실과는 거리가 멀었다. 더군다나 대학 운영에는 상당한 경비 부담이 따르기 마련인데 일본 측은 이를 공동 부담할 의사가 없었다. 마지막으로 중요한 사항은 문제의 대학은 일본의 고등교육 기관과 겨루게 될 터인데, 실패의 경우 프랑스의 체면이 손상되고 성공할 경우 일본인들의 자부심에 타격을 주는 결과를 초래할 것이었다.

그들의 태도가 정당하다고 확신한 두 사람은 양국의 문화 교류를 확보할 다른 수단을 마련하였다. 그들에게 떠오른 구상은 로마와 아테네의 프랑스 회관을 모방하자는 것이었다. 주뱅 총장은 7월 말 교토(京都)를 다녀오는 길에 이 구상을 정리하여 기록하고 있다. 내용은 "극동에 대한 사전지식이 있는 프랑스인들을" 일본으로 보내어 그들의 연구를

---

121 프랑스 국립문서고, FI7 24355.

계속하게 하고, "젊은 학자들로 하여금 일본의 학자들과 협력하여 학문을 탐구하도록" 하자는 것이다. 그리고 "프랑스회관"을 세워 이들을 기숙시킴과 동시에 양국 문화 교류의 자연스러운 터전이 되도록 할 것을 계획하는 것이었다.

아무리 신용을 얻고 있다 하나 외국인인 그들은 이상과 같은 계획을 일본 측에 제안하기 위해서 일본 고위 인사의 후원이 필요했다. 일불학회장인 후루이치 고오이[古市公威] 남작은 병환이라 그들을 도울 수 없었으므로 일본 아카데미 회장인 호즈미[穗積] 남작에게 접근하기로 작정했다. 호즈미 남작은 이들을 맞아들이고 이어서 그의 장인이자 재정가이며 유명한 학술 후원자인 시부사와 에이치 자작[澁澤榮一, 1840~1931]에게 소개하였다. 이 같은 환영에 고무된 주뱅과 쿠랑은 그들의 구상을 서면화하였다. 재정적 측면도 고려되었으며, 프랑스 대사관이 1911년에 구입한 게이오[慶應] 대학에서 멀지 않은 치바의 토지 일부를 기숙사 건축에 사용할 것을 제의하였다. 시부사와 에이치 자작의 개입으로 이 계획에 "일본 정부뿐 아니라 학회와 고위층의 관대한 협조"가 이루어지기를 바라고 있다고 일본 측은 즉시 관심을 표명하였다. 그러나 주뱅과 쿠랑은 서면을 제출한 후 대화의 흐름 속에서 일본 측이 새 구상안을 놓고 토론할 시간이 필요하다는 것을 느꼈다.

때맞추어 기회가 왔다. 7월 중 대학 사절단은 파리로부터 베이징주재 프랑스공사도 방문하라는 통고를 받았다. 그리하여 일본 측에 숙고할 시간을 줄 겸 그들은 중국으로 건너가게 된다. 그러나 학기 초까지 리용으로 돌아가야 하는 총장은 더는 지체할 수 없었다. 그러므로 쿠랑은 단신으로 도쿄로 돌아와 협상을 계속할 참이었다. 어느 문서 보관소에도 그들의 베이징 체류에 대한 기록이 남아있지 않다. 여하간 주뱅과 그의 부인은 8월 22일 상해에서 프랑스행 배에 올랐다.

중국으로 가는 도중 여가를 이용하려 주뱅과 함께 작성해 놓았던 "대략의 예산안"을 지니고 9월 중순 도쿄로 돌아온 쿠랑은 그사이 일본인들도 토론을 거쳤음을 보았다. 쿠랑이 다시 접촉을 시도한 문교상과 도쿄대학 총장은 찬성을 표명하였으며 시부사와 에이치 자작은 문제의 단체의 재정적인 측면을 연구하기 위한 위원회 구성을 개시하였다. 쿠랑이 9월 28일 고베에서 출항하기 위해 도쿄를 떠날 즈음 협상은 궤도에 올라있었다. 그가 떠난 후 침체한 협상은 그의 수중에서 벗어나고 결국 1924년에 이르러 유명한 문학인 프랑스대사 폴 클로델(Paul Claudel)에 의해 베이징 일불회관의 창설을 보게 된다. 이 이래로 이 회관이 많은 기여를 했음은 주지의 사실이다.

9월 초에 이루어진 조선행은 겨우 보름간으로 예정보다 훨씬 단축된 일정이었다. 베이징에서 철도편으로 도쿄를 향한 쿠랑은 평양, 서울, 대구에 머물렀다. 서울에서 그는 1908년 이래 만나지 못했던 뮈텔 주교와 재상봉할 수 있었다. 그와는 이후 1925년 주교의 마지막 유럽 방문 시단 한 번 더 만날 기회를 가질 것이다. 역시 수도에서 『한국서지』의 편자는 수십 년 전의 체류 시 방문할 수 없었던 "궁정도서고"에 초대되었다.[122] 대구에서 내린 그는 옛 신라의 수도 경주까지 짧은 여행을 하였

---

[122] 1923년 1월 21일 뮈텔 주교에게 보낸 편지 : "사서들의 안내로 궁정도서고를 둘러볼 수가 있었습니다. 엄청난 필사본과 인쇄본이 소장되어 있더군요. 아마 주교님께서 지난 가을 출입하신 곳이 바로 이 도서관이 아닌가 합니다. 저는 휘둘러보는 데 그치고 말았습니다. 여러 가지 메모를 하기는 하였습니다만 다른 여러 자료와 함께 상자 속에 쌓여 있는 실정입니다." "궁정도서고"라는 표현은 장서각과 규장각을 이르는 말이다. 왜냐하면, 1919년 현재 규장각도서는 아직 경성 제국 대학으로 옮겨지지 않았기 때문이다.

다.[123] 그러나 그가 문예학술원의 원조금까지 받으면서 기획했던 고고학적 또는 금석학적 탐사작업을 할 시간은 전혀 없었다. 대각선으로 성급히 횡단하는 데 그친 이번 여행은 그의 뜻대로라면 그의 연구의 주목표가 되었을 나라를 두 번째이자 마지막으로 방문한 것이 되었다.

쿠랑은 12월 마르세유에 도착했다. 귀국해보니 다른 성질의 문젯거리가 그를 기다리고 있었다. 바로 이 순간에 돌발한 문제인 것으로 보이지만 사실 에퀼리 그의 자택 내에 이미 오래전부터 잠복해 있었다고 여겨진다. 부두에서 쿠랑은 부인이 보낸 전보를 받았다. 귀가를 며칠 늦추어 달라는 내용이었다. 이 야릇한 요청과 뒤를 이은 여러 사건의 동기가 무엇이었든 간에 부부는 1921년 1월 13일 별거를 선언, 28년간의 결혼생활에 종지부를 찍었다. 이에 관하여 쿠랑 자신이 1921년 4월 24일 콜랭 드 플랑시에게 쓴 편지에서 담백하게 요약하고 있다.

이 편지를 쓰기가 무척 어려웠습니다. 망설이느라 이렇게 소식이 늦어졌습니다. 그러나 오랜 친구에게 진실을 감출 수는 없는 게지요 극동 여행을 마치고 돌아오니 집안이 풍비박산되었더군요 아내는 낭비벽에 걸려 가사를 탕진하고 두 아들은 쓸모 있는 일이라고는 하려 들지 않는 상태였습니다. 탈선한 이들을 바로 잡아보려고 제가 가진 최대한의 인내심으로 노력해 보았고 저와 뜻을 같이하는 처남 크리스티앙 셰페르(Christian Schefer)도 도와주었지만, 수개월에 걸친 노력도 허사로 돌아가 아내의 요구였던 별거가 3개월 전 선언되었습니다. 제가 동의한 것은 그와 달리 아내의 금전적 실수를 막을 도리도

---

123 1919년 대구에서 뮈텔 주교에게 보낸 편지 참조

없고 실수를 한다 해도 도와줄 방도가 없기 때문입니다. 아내와 아이들이 그나마 남은 재산을 낭비해버리지 못하도록 조처를 해 놓았습니다. 그러니 이제 저 혼자 남아 나약한 세 영혼을 보살펴야 하는 처지입니다.

그는 수치심 때문에 아내의 낭비벽이 갑작스러운 일인 양 쓰고 있지만, 그의 마지막 구절에서 엿보이듯이 현실은 그렇지 않았고 필자가 수집한 증언 역시 이를 뒷받침하고 있다. 엘렌 셰페르는 그가 자부할 수 있는 내조자가 못 되었다.

나머지 두 "나약한 영혼"은 그의 두 아들이다. 당시 각각 25세, 19세의 샤를과 장(Jean)은 모친의 영향을 받아 그들이 금리만으로도 충분히 살 수 있을 만큼 부유하다고 생각하고 있었다. "이 아이들의 정신 상태에 공백 부분이 있지 않은가 우려됩니다"라고 1921년 1월 8일 뮈텔 주교에게 하소연하였다. 1914년 그들을 손수 가르치기까지 한 부친은 그 보답을 받지 못하였다. 모친과 마찬가지로 샤를과 장에게도 후견인이 딸리게 되었다. 샤를은 척추 이탈로 1930년 독신인 채로 죽고 차남만이 부친 사망 시에 아직 살고 있었다. 1936년 결혼, 1950년 자식 없이 사망했다. 아들을 다섯이나 낳은 모리스 쿠랑은 손자를 보지 못하여 남은 후손도 없었다.

별거와 살림 청산 후 엘렌 셰페르는 아들들과 함께 이제르(Isère)의 뵈레보루아즈(Veurey-Voroize)에 정착하였다. 그곳에서 1933년 7월 29일 62세의 나이로 세상을 하직한다. 모리스 쿠랑은 리옹시 삭스(Saxe)가 28번지에 있는 하숙집으로 거처를 정하였다. 생포탱(Saint-Pothin) 성당 맞은편의 이 백석(白石) 건물은 아직도 그 자리에 남아있다. 그는 그곳의 방하나를 얻어 죽는 때까지 머물렀다. "나의 독방"이라 그가 불렀던 것처럼 책 둘 자리도 없는 협소한 곳이었다. 1919년 일본에서 우송했으나 서고에 여유가 없어 상자째로 간직하고 있던 책을 비롯하여 나머지 그의 서적 모두 어느 친구의 집에 맡겼다. 앞으로 그는 클로드 베르나르 강변가(quai Claude-Bernard)에 자리한 문과대학에 매일 출근하여 조그만 연구실에서 작업하였다.

규칙적인 생활이 재개되었다. 그러나 이 같은 동요로 인하여 쿠랑은 그가 극동에서 준비해 두었던 메모나 구입한 서적을 이용할 수가 없었다. 게다가 그의 생애 유난히 활동적인 시기에, 다시 말해서 어려운 협상을 이끌어 나가기 위해서는 집안일로 구속당하지 않고 자유로운 마음 자세로 임할 수 있었어야 했을 시기에 이 같은 파란을 맞았던 것이다.

2) 리옹중법대학 건립과 리스청[李石曾], 차이위안페이[蔡元培]

주뱅 총장과 함께 극동에서 맡았던 사명은 애초에는 일본만을 대상으로 하였다. 앞서 본 바와 같이 도중에야 베이징도 방문하라는 지시를 받았다. 결국, 일본 여행은 쿠랑 개인적 입장으로 보아서는 기약 없는 원정에 불과했던 반면, 예기치 않았던 중국행은 그의 생애 마지막 15년간 끊임없는 활동을 계속하게 만든 계기가 되었다.

쿠랑이 마지막으로 중국을 방문하였을 때 이 나라는 형용할 수 없을 정도의 혼란에 빠져있었다. 1916년 북방의 독재자 위안스카이(袁世凱, 1859~1916) 사망 후 "군벌"은 영토 분쟁에 한창이었고 베이징의 정권을 장악하고 있던 군사정부는 1919년 5월 4일 중국 내 옛 독일 영토를 일본에 양도한다는 파리조약의 내용이 알려지자마자 폭발한 학생들의 분노를 걷잡지 못하고 있었다.

이런 혼란 속에서 주뱅과 쿠랑은 도쿄 안에 유사한 프랑스대학을 건립하여 중국학 연구를 담당케 할 구상을 하였으나[124] 무산되었고, 보다 실속 있는 의견이 진행된 곳은 중국이 아니라 프랑스에서였다.

도쿄로 되돌아온 쿠랑이 귀국길을 서두르고 있을 즈음 리옹의 주뱅 총장은 어느 중국인의 방문을 받았다. 앞으로 수차례 언급될 이 중국인은 리스청[李石曾], 자는 위잉[煜瀛]이라는 유명한 인물이다.

1881년생, 허베이[河北] 명문 출신의 이 기인(奇人)은 1902년부터 1911년까지 프랑스에 거주하였었고 평생 중국과 프랑스의 문화 교류에 노력한 친불(親佛) 인사이다.[125] 프리메이슨(franc-maçon) 회원이었으며 무정부주의자임을 자처하였다. 어떤 의미의 무정부주의자인가? 이것은 리스청뿐 아니라 마찬가지 주장을 하던 다른 중국인들에게도 해당하는 의문점이다. 콘래드 브렌트(Conrad Brandt),[126] 그리고 이어서 아니 크리젤(Annie Kriegel)[127]은 이들이 무정부주의자라면 계몽주의 철학자들 정도의 무정부

---

124 Projet. Institut francais d'études chinoises de Pékin, 5 fol. dactylogr., papiers AUFC. 정확한 날짜는 기재되어 있지는 않지만, 막 전쟁이 승리로 끝났다는 표현으로 미루어, 이 계획은 1919년 베이징에서 구상된 것으로 보인다.

125 모리스 쿠랑이 상대한 중국인들의 경력에 대해서는 H.L.Boorman & Howard, *Biographical Dictionary of Republican China*, Columbia Univ. Press, New York, 1967~1971, 4 vols.를 주로 참고로 하였다. 리스청에 관해서는 그의 생전에 *Annales Franco-chinoises*에 실린 짤막한 전기(1927, no.2; pp.2/~30)와 그의 회고록(『石曾筆記』, 臺北, 1961, 1966)도 참조

126 Conrad Brandt, "The French returned elite in the Chinese Communist Party", *Proceedings of the Symposium on Economic and Social Problems of the Far East*, E.F.Szcepanik(ed.), Hong-Kong Univ. Press, October 1961, pp.1~10, p.3.

127 Annie Kriegel, *Communismes au miroir français*, Gallimard, Paris, 1974, p.252, p.77. 크리젤 여사는 제3장에서 중국 공산주의의 프랑스적 기원을 다루고 있다 : "Aux origines françaises du

주의자들에 불과했다고 하였다. 어쨌든 리스청 자신이 크로포트킨(Kropotkin)의 신봉자임을 주장했으며 그의 「호조론(互助論)」을 중국어로 번역하여 『신세기(新世紀)』에 게재하였다. 『신세기』는 1907년부터 1911년까지 파리에서 주간으로 출판되었으며 무정부주의 사상을 변함없이 옹호한 잡지이다. 그런 만큼 만일 리스청이 오늘날 그의 신념의 진지함 여부가 의심받고 있다는 것을 알게 된다면 달가워하지 않을 것이다. 로버트 A. 스칼라피노(Robert A. Scalapino)와 조지 T. 유(George T. Yu)[128]는 『신세기』를 면밀히 조사한 뒤 "매우 논리적인 무정부주의"라는 판단을 내렸다. 크리젤 여사가 강조하고 있듯이 이들 무정부주의자의 관계는 프랑스의 혁명적 모임에서가 아니라 고위 인사층과의 접촉에서 찾아볼 수 있다. 그중에서도 이들은 가톨릭 해외 선교사들의 해외 활동을 저지하고자 애쓰던 반교권주의 좌파와 친분을 두텁게 하였는데, 여기서는 사회주의자뿐 아니라 급진당도 포함된다. 이들 중국인이 호감을 느끼고 존경해 마지않던 프랑스는 콩브(Combes)와 자유사상가의 프랑스였다. 독실한 가톨릭 신자였으며 선교사들의 벗이었던 쿠랑의 프랑스는 아니었다.

생물학자 리스청은 파스퇴르(Pasteur) 연구소 출신이며 두유 연구가 그의 전공이었다. 그는 식물성을 기초로 한 경제적 식생활 개선을 위한 전 인류 대상의 대단위 계획에 참여하였다. 1909년 파리 교외 콜롱브(Colombes)에 콩에서 추출한 식물 단백질로 만든 카제오소쟁(Caséosojaine) 생산 공장을 세웠다. 1911년 중국으로 돌아간 그는 다음 해 유법검학

---

communisme chinois", pp.55~93.

128 Robert A. Scalapino & George T. Yu, *The Chinese Anarchist Movement*, Center for Chinese Studies, Univ. of Calif., Berkeley, February 1961, 81p., p.7.

회(留法儉學會) 설립에 참여하였다.[129] 그 이름이 말해주듯이 설립목적은 중국 학생을 적은 경비로 프랑스에 유학시킨다는 것이다. 프랑스어로 는 'Société rationnelle des étudiants chinois en France'라 명명하여[130] 이 성과 논리를 추구하는 무정부주의자들의 기호를 반영하였다. 이 학회 는 1년 만에 해체되는 1915년 근공검학회(勤工儉學會)로 대치되었다. 근 공검학회의 후원회 격인 화법교육회(華法敎育會)가 같은 해 프랑스 측의 협조 아래 발족하였다. 제1차세계대전이 한창일 때 프랑스로 건너온 리스청은 화법교육회 창립에도 참여하였다. 이제 중국 학생들은 군대 에 동원된 노동자를 대신하여 공장에 고용되어 스스로 학비를 조달하 게 되었다. 이천을 헤아리는 학생들이 이 기관을 통해 프랑스로 왔으며 그 중 미래의 지도자격 인물이 적지 않다.

화법교육회의 중국인 회장 차이위안페이(蔡元培, 1868~1940)는 격동의 시기에 대활약을 한 인물이다. 청의 한림원 학사였던 그는 베를린 대학 과 라이프치히 대학에서 수학한 후 중국의 약점은 교육제도의 후진에 서 기인한 것이라는 결론을 내렸다. 중화민국 선포 후 그는 1912년 교 육부장직을 수락했으나 1년 후 사임하고 유럽으로 돌아와 중국 유학생 후원회를 프랑스와 벨기에에 조직하고자 노력하고 있던 리스청 등을 지원하였다. 그는 1916년 말 본국의 부름을 받고 귀국, 국립베이징대 학교 총장으로 취임, 6년간 그 자리에 머물렀다. 인재를 식별할 줄 아 는 지혜가 있었고 표현의 자유와 사상의 비교를 역설하던 그의 주변에

---

129 Georges Dubarbier, "Les oeuvres franco-chinoises en France et en Chine", *Revue du Pacifique*, 2e année, no.l, janvier 1923, pp.42-54. Cf. *infra*, note 147. 당시 크게 증가한 불중 학회들의 목록 이 수록돼 있음.

130 A. Kriegel, *op. cit.*, *ibid*.

많은 두뇌가 모였음은 당연한 일이며, 이들이 1919년 5월 4일 시위운동과 같은 주요 사건의 시발점을 이루었고 이후 전 중국을 휩쓴 지적 발효의 발판이 되었다. 그가 구성한 교수진 속에 리스청도 당연히 포함되어 1917년부터 그와 함께 일하였다.

두 사람은 중국에 돌아가서도 화법교육회를 잊지 않았다. 차이위안페이는 여전히 회장직에 머물러 있었다.[131] 서구 특히 프랑스에서의 유학생 파견과 프랑스 교육제도의 도입은 그들의 문호개방과 근대화 계획의 초점이었다 할 수 있다. 1918년 10월 20일부터 11월 2일에 걸쳐 베이징에서 화법사업회의가 개최되었다. 1918년 9월 리옹으로 돌아온 주뱅보다 앞서 리스청이 프랑스에 도착한 것으로 미루어 짐작건대 그는 회의 직후 베이징에서 출발한 듯하다. 몇 주일 후 그는 리옹으로 가서 주뱅 총장을 만나 화법교육회의 이름으로 이 도시에 이천여 중국 학생을 수용할 수 있는 중법대학(中法大學)을 세우자는 건의를 하였다. 이것은 쿠랑 귀국 이전의 일이었다.

리스청은 총장에게 그의 기획의 윤곽을 정리하여 제출하였고 쿠랑이 이중 손수 요약해 놓은 것이 아직도 남아있다. 요점은 이 대학이 양국 공동사업이 되어야 한다는 것이었다. 프랑스 측은 "과학적 연구 작업에 필요한 모든 시설을 갖춘" 건물을 세우는 일을 맡을 것이며 이천여 학생을 수용할 기숙사와 식당을 마련하는 것 또한 프랑스가 담당할 것이다. 식당에서는 화법교육회의 검소 기치에 따라 "프랑스 음식보다 경제적인 중국음식"을 제공하게 될 것이다. 이들의 교육은 중국인 학생

---

131 프랑스측 공동 회장은 소르본 대학 교수 알퐁스 올라르(1849~1928)로, 프랑스 혁명사를 전공한 역사학자이자 인권동맹의 창립자.

을 위한 특별교육이 구성되지 않는 한 각 단과 대학 또는 해당 학교에 의해 감당될 것이며, 특별교육문제는 관련 기관과 협의한 후 결정될 것이다.

3) 리옹중법대학 건립의 재정문제와 리스청의 제안

과연 어디서 필요한 자금을 융통할 것인가? 1919년의 프랑스는 자국의 재건을 우선해야 할 상황이었다. 리스청의 기안에는 재정문제에 관하여 의화단사건 배상금 중 "중국이 프랑스에 지급해야 할 나머지 2억 프랑"이 간단하게 언급되어 있다. 청 조정의 원조를 받은 의화단의 봉기와 1900(庚子)년 여름 서구 열강의 군사개입에 이어 중국은 의정서에 따라 1901년 9월 7일 엄청난 배상금을 39년부로 지급할 것에 서명해야 했다. 배상금액은 은자(銀子) 4억5천만 냥 또는 16억8천7백만 금(金) 프랑에 달하였으며 여기에 연 4%의 이자가 첨가되었다.[132] 중국 정부는 열강에 해관 수입 — 당시 해관장은 영국인 — 과 염세수입을 담보로 이 금액에 해당하는 채권을 발행해 주어야 했다. 곳곳에서 침략과 빈곤에 시달리고 있던 중국으로서는 결정적인 부담이었다. 1908년 미국은 그들 몫의 절반 가량을 중국에 반환함으로써 부담을 약간 낮춰 주었다. 게다가 나머지 역시 젊은 중국인들을 미국 대학에서 교육하는데

---

132 이 의정서를 영역한 자료로 John V. Mac Murray, *Treaties and Agreements with and concerning China*, 1894~1919, H. Fertig, New York, 1973, 2 vols., vol.1, pp.278~284, with annexes pp.285~294 참조.

충당하기로 하였다.[133]

1917년 8월 14일 중국은 독일에 선전포고하게 된다. 이를 위해 프랑스·영국·미국·일본·이탈리아·포르투갈은 5년간 지급 유예에 동의하였다. 그러므로 이들 열강에 대한 지불은 1922년 재개될 것이었다. 쿠랑이 복사한 리스청의 기안은 "배상금 면제설이 돌고 있다. 미국은 이미 동의하였고, 일본과 영국도 공식적으로 이를 약속하였다. 프랑스 역시 우리의 기대를 저버리지 않으리라고 확신한다"고 하였다. 그러므로 리스청은 프랑스 측에 대해 11년 전부터 미국이 실행해오고 있는 예를 따를 것을 촉구한 것이다. 그러나 미국의 경우와 같이 학생들을 여러 대학에 분산시키는 대신 프랑스의 경우 동일 장소, 다시 말해서 그가 리옹에 건립하고자 하는 대학에 모으자는 계획이었다.

자신이 간사장을 맡은 화법교육회의 이름으로 이상과 같은 요청을 한 리스청은 보다 구체적인 생각을 하고 있었던 것이 틀림없다. 그로부터 2년 후 리옹중법대학[里昻中法大學]의 개관을 교란한 사건을 여기에 관련지어 보자. 당시 폭발한 근공검학생들의 분노는 사기당한 자의 분노였다. 그들이 인쇄하여 배포한 유인물은 리스청이 이 기구의 건립을 고안한 것은 바로 그들의 상황을 구제하기 위해서였음을 상기시키고 있다.[134] 그들은 "화법교육회의 간부들"이 그들에게 했다는 약속의 명세서를 작성하였는데,[135] 이에 따르면 그들은 "대학의 특별교육을 받을 것이며 현지에서 기숙을 받기로" 약속되었다 한다. 이들의 원성의 진실

---

133 *Ibid*, pp.311~315; Huang Fenghua, *Public Debts in China*, Columbia Univ. Press, New York, 1919, p.105, Rep., 1969, pp.26~28.

134 1921년 9월 21일 유인물, "Appel aux citoyens français", Archives AUFC.

135 1921년 9월 25일 유인물, "Complément à l'appel aux citoyens français", *ibid*, p.2.

성은 간단히 확인된다. 즉 리스청의 기안이 명시하고 있는 학생 수와 화법교육회가 프랑스로 데려온 근로학생 수가 이천 명으로 일치하고 있다. 리스청은 리옹에 대학을 세울 계획을 하면서, 그 대상을 앞으로 도착할 학생이 아니라 이미 프랑스에 와 있는 근로학생으로 잡고 있었음이 틀림없다.

리스청의 거동은 여러 관점에서 야릇한 것이었다. 프랑스의 처지에서 볼 때 일개 외국인인 그는 자국으로부터 어떠한 권한도 위임받지 않았으므로 개인 자격으로 활동한 것이다. 그가 대표한 화법교육회 역시 사적인 모임이었다. 그런데 그가 작성한 요구서는 문자 그대로 해석한다면 프랑스가 상당한 금액을 공금에서 찾아갈 것을 암시하고 있다. 물론 의화단 배상금의 활용이 언급되고 있다. 그러나 배상금 명목으로 지급된 자금을 상호이익 관계의 문화사업으로 올리는 것은 프랑스 정부만이 할 수 있는 결정이었다. 배상금을 면제하는 문제로 말할 것 같으면 이는 국제 협약을 전제로 하는데 이에 관하여 중국과 프랑스 사이에 어떠한 협상도 착수되지 않은 상황이었다. 마지막으로, 리스청은 그의 제안을 파리의 교육부가 아니라 지방의, 따라서 하급의 일개 공무원인 리옹대학 총장을 독단적으로 선택하여 그에게 제출한 것이다.

사실상 리옹시와 리옹대학의 선택은 혼자만의 생각이라 하기에는 지나치게 사리에 맞는 선택이었다. 이것은 화법교육회 회원 중 두 명의 리옹 출신 의원이 있었다는 사실과 무관할 수 없다. 화법교육회의 부회장인 마리위스 무테(Marius Moutet, 1876~1968)와 1905년부터 리옹 시장으로 지내온 에두아르 에리오(Edouard Herriot, 1872~1957)가 바로 그들이다. 두 사람 모두 좌파 정치인으로 1919년 11월 보수적 색채가 짙었던 하원 선거 결과 야당의 입장에 서게 되었다. 따라서 파리에서는 영향력을 상실했으나 그들의 선거구에서는 여전히 발언권을 간직하고 있었으며 특히 리옹 시장의 경우 그러하였다. 리스청으로 하여금 단신으로 동분서주하게 했다면 그것은 기획 자체가 그의 생각이라는 점을 강조하고자 함이었을 것이다. 그러나 그들이 리스청의 활동을 알고 적극적으로 지원했으리라는 사실은 의심의 여지가 없다.

리스청이 제안한 재정문제 해결방안만 보더라도 만일 그가 프랑스 우인(友人)들의 확신을 얻지 못했다면 그처럼 거침없는 태도를 보일 리는 만무했을 것이다. 어쨌든 중국에서는 1908년 미국의 결정 이래 그런 기분이 감돌고 있었다. 중국 대학인들이 주도권을 취한 것은 프랑스 측의 결정을 촉구하자는 의도이며 혜택을 받을 대상인 대학 설립을 구체적으로 제안함으로써 그 결정의 가능성을 높이자는 의도로 해석될 수 있다. 하나의 도박인 셈이었으나 이후 사태의 진전으로 보아 부조리한 도박은 아니었다. 단지 계획의 차원이 너무 컸을 뿐이다.

4) 쿠랑의 반대안과 중국-프랑스의 협상과정

리스청이 주뱅을 방문한 지 반년이 지난 1920년 7월 10일 리옹대학 이사회는 모리스 쿠랑에게 대학을 대표하여 이 사업을 전담하게 하였다. 그러므로 그사이 중국 측의 제안은 프랑스 정부의 허가를 받아 원칙상의 합의로 보게 되었던 것이다. 프랑스는 의화단 배상금을 포기하지는 않고 요구사항대로 배상금 일부를 양국 모두에 이익이 될 문화 교육사업에 투자할 것을 수락하였다. 같은 해 3월 22일 파리에서는 중국 프랑스 양국 정부의 연례 보조금으로 운영될 한학고등연구소가 폴 팽르베(Paul Painlevé)를 소장으로 파리대학 내에 발족된 바 있었다.

협상이 겨우 초기 단계에 머물러 있던 리옹에서 모리스 쿠랑이 맡은 일은 "중법대학의 기능을 보장하게 될 민간조직의 구성을 관장할 책임을 진 리옹 협회에 있어서 리옹대학을 대표할" 것이었다.[136] 보다시피 여기서 리옹대학 이사회는 중국측 기안에 존재치 않던 두 개념 즉 리옹 협회와 민간조직을 도입하고 있다. 중국 측 기안은 사실 미래의 기구의 프랑스 법률에 따른 규약에 대해 한마디 언급도 없다. 아마 중국인들은 새 기구가 정식단체이자 존경받는 프랑스 대학인이 공동 회장을 맡은 화법교육회의 책임으로 놓이는 것으로 충분하다고 생각한 모양이었다. 그들의 관점으로는 리옹중법대학은 화법교육회 사업의 일환이었다. 이 대학의 목적은 실업 상태 또는 실업의 위협을 받는 수많은 근로학생의 불안정한 여건을 구제하고 그들의 학업을 더욱 순조롭게 하고자 하는 것이었다. 주뱅 총장은 200명의 학생을 시험을 거쳐 받아들이겠다는 구두 약속을 하였다.[137] 이것은 중국인들에게는 시작에 불과했으며 1920년 여름에 연달아 일어난 두 사건이 이를 증명해 준다.

8월 4일 여름휴가에 들어가 있던 주뱅 총장은 쿠랑에게 중국으로부터 여러 통의 "이해할 수 없는" 전보를 받았다는 소식을 전하였다.[138] 내용인즉 "미래의 리옹중법대학을 파리 교외 라 가렌 콜롱브(La Garenne-Colombes)

---

136 1920년 7월 15일 대학 이사회 부회장(서명은 식별 불가)이 쿠랑에게 보낸 편지. *ibid.*
137 1920년 8월 4일. 주뱅이 쿠랑에게 보낸 편지, *ibid.*
138 *Ibid.*

에 위치한 화법교육회 산하의 라 가렌 근로학생사무처(Service des étudiants-travailleurs de la Garenne)와 연결하게 한다"는 것이었다.[139] 또한, 라 가렌 근로학생사무처가 아직 자리를 잡아주지 못한 300명의 학생이 리옹으로 가게 될 것이라고 알리고, 여기에 우선(郵船)사의 포르토스호라는 객선 우선을 탄 270명의 학생이 첨가될 것이라고 하였다.

역시 8월 중, 리옹과 라 가렌의 합작 사업을 위해 70만 프랑이라는 거액이 두 차례에 걸쳐 베이징으로부터 주뱅 총장의 계좌로 송금되었다. 주뱅은 당황하지 않을 수 없었다.[140] 이 금액을 영수하게 되면 두 기관의 합병을 인가하고 문제의 570명 학생을 리옹으로 받아들이겠다는 뜻으로 보이지 않겠는가? 그는 리옹에 남아있는 쿠랑에게 "중국인들의 행동이 경망스럽다"고 하며, 신중하게 처신해 줄 것을 중국 측에 당부해 달라고 부탁하였다.

당시 중국을 대표하여 쿠랑과 상담을 나눈 이는 추민이(褚民誼)라는 이름으로[141] 쿠랑이 "융통성이 있는" 인물로 평가하고 있다. 1884년생이며 일본에서 정치학을 공부할 때 쑨원파(孫文派)의 한 사람인 유명한 왕징웨이(汪精衛)를 만나 평생을 두고 희로애락을 나누는 사이가 되었다. 1907년부터 파리로 와서 리스청, 차이위안페이와 함께 무정부주의적 경향의 『신세계(新世界)』를 발간하였다. 보르도 의과대학에 등록한 그는 1920년 화법교육회의 지시에 따라 리옹대학과의 협상을 맡게 되

---

139 "중국에 돌아온 그(李石曾) 역시 프랑스에 정보를 보내어 근로학생조직과 리옹대학의 협력을 적극적으로 추천하였다"(何長工, 『勤工儉學生活回憶』, 北京 1958, 66쪽).
140 1920년 8월 9일 주뱅이 쿠랑에게 보낸 편지. Archives AUFC.
141 프랑스어로 Tsu(Chu) Zouyong으로 표기된 것으로 보아, 이 인물은 Zouyong이라는 이름도 사용한 것으로 보인다.

었을 때 아직 의학 공부를 끝내지 못한 형편이었다.[142]

8월 23일 쿠랑과의 첫 대면에서부터[143] 그는 상대가 기본문제 즉, 라가렌 사무처 소속의 근로학생 수용문제에 대해 확고부동의 자세를 취하고 있음을 간파하였다. 리옹대학으로서는 대학이 선발하지 않은 지원자를 입학시킬 수는 없었다. 결국, 추민이는 프랑스 측 반대의 타당성을 인정하고 베이징에 전보를 보냈으며 10월 6일 동의한다는 답신을 받아 결말을 지었다. 300명의 근로학생도, 프랑스로 향하고 있는 270명도 리옹으로 배당되지 않게 되었다. 사실 점점 문젯거리가 되고 있던 근로학생들의 운명은 리옹대학이 관여할 바가 아니었다. 이들을 프랑스로 불러들인 화법교육회가 전적으로 맡아야 할 책임이었다. 협상 초기 단계부터 상대측이 대학 자체의 학생 선발권을 인정케 함으로써 쿠랑은 중국인들의 초안을 변형시켰다. 그는 프랑스 전국의 중국 학생을 리옹에 집결시키고 수천의 중국 젊은이들을 한 기관에 소속시킨다는 그들의 비현실적인 생각을 포기할 것을 암암리에 종용하였다.

이처럼 급선무를 해결한 후 쿠랑은 추민이와의 회담 중에서 미래의 기구에 프랑스 법률에 입각한 규약을 줘야 할 필요성을 강조하였다. 실

---

142 추민이[褚民誼]는 1922년 리옹을 떠나 벨기에의 마르시엔오퐁(Marchienne-au-Pont)으로 가서 샤를르루와(Charleroi) 노동대학 부설 중국학생관(Home des étudiants chinois)을 세웠다. 그는 또한 스트라스부르로 가서 의학 공부를 계속하였다. 1925년 광동대학교 의과대학장, 1927년부터 1939년까지 상해중법기술전문학교장 역임. 국민당 내에서 왕정위파의 일원으로 장개석파에 맞섰으며 1939년 1월 汪과 함께 蔣에 의해 축출당하였다. 그 후 중일 전쟁 시 친일정부의 외무부장직을 수락하였고 이로 인해 반역자의 낙인이 찍혀 1946년 8월 23일 총살을 당하였다.

143 1920년 8월 21일부터 1921년 1월 11일 사이 쿠랑의 일기와 중법대학협회 문서 보관소에 보관된 여러 문서(편지, 편지 초고, 보고서, 규약, 신문스크랩)의 도움으로 협상의 진전을 재구성할 수 있었다. 핵심적인 정보원은 수뱅 총장과 쿠랑 사이에 오고 간 서신이다. 총장은 1920년과 1921년의 대부분의 기간 리옹을 떠나 있었다.

상 그럴 시기가 되기도 했다. 국방성 장관은 손(Saône) 강을 내려다보는 고지 생 티레네(Saint Irénée) 요새의 무용한 토지와 군용 건물을 리옹대학에 양도할 것을 허락하였다. 7월 15일 총장은 시장에게 그곳의 정비작업 착수를 신청하였고, 요새 사령관은 8월 14일 행정적 절차를 완료하기도 전에 토지와 건물을 추민이에게 양도하였다. 중법대학은 서류상으로 존재하기에 앞서 부지와 건물이라는 형태로 모양을 갖추게 되었다.

아직 규약을 확정하지는 않았으나 쿠랑은 이미 9월 초 대략의 구상을 하고 있었다. 9월 5일에 기록된 그의 구상안에 따르면 대학과 이의 책임을 진 민간조직 사이의 구분을 명확히 하여, 후자는 기본방침과 통솔을, 전자는 일상적인 세부사항을 담당케 한다는 것이다. 민간조직은 이사회와 집행위원회에 의해 관리되고, 대학 총장이 직무상 회장을 맡게 될 것이다. "프랑스적 요소의 우위"를 확실시하기 위해 총장 겸 회장을 도울 실무자를 프랑스인으로 선정하여 중법대학과 프랑스행정부처와의 관계를 담당케 한다는 구상이었다.

9월, 쿠랑과 추민이는 서로 협력하여 34개 조로 된 규약의 초안을 작성하였다. 중법대학은 민간조직의 권한 아래에 놓이며, 민간조직은 그 내부에서 프랑스인과 중국인으로 구성된 감사위원회를 선출하며, 감사위원회는 다시 9명으로 이루어진 중역회에 관리와 운영을 위임한다는 내용이다. 그러나 민간조직의 법적 구성을 나름대로 작성해 놓았던 쿠랑은 위의 양식이 지나치게 엄격하며, 게다가 10월 13일 그가 총장에게 보고했던 바와 같이 구성원의 재정적 책임을 암시하고 있다는 이유를 들어 이를 포기하고 1901년 7월 1일 법령에 따라 인정된 협회로 대치할 것을 천거하였다. 10월에 열릴 리옹대학 이사회에 앞서 그는 "중법협회안"과

이 협회에 의해 맺어질 "동의안"을 주뱅에게 제출하였다. 이사회는 서류를 검토한 후 법과대학을 대표하는 쥐스랑(Jusserand) 학장, 레핀(Lépine) 교수, 위블랭(Huvelin) 교수 3인과 의과대학의 역시 레핀(Jean Lépine)이라 불리우는 교수, 그리고 모리스 쿠랑으로 구성된 준비위원회를 구성하기로 하였다. 준비위원회의 임무는 "협회의 규약문제를 연구"하는 것이었다. 이리하여 추민이와 진행되고 있던 협상에서 쿠랑의 입김이 한층 더 강화되게 되었다.

그러는 동안 추민이는 생 티레네 요새에 자리 잡고 이론에 선행하는 사실의 창조를 진행해 나가고 있었다. 그는 10월 20일 그 경비가 50만 프랑에 달하는 작업에 착수했다고 하는데[144] 그 내용을 알리는 견적서는 제출되지 않았다. 그는 최근 앞의 경사지를 경작하던 노동자 채소재배협회를 몰아냄으로써 주민의 원성을 샀다. 그 같은 조치를 할 권한이 추민이에게 없었으므로 곧 리옹대학 이사회에 의해 무효결정이 선포되었다. 추민이의 이 같은 행동은 매우 대담한 것이라 하겠다. 반면 그와 잦은 접촉을 하던 쿠랑은 얼마 전부터 그가 덜 조급해하는 것 같다고 보았다. 그 이유는 곧 명백해진다. 당시까지 사적 모임을 대표하는데 지나지 않았던 그는 9월 런던에 본부를 두고 있는 "중국주구주학무고사단(中國駐歐洲學務考查團)"을 지휘하던 공적 인물 가오뤼(高魯)의 권한 아래 자리하게 되었던 것이다.[145] 쿠랑은 이 사건을 중국 측의 태도

---

144 1920년 10월 25일 주뱅이 쿠랑에게 보낸 편지. AUFC.
145 1881년 복건성 출생. 브뤼셀 대학에서 수학한 후 유럽에서 9년을 보내었고 1911년 중국에 돌아와 광둥과 난징에서 쑨원의 비서로 활동하였다(M. Perleberg, *Who's who in modern China*, Hong Kong, 1954, XII-428p., in loc.) 1930년 주불 중국공사로 파견되었다(*Annales franco-chinoises*, 1930, IV, no.16, p.1).

강화의 표현이라고 이해하였다.

사실상 그들이 11월 24일 제출한 반대안을 보면 가오뤼는 추민이의 양보에 자신이 관여한 바 없다는 것, 그리고 일반적으로 대화의 흐름에 찬성하지 않는다는 의사를 표명하고 있다. 애초에 리스청과 차이위안페이에 의한 야심찬 기획은 그 규모로 보아 정부 차원의 협상이 있어야 하는 것이었다. 그러나 중국인들이 접근한 것은 지방관리였다. 그리하여 현재 그들에게 귀를 기울여 줄 인물이라고는 그의 대리자뿐이며 더욱이 그는 그 자신 쓰고 있듯이 무엇보다도 "리옹대학의 주체성"에 주력하였던 인물이었다. 그제야 그들은 이런 좁은 테두리에서 벗어나려 하였다. 쿠랑이 준비한 문서에 대해 그들이 요구한 수정안은 모두 같은 방향을 취하고 있다. 즉, 예정된 협회의 리옹적 성격을 제거할 것. 이사회 내 중국인과 프랑스의 동등성을 회복시키고, 화법교육회의 대표가 이사회에 확고한 위치를 소유할 것.

그러나 쿠랑은 그의 기안의 중점 사항을 양보하지 않았다. 상대측의 급증하는 노여움에도 두려워하지 않았다. 그는 대학 자리를 벨기에의 샤를르루와로 변경하겠다는 그들의 위협을 공허한 것으로 판단했다. 그러기에는 중국인들이 이미 리옹에 너무 많이 투자하였다고 주뱅에게 보고했다. 1920년 말에 차이위안페이가 리옹에 들러서 쿠랑과 만남을 피했다. 단지 의전상의 문제라고 판단한 쿠랑은 총장에게 그들이 만나고자 하는 것은 총장 자신이지 그 아랫사람이 아니라고 써 보냈다. 1920년 여름 내내 리옹을 비운 주뱅은 개학 전에 돌아왔으나 첫 학기 도중 장기 임무를 띠고 피렌체로 가서 1921년 4월 말까지 머물러야 했다. 쿠랑은 부재총장의 의견을 늘 서면으로 묻고 존중하였으므로 이로 인하여 자연 협상은 지연되었다. 더욱이 중국 측은 하급자만을 내세우는 것으로 보아 프랑스 측이 그들을 얕잡아 본다고 생각하였다. 3월 6일에야 국립 베이징대학교 총장을 위해 베푼 만찬에서야 그는 주뱅을 제외한 리옹시의 모든 민간 또는 군사 당국 최고 책임자들을 한 자리에 맞이하게 되어 그의 위치에 마땅한 대접을 맡게 되었다. 그러나 5월 20일 다시 리옹으로 왔으나 이번에도 총장을 만날 수 없어 자존심을 상한 듯하다.

쿠랑은 1월 28일 마리위스 무테 의원이 중국인 벗들을 위해 그에게 보낸 부탁 편지를 받고도 자기 주장을 굽히지 않았다.

화법교육회 부회장 무테 의원은 그에게 "그들은 협회가 중법대학 설립의 주체가 된다는 사실을 비판하고 있으며, 후자의 기획이 전자보다 훨씬 앞선다는 점, 그리고 아직 존재치도 않은 집단이 벌써 수년 전부터 계획되어 온 대학의 창립과 구성의 주도권을 장악하게 된다는 데 불만을 표시하고 있습니다. …… 또 한편으로는 대학의 구성이나 이사회 내에서 그들이 담당하게 될 역할이 단연 열등한 것이라는 인상을 받고 감정이 상해 있습니다. 물론 그들이 그런 내색을 한 것도 아니고 앞으로도 절대로 하지 않겠지만 느낌으로 알 수 있습니다. 그들은 프랑스인으로 회장을 세움으로써 프랑스적 요소의 우세를 확인하는 것 이외에는 중국인과 프랑스인 사이의 동등이 이루어져야 한다고 생각하고 있습니다. …… 그리고 마지막으로, 대학의 책임과 방향을 맡게 될 협회의 쥬비위원회 내부에 법조계 인사를 포함하면서 중법대학의 주창자, 특히 1915년 이래 현재의 성과를 얻기에 이르기까지 줄곧 힘써온 화법교육회 회원들이 제외되어 있음을 지적하고 있습니다. 이 점 저 역시 공감하고 있습니다."

의원은 추민이가 책임지고 전달한 반대안을 추천하는 것으로 끝을 맺었다.

2월 3일 무테 의원에게 보낸 답신에서 쿠랑은 그에게 있어서 본질적인 문제를 거듭 주장하고 있다. 그는 중국 측 반대안에는 "리옹대학 이사회와 중법대학 또는 협회의 관계에 관한 문제가 완전히 무시되어 있으므로 중국 측 협상담당자들은 우리의 요구대로 그 점에 관한 그들의 견해를 명확히 한 계획서를 제출해야 한다"고 주장하였다. 그러나 3월 10일 그들이 제출한 대략의 규정에서도 이점은 무시되었다. 4월 28일 리옹대학 이사회 부회장 쥐스랑 학장에게 보낸 편지에서 차이위안페이는 단도직입적으로 이사회의 개입을 거부하는데 이르렀다.

협회는 중법대학과 직접 이해관계가 있는 모든 대변자에 의해 구성되므로 모든 사태에 대한 협회의 결정, 승인 비준만으로도 충분히 대학의 원만한 기능을 보장할 수 있습니다. 리옹대학 이사회의 개입은 필요 이상의 것일 뿐 아니라 협회의 권한 유린을 의미하므로 협회는 독립성을 상실하게 되는 결과를 낳을 것입니다.

그리하여 4월 말 협상은 교착상태에 이르렀다. 그러나 5월 20일 주뱅은 쿠랑에게 보낸 편지에서 가까운 미래에 이루어질 합의 서명을 들먹이고 있으며, 그 이후의 문서를 보면 사실 사태가 급속히 진전되었다. 어떻게 하여 누구에 의해 토론의 실마리가 풀렸을까? 알 수 없는 일이다. 그러나 5월 초에 행해졌을 제안의 주체자가 누구였으리라는 것은 쉽게 짐작할 수 있다. 실제로 리옹대학과 중국교제위회원 사이에 맺어지고 1921년 7월 8일 가오뤼[高魯]와 주뱅에 의해 서명된 조약은[146] 제1조 "리옹에 중법대학을 건립"하고 제4조 "이것은 1901년 7월 1일 법령에 비추어 조직될[147] 중법대학협회에 속하게 될"[148] 것을 예기하고 있다.

협회에 관련된 동사가 미래형이며 이의 조직은 쿠랑이 바라던 바와 같이 선결 조건이 아니라 역으로 조약체결 이후로 순서가 바뀌었음을 알 수 있다. 그러나 협회는 여전히 조약의 주목표인 것은 사실이다. 이 같은 서식은 중국 측의 요구에 응하고 그들의 자부심을 존중한 것이다. 또한, 이 조약은 리옹대학과 중국의 관계의 본질을 더욱 명확히 해준다. 중국을 대표한 것은 중국과 프랑스 양국의 혼합단체의 회원들이 아니라 정부기관인 중국교제위원회였다. 이것은 문제의 기구설립 주도권이 중국 측으로 되돌아갔으며 초기 재정을 담당하는 것도 중국이라는 사실을 더 명백히 밝혀주고 있다.

반면 쿠랑이 거듭 강조했듯이 사적 모임에 지나지 않고 "더욱이 리옹의 모임이지도 않은" 화법교육회는 조약에 참여하지 않았다. 그러나 같은 날 서명 직후 구성된 협회의 이사회에 화법교육회의 참여가 두드러졌다. 프랑스 측은 중국인 6명과 프랑스인 6명으로 구성된 "중법대학 주동회원"이라는 새로운 범주를 도입할 것을 동의하였다. 전자는 화

---

146 AMRE, série E (Asie-Oceanie), carton 47 : Relations culturelles franco-chinoises, doc. 87.88.
147 본고에서 미래형의 강조는 필자.
148 1921년 8월 3일에 중법대학 협회의 규정을 론(Rhône) 도청에 제출. M. Courant, "L'Association universitaire franco-chinoise", *Annales franco-chinoises*, 1927, no.l, pp.1~6. 위의 주석 129번에 언급된 뒤바르비에의 글에서는 중법대학(l'Association)과 협회(l'Institut)를 구분하지 않고 둘을 합쳐 '리옹 불-중 대학'이라는 애매한 이름으로 부른다. 뒤바르비에는 이상하게도 협회의 수준을 '작업책임자 및 기술인 학교'로 낮추었으며, 1935년 쿠랑의 후임이 되어야 했음에도 그의 전임자의 역할에 대해서는 언급하지 않는다.

법교육회 회장 차이위안페이를 위시하여 가오뤼, 리스청, 추민이, 왕징웨이, 우즈후이[吳稚輝] 등 모두 화법교육회의 회원들로 이루어졌다. 프랑스 측의 마리위스 무테 의원 역시 화법교육회의 부회장이었다. 그 외 프랑스인 주동회원으로는 모리스 쿠랑, 리옹 시장이자 역시 화법교육회 회원인 에두아르 에리오, 폴 주뱅, 의과대학의 장 레핀 학장, 그리고 요새 사령관 마르줄레(Marjoulet) 장군이 선정되었다.

쿠랑이 바라던 "리옹대학의 주체성" 역시 존중되지 않았다. 중법대학은 조약조건에 따라 "중국대학 당국이 자체 책임으로 선발한 학생들"을 입학시키게 된 것이다. 그러나 리옹대학은 이들 학생의 입학을 감독할 수 있는 권한을 가지고 있었다. 왜냐하면, 중국교제위원회와의 협력 아래 "자격조건"을 결정하는 작업은 리옹대학 이사회에 귀속될 것이기 때문이다.

프랑스 측이 양보한 이유는 제2조 재정에 관한 조항을 보면 짐작할 수 있다. 제2조는 의화단 배상금에 대한 언급 없이 백만 프랑 이내의 범위에서 생 티레네 요새 정리 작업 비용을 중국이 부담하겠다고 명시하고 있다. 이 금액은 배상금 면제의 형태가 아니라 중국교제위원회에 의해 중국에서 거두어진 기부금에서 공제될 것이다. 교무경비에 대한 보조금 역시 첫해 프랑스의 7만5천 프랑보다 많은 10만 프랑이 중국 측에 전가될 것이다. 반면 리옹대학은 생 티레네 요새를 순전히 형식적인 세만으로 협회에 빌려주게 될 것이다.

5) 중국인 근로학생 입학거부 사건

중국은 더 무거운 경비 부담을 지고서도 중법대학협회의 회장직을 프랑스와 공유하였다. 1921년 8월 3일 규약과 함께 론(Rhône) 도청에 제출된 명부에 의하면, 중국 측 회장은 차이위안페이, 프랑스 측 회장은 장 레핀 학장이다. 회장직을 차례로 권유받은 주뱅 총장과 모리스 쿠랑은 이를 거절하였다. 각 프랑스인 담당자마다 이에 대응하는 중국인이 따랐다. 또 한 가지 프랑스 측이 양보한 것은 쿠랑의 구상에 따랐다면 리옹대학의 중법대학에 대한 통제력 확인을 담당하게 되었을 협회 간 사장직의 부재이다. 모리스 쿠랑에게는 이사회 주동회원이라는 더 겸허한 직책이 주어졌다. 그는 또한 집행위원회의 간사직을 맡았고 중국 간사는 추민이였다. 그러나 업무는 마찬가지로 중법대학이 프랑스 법률과 관습뿐 아니라 이사회의 결정을 존중하는가에 주의를 기울이는 일이었다. 협상이 진행되는 동안 중국 측에 대해 악역을 맡아왔던 쿠랑은 이후 더 불쾌한 감시자 노릇을 하게 되었다.

1921년 가을부터 난처한 사태가 줄을 이었다. 사고를 일으킨 것은 만일 리스청의 계획이 달성되었다면 새 기구의 혜택을 제일 먼저 받게 되었을 근로학생들이었다. 원래 계획하였던 2천 명이 불가능한 숫자라면 그는 적어도 그중 이미 실업 상태인 3백여 명이라도 입학시키고자 했으나 뜻을 이루지 못하였다. 그러나 수입원도 없고 상황이 악화하기만 하는 중국 학생들은 리스청 등의 약속에 온 기대를 걸고 1년 전부터 리옹의 사건 전개에 관심을 집중시켜 왔다.

7월 8일 조약이 맺어진 후 쿠랑과 추민이가 작성한 규약은 중국과 프랑스에서 나란히 입학희망자 선발시험을 편성할 것을 규정하였다. 광둥에서는 7월 15일, 상하이나 베이징에서는 7월 20일 첫 인원 총 125명이 선발되어 9월 25일 리옹에 도착하기로 되었다. 프랑스에 있던 이들의 선배들은 중국에서 이루어진 선발시험이 그들 자신이 예전에 통과했던 시험과 내용이 거의 다를 바 없다는 것을 즉시 알게 되었다. 그리하며 그들은 프랑스에서 다시 또 다른 시험을 통과하지 않아도 중법대학에 입학하여 현재의 비참한 상황에서 벗어날 권리가 그들에게도 있다고 판단하였다. 한 가지 묘한 사실은 아무도 프랑스에서의 시험에 대해 더는 말하고 있지 않다는 점이다. 가열되기 시작한 분위기는 중국 공산당을 비롯한 여러 정치 단체에 의해 점화되었다. 프랑스 주재 중국인들은 9월 16일 파리에 집결하여 소위 졸업생들의[149] 리옹중법대학 입학이 허용되어야 한다는 성명을 발표하였다.

긴장이 고조되고 있었다고는 하나 그것만으로는 연이어 발생한 사건들을 설명해 주지 못한다. 여러 가지 증거로 미루어 볼 때 프랑스 주재 중국공사 첸루[陳籙] 역시 이 사태에 상당한 역할을 담당했음을 간파할 수 있다. 2월 이래 자금이 바닥난 화법교육회가[150] 아무런 대책도 마련해 주지 못한 젊은 중국인 실업자들은 공사관을 습격하였다. 첸루는 중국으로부터도 프랑스로부터도 아무런 원조를 구할 수 없었다. 베이징 주재 프랑스공사 모그라(Maugras)는 9월 1일 다음과 같은 전보를 본

---

149 이 학생들은 스스로를 'postscolaires'로 지칭했는데, 현재로서는 명확한 의미를 알 수 없다.
150 A. Kriegel, *op. cit.*, p.84에 따르면 상당히 많은 수의 학생들이 실업 상태였다. "이러한 환경 속에서 화법교육회는 보호해야 할 학생들을 예상했던 만큼 공장에 취업시킬 수가 없었고, 임시로 국립 중등학교(les collèges de l'État)로 보내기로 한다. 게다가 협회는 이들의 기숙사비를 지급해야 했다. 결국, 협회의 자금은 빠르게 고갈되고, 결국 1월 말 어쩔 수 없이 각 중등학교의 교장들에게 1921년 2월 28일부로 협회는 지급을 중단하겠다고 통보한다."

국에 보내지 않았는가?

　　외교부는 이 학생들을 관심을 둘 가치조차 없는 쿨리(coolies)로 간주하고
이들에게 어떠한 원조금도 보내지 말 것을 적극적으로 주장하고 있다. 그러
나 그는 본인에게 정식으로 이들의 본국 송환을 약속하였다. 단지 9월 15일
까지 기다려 달라고 부탁하며 그때쯤 어느 정도 자금이 마련 될 것이라 한다.
현재로는 금고가 완전히 비어 있다.

또한, 덧붙이기를

　　중국 학생들이 파리에서 중국 공사관을 상대로 시위운동을 벌이게끔 내버
려두는 것이 좋을 듯하다. 그러면 중국 정부의 본국 송환 결의가 다져질 것이
다. 우리는 이 송환에 대해 어떤 책임도 지닐 것으로 보여서는 안 된다. 관계
자들의 분노가 완전히 그들의 정부를 향하도록 하는 것이 중요하다.[151]

　　첸루 공사는 프랑스 당국의 수법을 예견한 것일까? 어쨌든 그가 학
생대표들을 향해[152] 화법교육회가 그들에게 한 말, 즉 물론 당신들도
"프랑스 정부와 중국 정부가 거액의 보조금을 약속한" 중법대학에 입
학할 권리가 있다는 말을 서둘러 확인하였던 것은 사실이다.[153] 첸루
공사는 학생들이 중법대학에 대표단을 파견할 것을 권유했다. 여러 가

151　Archives du ministère des Relations extérieures, série E (Asie-Océanie), carton 47, *Relations cul-
　　tures franco-chinoises*, doc. pp.87~88.
152　허츠앙궁[何長工]은 학생대표의 일인으로 왕뤄페이[王若飛]를 들고 있다(앞의 책, 67 · 122
　　쪽).
153　1921년 9월 21일 학생들이 인쇄한 유인물, "Appel aux citoyens francais", Archives AUFC.

지 정보에 의하면[154] 희망자에게 여비를 마련해 준 것은 바로 첸루 공사였다고 한다.

9월 21일 리옹에 모인 116명의 학생은 그들이 내세운 바와 같이 프랑스 방방곡곡에서 자발적으로 몰려온 것은 아니었다. 그것은 시위의 조직성과 중국 공사의 역할을 은폐하기 위한 각본에 지나지 않았다. 목격자인 허츠앙궁[何長工]의 보다 그럴듯한 증언에 의하면,[155] 이들은 그 직전에 파리에서 열렸던 집회의 대표자들로서 집회가 끝나자마자 함께 리옹으로 직행한 것이라 한다.

9월 21일 116명의 젊은이는 생 티레네 요새에 침투하여 그들의 입학 권리를 주장하였다. 추민이와 쿠랑은 며칠 후 도착 예정인 학생들에게 모든 자리가 예치되었다고 대답하였다. 이에 대해 학생들은 25일 그들의 동료가 도착하기 전에는 그 장소를 떠나지 않겠다고 응수하였다. 현장 점거는 명백한 전략상 실책이었다. 이로 인해 그들은 위법자로 되어 그들의 운명을 결정짓게 되는 것이다. 꾀가 있는 중국공사는 그렇게 되면 프랑스 측에서 프랑스 경비로 말썽을 일으킨 장본인인 이들 중국 학생의 송환을 담당하게 될 것이라는 기대 아래 그 같은 생각을 학생들에게 암시하였을 것이다.[156] 실제로 그 같은 상황이 전개되었다.

추민이와 쿠랑은 론 도청에 연락을 취하였고 브레소(Bressot) 사무국장은 경찰관을 대동하고 현장으로 달려왔다. 젊은이들의 단호한 결의 앞에 부딪힌 그들은 일단 그날 밤 숙소와 음식을 제공하기로 하고 다음

---

154 위의 책, 67~68쪽, 중법협회장이 주뱅 총장에게 보낸 1921년 9월 29일자 편지(중법대학협회 문서보관소).
155 허츠앙궁, 앞의 책, 68쪽.
156 위의 책; A. Kriegel, *op.cit.*, p.87.

날까지 참고 기다려 보기로 했다. 다음날 오후 더 많은 경찰력을 동원한 브레소는 재차 해산을 권고하였으나 학생들이 이에 따르지 않자 경찰차로 이들을 연행하였다. 바로 이 순간 추민이가 도착하였다. 그때까지 조용하고 품위 있게 행동해 온 중국 학생들은 쿠랑이 유감스러운 표정으로 보는 앞에서 미친 듯이 날뛰며 그에게 욕설을 퍼부었다. 호송되는 도중 젊은이들은 그들이 가지고 온 등사기로 찍어낸 프랑스어 유인물을 차창 밖으로 던졌다. 이들은 몽뤽(Montluc) 요새에 반구금 상태로 머물게 되었다.

25일 아침 이들 중 십여 명이 리옹 역으로 나가 24일 마르세유에서 배를 내려 25일 리옹으로 인도된 그들의 후배들을 만나 그들에게 유인물을 배포하였다. 125명의 신참자는 인솔해 온 중법대학 초대 학장 우즈후이(吳稚輝)에게도 같은 날 두 명의 학생대표가 찾아와 장시간 상황을 토론하였다.

우즈후이는 그들에게 낯선 인물이 아니었다. 1864년생인 그는 자신의 친구 차이위안페이와 마찬가지로 고전에 능하였고 청조 말 유럽으로 건너와 근대식 교육을 받았다. 그는 크로포트킨과 엘리제 르클뤼(Elysée Reclus)의 무정부주의 사상에 제일 먼저 동조한 인물 중 하나이다. 당시의 동료들보다 연상이었던 그는 리스청을 포함한 "파리파" 조직에[157] 발 벗고 나섰다. 1907년부터 1910년 사이 파리에서 무정부주의적 주간지 『신세기(新世紀)』를 이끌어나간 장본인이기도 하다. 또한, 그는 1904년 마찬가지로 런던에 머물고 있던 쑨원[孫文, 1866~1925]과 교

---

157 R. A. Scalapino, *op. cit.*, p.2. 혹은 Hu Shi가 번역한 C. H. Wood, "l'un des grands penseurs de la Chine moderne", les *Annales franco-chinoises*, 1931, no.17, pp.1~5 et no.18, pp.8~42를 참조

분을 맺게 되는데 이 둘의 친분이야말로 차후 중국 무정부주의자들이 국민당 방향으로 진화하게 되는 이유 중 하나이다. 쑨원의 중화민국 선포 후 중국으로 돌아온 그는 1912년 유법검학회, 이어 1915년 근공검학회 창설에 참여하였으며, 같은 해 차이위안페이, 리스청 등과 함께 프랑스로 건너와 근로학생의 유학을 지원하기 위해 화법교육회를 조직하였다. 그러므로 6년 후 그가 직면하게 된 상황은 그 자신의 창조물이라 하겠다.

그는 도착하자마자 문제의 116명 학생의 대표를 만나주었고 그 다음 날 아침 리쥔[李駿] 부영사와 함께 몽뤽 요새로 가서 항의자들의 불평에 귀를 기울였다.[158] 그사이 상당히 체념한 이들은 생 티레네에 남아있는 자리에 상당하는 수의 학생을 입학시켜 줄 것과 그 나머지 학생의 학업을 뒷받침할 대책을 마련해 달라고 요구하였다. 이 요구가 무시될 경우 프랑스 전국의 1,400명 중국 학생들이 리옹에 집결할 것이라는 위협을 감돌게 하였다. 우즈후이와 부영사는 20명 정도의 입학과 중국 정부에 다시 연간 12,000달러를 요청하겠다고 약속함으로써 난관을 벗어났다. 약속의 전반부는 프랑스 측의 배서가 있어야 했다.

이를 위해 그 다음 날 브레소 사무국장을 만난 부영사는 브레소로서는 양보할 의사가 없다는 것을 알게 되었다. 브레소는 9월 22일 사건에 이어 중법대학협회장으로부터 급히 리옹으로 돌아온 주뱅과 함께 의논한 끝에 시위에 참여한 자는 절대로 대학에 입학시키지 않기로 했다는 내용의 편지를 받은 후였다. 부영사의 거동은 오히려 역효과를 내어 28

---

158 1921년 10월 3일 리옹에서 등사된 회람물. '재(在)프랑스 중국인 졸업생 협회'로 서명. Archives AUFC, fol. 1 et 2.

일 중법대학협회장은 이번에는 우즈후이 학장에게 편지를 보내어 "최근에 발생한 사건에 연루된 학생을 중법대학에 받아들이겠다는 결정은 중법대학협회의 프랑스 회장 또는 그의 대리인 모리스 쿠랑의 서명 없이는 어떠한 효력도 발생치 않는다"는 점을 거듭 강조하는 결과만 낳았다. 레핀 학장은 또한 우즈후이 학장에게 26일에 밝혔던 그의 의도를 다시 한 번 상기시키고 있다. 즉 학생 측은 시험을 치를 것을 응낙하고 중국 공사관 측은 시험에 통과한 학생들의 연금을 보장하도록 노력하는 것 이외의 해결책은 없다는 것이다. 시위자들에 대해서는 레핀은 브레소에서 보낸 편지에서보다는 태도를 약간 완화하며 중법대학협회는 "주모자로 여겨지는" 모든 학생에 대해 입학을 거부할 수 있다고 쓰고 있다.

이것은 일시적인 관용에 지나지 않았고 결국에는 "주모자들"뿐 아니라 시위학생 전원을 프랑스에서 추방하기로 결정된다. 차이위안페이와 리스청은 에리오 시장에게 전보를 보내어 근로학생을 위해 중국 정부로부터 연간 10만 달러의 지원금을 받아내고자 하는 그들의 희망을 알리고, 이 학생들을 위해 리옹에 기숙사가 딸린 "학교 겸 작업소"를 마련해 줄 것을 간청하였다.[159] 에리오 사장은 외무부에 연락을 취하였으나, 중국인들은 약속만 일삼는다는 아리스티드 브리앙(Aristide Briand) 장관의 답변이었다.[160] 결국, 시위학생 송환 결정은 실행되었다. 10월 10일 단식투쟁에 들어간 학생들은 13일 마르세유까지 기차로 호송되었고 11월 4일 그중 104명이 우선사의 객선에 강제로 승선 되었다. 나머지 12명은 그 사이 감시원의 눈을 피해 도망치는 데 성공하여 프랑스에 남았다.

---

159 에리오가 레핀에게 1921년 10월 4일 스트라스부르에서 보낸 전보. Archives AUFC.
160 1921년 10월 6일 아리스티드 브리앙이 에리오에게 보낸 전보 사본. Archives AUFC.

지금까지 추적해 온 일련의 사건은 말하자면 쿠랑이 도맡아 처리한 근로학생 입학거부 사건인데 그 자체로는 별반 중대한 의미를 지니지 않으며 결국 실패로 끝난 항의운동이다. 그러나 중국 공산당사에서는 이것을 "리대 운동"이라 하며 하나의 공적으로 기념하고 있다. 그 이유는 미래(1958)의 외무부장 천이[陳毅, 1901生] 같은 인물들이 이 운동에 가담하였다가 추방된 사실에서 어느 정도 이해할 수 있다.[161] 추방된 학생들 대부분이 후난성[湖南省]의 신민학회(新民學會) 출신이었다. 신민학회는 프랑스 유학 준비학회로서 여기서 마오쩌둥[毛澤東, 1893~1976]도 참가하였으나 그는 출국하지 못하였다. 마오쩌둥의 요절한 친구 차이허썬[蔡和森, 1890~1931경], 리웨이한[李維漢, 1897生] 그리고 미래의 유명한 "분리파" 리리싼[李立三, 역시 1897년生] 모두 신민학회 출신이다. 우즈후이와의 협상을 맡았던 대표 중 한 사람이자 마오쩌둥의 스승이기도 한 쉬터리[徐特立, 1877~1968]도 마찬가지. 반면에 파리에 남아있던 시위지도자이자 이후 제2차세계대전 중 중칭(重慶)에 모의 대표로 파견되게 될 왕뤄페이[王若飛]는 후난[湖南] 출신이 아니라 미래의 중공 수상이 "리대 운동(리용대 운동)"에 참가하였다는 설도 있다. 저우언라이[周恩來]의 전기작가 쉬가이위[許芥昱, 1922~1982]에 의하면[162] 이 운동을 조직한 왕뤄페이의 측근이었던 저우언라이는 116명 중에 속하였으나 추방 직전 탈출에 성공하였을 것이라 한다.[163]

---

161 何長工은 이들의 이름을 명시하고 있다(위의 책, 66~71쪽).

162 Kai-Yu Hsu, *Chou En-lai, China's Gray Eminence*, Doubleday, New York, 1968. Trad. franç. par J. R. Major, *Chou En-lai, éminence grise de la Chine*, Mercure de France, Paris, 1968, p.54 · 334, et suiv.

163 "저우언라이는 추방을 모면한 학생들 중 하나였다"(K.Y. Hsu, *op.cit.*, p.54). Hsu는 리대 운동(리용대 운동, Marche sur l'université de Lyon, Lida yundong)에 참가한 어느 학생의 말을 빌려 이 주장을 펴고 있으나 그의 이름을 밝히지 않았다. 그러나 하장공의 책에는 저우언라이의 이름이 전혀 등장하지 않은 점이 주목된다.

중국 혁명운동사에서도 이 사건이 가지는 의미는 크다. 이 점에 대해 크리젤은 다음과 같이 명백하게 서술하고 있다.[164]

리옹 시위 운동은 처음으로 우상을 파괴한 세대와 전후 새로운 세대와의 사이의 절단을 분명하게 만든 사건이다. 리옹중법대학은 사실 전 세대가 이룬 성과이며 초대 학장은 우즈후이였다. 그것은 1927년 중국에서 발생하게 될 사건의 1921년 프랑스판 서곡이라 할 수 있다. 리스청, 추민이, 우즈후이는 국민당의 우익에 속할 반면 리옹의 시위자들은 좌익 당원으로 활동하게 될 것이다.

우즈후이 학장은 화법교육회 창립자 중 한 사람이었던 만큼 항의자들의 선동으로 거북한 처지에 놓이게 되었고 이로 인해 큰 충격을 받은 것 같다. 게다가 그는 시험을 통하여 몇 명의 근로학생을 입학시켜주겠다는 프랑스 측의 제의조차 이들을 통솔할 수 없으리라는 우려로 인하여 거절해야 했다.[165] 그리고 그 자신이 중국에서 인솔해 온 학생들은 그사이 시위자들과 긴 대화를 나누었고 그들과 공감하였다. 그 결과 자신의 권위를 정착시킬 수 없게 된 우즈후이 학장은 문제를 회피하는 것으로 출구를 찾았다. 1921년 경찰에 의해 사건이 해결된 직후 그는 베를린과 런던을 향해 출발하였다. 1922년 3월 27일자 론 지사의 보고서에 의하면 중법대학협회 프랑스 회장의 부름에도 불구하고 그는 맡

---

164 A. Kriegel, *op.cit.*, p.88.
165 AMRE, série E, carton 47, "Note relative à l'Institut franco-chinois", 내용과 형식, 문체로 미루어 쿠랑이 1921년 작성한 것으로 보인다. "중국 학장은 재불 중국인 학생들을 위해 시험을 열 용의가 없었다", 이 시험은 1929년에서야 열린다. *Annales franco-chinoises*, 4e trim. 1929, no.13, p.26.

은 바 책무를 시행하러 리옹으로 돌아오지 않았다.[166]

중법대학은 추민이 부학장이 이끌어 나갔다. 그 보고서는 그 역시 "권위라고는 없다". 그리고 "더욱이 그는 졸업생들을 자기 일처럼 나서서 돕지 못하고 추방당하게 내버려두었다고 그를 비난하는 학생들에 대해 일말의 불신감을 가지고 있다"라고 보고하고 있다.

1922~1923학년도 중, 받기로 된 장학금이 아직 대학에 도달되지 않아 기다리는 동안 무료로 기숙하고 있던 장학생과 자비 학생들 사이에 마찰이 잦았다. 1923년 개학 시에는 항의하는 자비 학생들에 의해 감금된 추민이 부학장을 풀어주기 위해 경찰이 동원되는 사태마저 발생하였다. 진저리가 난 추민이는 몇 달 후 리옹을 떠나 스트라스부르로 가서 그의 의학공부를 계속하였다. 이름만의 학장인 우즈후이는 1923년 초 대학에 들러 반항 학생들을 진정시키고자 했으나 그들의 단호함에 부딪혀 급히 파리로 되돌아가 버렸다. 얼마 안 있어 중국을 향해 승선, 1924년에 귀국하였다.[167]

그리하여 명목상으로나마 대학의 지휘를 맡게 된 것은 쩡중밍[曾仲鳴] 간사장으로서 그는 과거 현재를 통틀어 리옹을 거친 그의 동료들에 비해 프랑스어에 능하다는 이점을 가지고 있었다. 그러나 생 티레네 요새 밖에서는 그의 뜻이 전달되었는지 모르지만, 내부에서는 사정이 그렇지 못하였다.[168] 학생들에 대한 중국 측의 무력한 통솔력은 여러 보고

---

166 론 도지사가 교육부에 보낸 1922년 3월 27일자 보고서 p.8.
167 1923년 8월 28일 론 도지사가 내무 장관에게 보낸 보고서. Archives AUFC. 레옹 비거는 우즈후이의 중국 귀환을 언급한 1924년 8월 9일자 어느 신문을 인용한다.(*Chine moderne*, tome V, Hienhien, 1924, p.279)
168 1922년 3월 27일 론 도지사의 보고서, pp.5~6.

서에 강조되어 있다. 이를 보충할 인물은 리옹에서 단 한 사람 모리스 쿠랑뿐이었음을 짐작할 수 있다. 그는 곧 중법대학 내에서 원래 프랑스 인에게 맡기기로 예정되지 않았던 기능을 수행해야 했다.

6) 리옹중법대학의 운영과 쿠랑의 역할

창립 다음 해인 1922~1923년도부터 그는 중법대학협회 이사회로 부터 전무이사라는[169] 직책을 받게 되었다. 적어도 1926년까지[170] 4년 간 쿠랑은 중법대학의 실제 운영을 도맡아 전심전력으로 모든 업무를 처리해 나갔다. 1925년 10월 리옹대학 이사회에 연례 보고서를 제출 할 책임을 진 동료 교수가 그의 공적에 역점을 두고 싶다고 하자, 쿠랑 은 "솔직히 말해서 과히 틀린 말씀이 아니라고 생각합니다. 만일 제가 중법대학에 온갖 정성을 기울이지 않았다면 이 대학이 오늘날 어떤 지 경이 되었을지 짐작조차 할 수 없습니다"라고 대답하였다.[171]

초기 몇 년간 쿠랑의 최대 관심사는 우즈후이가 인솔해 온 학생들의 정상적인 학문활동을 보장하는 일이었다. 이들은 출신도 다양했지만,

---

169 쿠랑은 1923년 4월 23일 문서에서 처음 자신을 '전무이사(administrateur délégué)'로 언급한 다. 하지만 레옹 비거(*Chine nouvelle*, tome III, Hienhien, 1922, p.256)가 언급한 1922년 12월 11일 상하이의 한 신문에 따르면, 우즈후이와 츠우민은 자비학생 문제를 두고 마찰이 있었으 며, 1922년 개강 당시 열린 이사회에서 쿠랑을 'jiandu(감독)'(레옹은 이를 'superintendant'으 로 번역함)으로 임명한다. 따라서 쿠랑은 1922년 10월부터 학교의 실질적인 운영을 맡은 것 으로 보인다. 한편 같은 기사에서 학생회는 우즈후이의 행정을 비판하고, 프랑스 운영자를 요구했다고 전한다.
170 쿠랑이 전무이사로 언급된 마지막 문서는, 1926년 2월 3일 리옹문예학술원 학장에게 보낸 보고서다.
171 1926년 10월 26일 편지 초고, AUFC.

의사 또는 정직 기술자로부터 고등학생에 이르기까지 교육수준도 천차
만별이었다. 그러나 한 가지 공통점은 모두 프랑스어 실력이 극히 부족
하였다는 사실이다. 중국의 시험관들도 그 점은 별로 엄격하지 않았던
것 같다. 그러므로 첫해에는 다른 모든 공부를 제쳐놓고 프랑스어강좌
를 열어야 했으며 학생들에게 다른 학교에 등록하도록 설득해야 했
다.[172] 학생들의 프랑스어를 개선하는 한편 그들의 조급함을 억제하는
일은 끊임없는 문젯거리였다. 그러나 그의 노력은 조금씩 결실을 보아
나갔다. 1925년 외무부 보고서에 의하면,[173] "리옹중법대학은 짜임새
있는 운영을 해 나가고 있다. 학생 수는 줄어들고 효율적인 선발이 이
루어지고 있다. 정규적으로 어려운 시험(의학, 과학, 기술교육)을 치러 바람
직하지 못하거나 나태한 학생들을 점차 제거하고 있다." 쿠랑이 1923
년부터 매년 총장에게 제출한 중국 학생들의 학업 보고서 역시 이를 확
인하고 있다. 1924년 제1호 대학 박사에 이어 계속하여 학위자를 배출
시켰다.

중법대학이 쿠랑에 의해 운영된 시기의 수많은 물질적 난관을 생각
할 때 이상과 같은 질적 개선을 이룰 수 있었던 점 더욱 존경할만하다.
정규적인 보조금을 받지 못한 중법대학은 여러 해 동안 궁여지책으로
겨우 꾸려나가는 형편이었다. 리옹중법대학의 재정문제는 다른 "화법
교육 사업"의 재정과 마찬가지로 다시 중국과 프랑스의 관계 그리고 전
자의 후자에 대한 의화단 배상금 지급의 범주에 위치하게 되었다. 이

---

172 AMRE, série E, carton 47, "Note relative à l'Institut franco-chinois", 날짜는 없으나 1921년 초
    에서 1922년으로 추측되며, 쿠랑이 즐겨 쓰던 문체와 표현이 보인다.
173 1925년 2월 7일 외무부에 보낸 문서, 위의 글.

문제를 전문적으로 다룬 저서를 독자에게 소개할 것이 없는 처지인 만큼 단순한 전기의 한계를 약간 벗어나는 것을 무릅쓰고 관련 문서보관소를 열람한 결과를 여기서 간단히 소개하고자 한다.

리스청은 1919년 리옹에서 처음으로 주뱅 총장을 만났을 때부터 그가 구상하고 있는 대기획을 의화단 배상금으로 재정적 뒷받침을 할 가능성을 언급했던 것을 기억할 것이다. 또한 그가 이것을 저절로 이루어질 일처럼 공공연히 이야기하여 근로학생들 사이에 희망을 불러일으키고 차후 실망하게 하는 경솔한 행동을 저질렀던 것을 보았다. 대독일 선전포고를 유도하기 위해 프랑스와 우방국이 양보한 5년간의 지급유예는 1922년으로 끝나게 되었다. 중국은 이 기회에 프랑스가 미국의 예를 좇아 배상금 일부를 면제해 주거나 아니면 적어도 양국 공동사업에 충당해 줄 것을 기대하였다.[174] 중국 국민교육부장은 1920년 8월 폴 팽르베가 베이징을 방문했을 때 이 문제를 놓고 협의하였다.[175] 프랑스에서 유력한 정치인인 팽르베는 비싼 대가를 치른 승리 후 고갈상태에 있는 그의 조국은 이 배상금을 포기할 수 없는 형편이라고 대답하였다. 그러나 그는 중국이 1923년부터 재개해야 할 지급 금액의 일부

---

174 프랑스측은 프랑스를 미국과 동일선상에 놓는 것은 불합리하다는 주장을 폈다. 1922년 7월 28일자 전보에서 플뢰리오(Fleuriau) 공사는 1901년 미국이 피해액 평가 기준을 밝히지 않았던 사실을 지적하고 있다. 미국은 각 거류민이 입은 피해를 극히 엄격하게 조사하여 긴축하면서도 총액은 실제보다 과대평가하였다는 것이다. 한편 재무부 장관 폴 두매르는 이미 1921년 8월 11일 아리스티드 브리앙 수상 겸 외무부 장관에게 "현 상황에서 그 같은 막대한 금액을 포기한다는 것은 바람직하지 않으며, 더구나 1901년 프랑스 정부의 배상금 청구 기준이 낮았던 점을 고려해 볼 때 이는 합당치 못한 일이다"라고 하였다(Archives du ministère des Relations extérieures, série E, carton 366, carton 113).

175 프랑스문서고 fonds Painlevé, 313 AP 203-1. 1920년 8월 31일 서한의 번역과 답장 초안. 이 임무에 관해서는 다음을 참조 바람. *La mission Painlevé en Chine, juillet-septembre 1920*, Pékin, La Politique de Pékin, 1921, 155p.

를 교육사업에 투자할 수 있도록 동료들과 함께 힘써 보겠다고 약속하였다. 이리하여 일은 원만하게 풀려나가는 것 같았다.

그러나 불행히도 1921년 중국에서 중대사건이 발생하였다. 그해 6월 30일 중국공업은행은 파산을 선고하고 이어서 7월 26일 타협적인 결산을 하기로 결정되었다. 중국공업은행은 프랑스 은행이며 주식의 삼 분의 일을 중국 정부가 소유하고 있었다. 이 은행이 중국에서 소지하고 있던 주요산업이나 공공기업의 경영권은 막대한 것이었으며 예금자의 수도 상당하였다. 그러므로 은행 채권자의 빚이 청산되지 않는다면 극동에서의 프랑스의 신용과 프랑스의 이름에 먹칠을 하게 될 것이었다.[176] 이 문제를 해결하기 위해 따로 국가 공금을 인출하느니 의화단 배상금을 이용하자는 생각이 싹트게 되었다. 일부 대학인들의 항의에도 불구하고,[177] 이제 배상금 전액을 교육사업에 투자한다는 것은 불가능한 일이 되었다.

프랑스 정부는 의회의 승인을 받아[178] 중국 정부와 함께 배상금 잔고에 관한 협상을 전개해 나갔다. 잔고의 내용은 9년부터 14,461,405.64 金프랑과 그 다음 9년부의 20,879,637 金프랑, 그리고 여기에 다시 전쟁 기간 중 유예되었던 5년부의 14,461,495.64 金프랑을 더한 것이었다. 1922년 7월 9일과 22일 베이징에서 맺어진 조약은 다음과 같이 배상금이 이용될 것을 규정하고 있다.[179]

---

176 지로두(Giraudoux)의 『벨라(*Bella*)』(1926)와 말로(Malraux)의 『인간의 조건(*La condition humaine*)』(1933) 등 문학 작품에도 등장하고 있는 중국공업은행 파산사건은 양차 대전 사이 발생한 중대사건 중 하나이다.

177 AMRE, série E, carton 113, 1ndemnité chinoise, fol.184.

178 1922년 3월 23일 법.

179 AMRE, série E, carton 366, fol.16～27.

배상금의 상환은 "5% 이윤의 금불(金佛) 상각채권의 형태로 중국공업은행의 극동지역 채권자들에게 프랑스 정부의 이름으로 인도되어, 타협적 결산계획에 맞추어 중국공업은행의 채권자들에게 배당되었던 할당권의 액면가격과 교환될 것이며 화법교육사업 또는 구호사업에 이용될 것이다.

교육사업이 뒷전으로 물러나게 된 것을 우려한 사람에게는 프랑스의 플뢰리오 공사가 11월 5일 이 조약으로 1945년까지 적어도 연간 백만 金프랑과 중국 공업은행의 이익할당권 수익이 교육사업에 투자될 것이라고 하면서 "1945년까지 교육사업 기금이 확실하게 보장되었다"고 안심시켰다.[180]

그러나 1922년의 조약은 결국 시행되지 않는다. 왜냐하면, 지급화폐 문제를 놓고 또다시 분쟁이 발생했기 때문이다. 1914년 8월까지 리옹 프랑은 금 프랑과 동격을 유지해왔으나 전쟁이 시작된 후 상황은 달라졌다. 그러나 중국을 우방 측에 끌어들이고자 전전긍긍하던 프랑스는 3년 동안 아무 말 없이 리옹 프랑의 지급을 인정하였다. 1918~1922년 사이, 즉 지급 유예 기간 프랑화의 가치는 급격한 내림세를 보였다. 그런데도 중국의 프랑스에 대한 형식상의 지불은 항상 리옹 프랑으로 수표가 작성되었고 이에 맞추어 은양으로 환산되었다. 1923년 다시 실제 지급이 시작될 때도 마찬가지 거래가 이루어질 것인가?

1921년 12월, 프랑화의 시세가 1919년 1월 시세의 절반을 기록한 때,[181] 재무부 장관은 이 문제에 관하여 우려를 표명하였고 수상에게

---

180 *Ibid.*, fol.40.
181 참조, Alfred Sauvy, *Histoiré économique de, la France entre les deux guerres*, Paris, A. Fayard, 1965~

1901년 협정서는 金환으로 배상금을 지급하도록 규정하고 있음을 상기시켰다.[182] 그러나 베이징주재 프랑스공사는 현지의 혼란한 정국으로 인해 이런 어려운 문제를 갑자기 대두시킬 수 없었다. 베이징 정부의 내각은 중국 북방의 수많은 군사세력 사이의 권력관계에 따라 조직되고 해체되는 실정이었기 때문이다. 하지만 파리의 독촉을 받은 그는 1922년 12월 당시의 베이징정부에 대해 그러한 의사를 전달하였다. 1923년 2월 10일 그는 외무부장으로부터 金프랑으로 지급하는 것이 마땅하다는 것을 서면으로 인정받는 데까지 이르렀다. 이것은 1919년 5월 4일 이래 점점 외세의 유린에 대해 심한 반발을 보이는 중국의 여론을 고려치 않은 것이었다. 이런 전반적인 여론 앞에 부딪힌 베이징정부는 상기 서면이 의회의 재가를 받지 않았다는 이유를 내세워 약속을 철회시켰다.

막대한 금액이 걸려있는 문제인 만큼 협상은 2년을 끌었으며 그사이 프랑스화의 가치는 계속 하락하였다. 1925년 당시, 만일 이 유명한 "서푼짜리" 프랑 지폐로 지급하게 되면 중국으로서는 배상금의 5분의 4를 면제받게 되는 것과 마찬가지였다. 상대측 프랑스는 두 가지 강제수단을 가지고 있었다. 그 하나는 1921년 워싱턴에서 서명된 조약의 비준을 연기하겠다는 것이었다. 이 조약의 내용은 주로 일본의 견제를 목표로 한 것으로 중국의 전 영토 통합의 보장과 해관제도 개혁을 예기하고 있는 것이었다. 두 번째 수단은 해관세에 이어 배상금 지급의 두 번째 담보인 염세수입에 관련된 것이었다.[183] 그러므로 플뢰리오 공사는 1923년 7월 28일 어느

1975, 4 vols., vol.1, p.445.

182 1921년 12월 27일 폴 두메르가 아리스티드 브리앙에게 보낸 편지. AMRE, série E, carton 113, fol.175.

183 중국해관은 총감독관인 영국인 프란시스 애글런 경(Sir Francis Aglen)의 관리하에 있었다.

프랑스 은행에 기탁된 염세수입을 압수할 수 있었다. 그러나 이 수단은 "아무런 권한도 없는 정부에 대해 전혀 효과를 발휘하지 못하였고 중국 정부는 결국 그 자체의 취약성으로 인해 보호를 받은 셈이 되었다."[184]

1925년 4월 12일 조약에 의해 사태의 결말을 짓게 되는데[185] 그 내용을 보면 프랑스 협상 담당자들이 중국 정부의 비일관성을 이용하여 바라던 바의 성과를 거두었음을 알 수 있다. 그들은 상대의 체면을 살리고 중국의 여론을 무마하기 위해 형식상으로 여러 가지 양보를 하였다. 제1조의 문면은 마치 프랑스가 배상금 잔액을 화법교육 사업에 이용하기로 한 듯한 인상을 준다. 그러나 제2조를 보면 문제의 금액이 프랑스 정부가 바라던 목적에 충당되도록 규정되었다는 것을 알 수 있다. "잔액은…… 화법합작 중국공업은행에 1924년부터 1947년까지 연부로 지급되어 미국의 금불(金弗) 5% 이자의 부채에 대한 저당물 구실을 하게 될 것이다." 金프랑이라는 말은 여기서 사용되지 않았으므로 여론은 진정될 수 있었다. 그러나 전신환으로 양도되는 연부 지불의 계산은 "미 금불(金佛)로 전액 환산된 현 지불 방식의 환산의 이익 잉여금"을 내포하고 있다. 이상과 같은 그럴듯한 문구 속에 다시금 중국 측이 완전히 양보하고만 사실이 은폐되어 있다. 통용화폐로 계산된 연부 지불금은 金프랑이라는 용어를 피하려고 金弗과의 황금 환율에 맞추어 그 차액이 결국 합산되게 되었다. 2년을 끈 협상의 수확은 중국으로 보아서는 2년간의 지급 유예뿐이었다 하겠다. 마지막으로 제3조에 지불금액의 이용도가 명시되어 있는데, 1922년의 조약과 마찬가지로 중국공업

---

184 AMRE, série E, carton 368, *Indemnité Boxers de 1901 (suite)*, 5 juin 1924, fol.63 ~75.
185 위의 문서, carton 369, *Indemnité Boxers (suite)*, fol.64 ~77.

은행 채권과 화법교육 사업에 할당되도록 규정하였다.

화법교육 사업 그중에서도 특히 리옹중법대학은 오랜 핑계와 망설임이 끝나고 드디어 약속된 만찬을 누릴 수 있게 될 것이라고 기대하였다. 그럴 시기가 되기도 했다. 리옹에서는 중국 학생들을 유지할 방편이 없어 이들을 중국으로 되돌려 보내려는 찰나에 있었다.

제일 처음, 1921년 7월 8일 중국교제위원회의 가오뤼[高魯]에 의해 조약 서명이 이루어지기도 전에 정비작업 비용이 제공되었던 것을 기억할 것이다. 교무경비 보조금은 프랑스와 중국에 의해 공동으로 지급되기로 결정되었었다. 프랑스는 외무부 쪽에서 연간 5만 프랑, 교육부가 연간 2만 5천 프랑을 보조하고 베이징 정부는 10만 프랑을 보내기로 하였었다. 그러나 베이징 정부는 1921년 5월 이후 중국 남부에 대한 통제력을 상실하였다. 리옹에 제일 먼저 도착한 중국학생들의 상당수가 남부 출신이었다. 이들과 함께 프랑스로 향하기 직전 우즈후이는 광둥 정부로부터 이들 중 70명에 대해 매년 총 30만 프랑에 달하는 장학금을 제공하겠다는 약속을 받아낸 바 있었다. 그 대신에 그는 학생들의 기숙사비와 용돈 문제 해결을 약속하였는데 이것은 쿠랑의 의견에 따르면 중법대학의 예산에 무거운 부담을 지울 뿐 아니라 7월 8일 조약에 규정된 학장의 권한을 벗어나는 것이었다. 이 문제를 놓고 우즈후이가 리옹에 도착하자마자 두 사람 사이 활발한 토론이 전개되었으며, 두 사람 사이의 거북한 관계의 발판이 되었다.

게다가 광둥의 약속도 불확실한 것이었다. 부분적으로 이행되었을 뿐이며 그것도 프랑스 정부와 화법교육회의 수차례 독촉을 받고 뒤늦게 실행되었다. 약속된 장학금이 늦어질 때마다 장학생들은 무료로 중법대학 기숙사에 머무를 수밖에 없었고 이것은 자비 기숙생의 시기를 불러일으키는 이유가 되었다. 추민이가 자비 학생에 의해 감금되는 1923년 10월 사건의 기원은 바로 광둥 정부의 약속 태만에 있었다. 앞서 언급하였듯이 그 결과는 추민이의 실망과 퇴직, 쿠랑의 전무이사 겸 학장 대리로의 임명으로 나타났다.[186] 광둥 장학금 연체금이 계속 누적되자 쿠랑은 1924년 광둥 학생 40여 명을 본국으로 돌려보내야 할 형편에 놓였다.[187]

베이징 정부의 보조금은 베이징 중법대학의 중개로 제대로 지급되었다. 그러나 기일을 지키지 않고 불규칙하였으므로 쿠랑은 항상 내일을 알 수 없는 불확실성 속에서 경비지출에 마음을 졸이고 여러 가지 방면을 모색해야 했다. 중법대학협회장은 수차례에 걸쳐 프랑스 정부에 대해 즉시 대책이 마련되지 않으면 대학문을 닫는 수밖에 없다고 호소하였다. 정부는 의화단 배상금의 선금 조로 특별보조금을 마련하여 중법대학을 유지해 나갔다.[188]

1925년 4월 12일 베이징에서 체결된 조약으로 이 같은 불안정하고 혼란한 운영 시기에 종말을 고하게 되었다. 양국 정부는 5월 중 중국의 수도에 혼성위원회를 모집하여 화법교육 사업에 약속된 원조를 받을 대상, 방법, 조건을 확정 짓기로 하였다. 조약 내용에 의하면 출자원은 두 가지였다. 첫째, 연간 약 20만金弗(백만 金프랑)에 달하는 金弗 채권

---

186 원문 124쪽 참조.
187 『Xin minguo bao 신문』, 광둥, 1925년 2월 24일자에 따르면(프랑스어 번역, archives AUFC), 송환이 실행되었는지는 확실하지 않다. 학생들은 중국 지방 관료들에게 마지막 호소를 하기 위해 전보를 보낼 수 있도록 유예기간을 요청했다.
188 예컨대 1924년 외무부의 특별 보조금은 167,000프랑까지 올라갔다.(AMRE, série E, carton 481, fol.130, 1925년 2월 7일)

이자로 교육사업에 배당되었고, 둘째, 중국 정부에 위탁된 프랑 할당권으로서 이것은 중국공업은행 자산 또는 파산선고 이후 구성된 관리인 회의 이익할당권(총4억 또는 4억5천만 프랑)의 매각에 배당되어 24년에 걸쳐 상각하도록 규정되었다.[189]

그러나 또다시 지체되어 쿠랑은 1925년 프랑스 정부에 선급을 요구해야 했다. 지체 원인은 혼성위원회의 중국인 회원 구성이 당시 소련과 밀접하던 국민당원에 지나치게 편중되었다는 중국 정부의 불만이었다. 프랑스 공사도 이에 공감하고 있었다.[190] 그중 가장 유명한 이는 1919년 주뱅 총장을 방문했던 리스청으로서 혼성위원회의 공동 회장으로 임명되었다. 그들 자신의 임명 결정을 철회하고자 한 중국 정부 측 노력은 결실을 보지 못하였다. 그러나 리스청과 그의 "파괴적인" 활동에 대한 불신으로 말미암아 베이징주재 프랑스공사는 해마다 분배할 재원의 절반에 해당하는 10만 金弗이 기존의 화법교육사업에 돌려질 것, 그리고 그것이 프랑스의 출자 몫으로 배당될 것을 요구하였다.[191] 다음 해 그가 이 규정을 무기한 연장하게 한 것은 이번에는 베이징 정부에 대한 의심 때문이었다.

리옹중법대학은 혼성위원회로부터 첫해 15,000 金弗밖에 받지 못하나 이듬해부터 25,000金弗로 증가하였다. 1927년 예산에 책정된 수익

---

189 1926년 3월 13일 불-중 노동자 연합위원회 회의. AMRE, série E, carton 369, *Indemnité Boxers (suite)*, fol.259~262.

190 마르텔(Martel) 프랑스공사는 리스청에 대해 "그는 프랑스에 대해 매우 호의적인 태도를 견지하고 있으나, 불평등 조약의 철폐와 중국 주권의 완전한 행사를 주장하는 진보당의 지도자들과 정치적 견해를 함께하는 자"(Archives du ministère des Relations extérieures, série E, carton 369, fol. 252~258), "중국 출자 몫은 국민당과 같은 파괴적인 조직에 배당될 위험이 있다."(*ibid.*, fol. 266).

191 AMRE, série E, carton 370, *Indemnité Boxers (suite)*, fol. 6~7, 1926년 1월 13일 브리앙이 마르텔에게 보낸 전보.

자 명단과 배당금액은 그 이후로 거의 변동 없이 계속된다. 다음은 1927
년도 예산 내용이다.[192]

① 金弗

상하이 중법기술전문학교	25,000
리옹 중법대학	25,000
상화이 진단대	25,000
톈진 해군의관학교	3,000
파리 한학고등연구소	10,000
베이징에 강사 초대 비용	3,000
합계	91,000

② 銀弗

「La Politique de Pékin」	9,000
혼성위원회 경비	4,500
합계	13,500 (약 7,000 金弗)

한편 중국 측은 그들이 분배를 담당한 금액 중 제일 큰 몫 15만 銀弗(약
75,000 金弗)을 베이징중법대학으로 배당하였으며 리옹중법대학은 18,000
銀弗(약9,000 金弗)을 받았다. 그러므로 리옹중법대학이 받은 양쪽 보조금을
합하면 대략 34,000 金弗(17만 金프랑)에 달하며 이것은 1927년 프랑 시세
로 85만 프랑에 해당한다.

---

192 *Ibid.*, fol. 40. 140~144.

대학의 존재와 정상적 기능은 이제 보장되었다. 더욱이 학생 수가 감소하여 회계 부담은 더욱 감소하였다.[193] 바로 이 무렵 쿠랑은 파브르 (Favre) 대령이라는[194] 군인에 의해 대치되었다. 쿠랑 자신은 리옹대학에 자리한 리옹중법대학협회의 간사직을 보유하는 데 그쳤다.

생 티레네 요새에서 그는 그동안 심혈을 기울여 이끌어온 대학의 지휘권을 후임자에게 물려주었다. 임무를 완수했다는 자기만족은 있었을지언정 감사의 말이나 찬사는 전혀 듣지 못하였다. 중국인들은 그의 퇴직에 대해 오히려 기뻐했던 것 같다. 대학의 주창자 즉 파리파의 중국인 무정부주의자들의 측면에서 볼 때 그는 그들의 이상을 공유하지 않는 자이며 그들의 원래 계획을 축소하고 "프랑스적 요소의 우위"를 확보한 장본인이었다. 또한, 이사회에 의해 대학을 감독할 직무를 맡게 된 것도 그였으며 중국인들의 책임회피로 인하여 대학의 실제 운영을 담당하였던 것도 바로 쿠랑이었던 것이다. 그들의 눈에 비친 쿠랑의 역할은 항상 악역이었다. 협상이 계속되던 시기 차이위안페이는 그에 대해 냉정한 태도를 보였었고, 우즈후이가 도착하자 쿠랑은 그가 중국에서 학장의 권한을 넘어서는 약속을 하여 대학의 예산을 불안정하게 만든 데 대해 비난을 하였다. 1923년 상하이의 『민국일보』의 기삿거리가 되기까지 했던[195] 두 사람 사이의 반목관계는 아마 이 사건에서 연유한 것으로 생

---

193 1922~1923년도 162명이던 중법대학 학생 수는 1923~1924년도에 139명으로 줄어들었고, 1927~1928년도에는 90명에 불과했다. 이 숫자는 몇 년간 지속되다가 1934~1935년도에 75명으로 감소되었다.

194 파브르 대령은 1925년 중법대학 학장으로 임명되었으나, 1926년 초까지만 재임한 것으로 보인다. 1914년 동양어학교를 졸업하고 전쟁 동안에는 중국 노동자 수용시설들을 관리하였음. 1927에서 1934까지 리옹 중법대학에서 간행된 *Annales franco-chinoises*(『중법연감』)의 창간인이며, 이 연보가 폐간되고 얼마 후인 1934년 초 사망.

195 『民國日報』, 1923년 4월 23일자. 169번 주석 참조.

각하며, 또한 우즈후이 학장의 부재도 한 가지 이유가 되었을 것이다.

대학의 학생들과 쿠랑의 관계도 평탄하지 못하였다. 1924년 국제연맹 대표단을 맞이하는 자리를 이용하여 학생대표는 "쿠랑 씨로 인해 그들이 겪은 괴로움을 대표단에 알리고 그들을 구제해 줄 것을 간청"하였다.[196] 대표단에 속해있던 차이위안페이는 우선 우즈후이에 대한 찬사를 장황하게 늘어놓은 후 일부 학생에 의해 그가 그 대상이 되었던 유감스러운 사건들을 상기하였으며 다음과 같이 덧붙였다. "오늘 여러분은 우즈후이 학장이 떠난 후 여러분이 겪은 환멸을 저에게 알려 주었으며, 중국인 학장과 쿠랑 씨 사이의 차이점을 이해하였다고 하였습니다." 쿠랑의 권위에 대해 반항하는 학생들은 그가 문과대학에서 행한 중국어와 중국 문화 강의를 헐뜯음으로써 그의 평판에 타격을 주려고 하였다. 중국의 일부 신문들은 이런 험담을 게재하였다.[197]

1925년 중법대학의 중국 간사를 맡은 리우호우[劉厚]라는 자연과학 전공의 기숙학생은 쿠랑의 허가 없이 4월 19일 무정부주의적 성격의 정치 시위를 조직하였다.[198] 이 사건 후 협회장은 그에게 물러날 것을 요구하였다. 리우호우는 리스청의 명령 없이는 물러설 수 없다고 응수하였다. 프랑스 공사를 통하여 연락을 받은 베이징의 리스청은 당시 프랑스에 있던 차이위안페이가 결정할 문제라고 통고하였다. 리우호우는 1932년까지 간사장 자리에 머물렀다. 그러므로 1925년 차이위안페이 회장은 원

---

196 *Ibid.*
197 Archives AUFC, 기사 네 편의 번역과 1926년 11월 10일 대학의 프랑스 학장에게, 간사 리우호우가 보내는 편지가 함께 있음.
198 1925년 5월 16일, 외무부에서 쿠랑에게 보낸 서한, AMRE, série E, carton 481. 1925년 5월 31일 프랑스에서 베이징으로 발송. 위와 같은 문서.

래 부탁받은 방향과는 정반대로 개입하여 젊은 동포를 지지하였다.

리우호우는 쿠랑에게 앙심을 품었다. 1926년 그는 쿠랑의 대학 운영을 격렬하게 비판한 중국 신문의 기사 넷을 모아 프랑스어로 번역하여 협회의 프랑스 회장에게 제시하였다. 그중에는 몇 년을 거슬러 올라간 묵은 기사도 포함되었다.[199] 1930년 마찬가지로 리우호우는 『중법연감(*Annales franco-chinoises*)』에[200] 대학의 역사를 소개하면서 쿠랑이 차지하는 위치에 대해 단 한마디도 거론하지 않았다. 1932년 박사논문을 발표하는 자리에서 그가 감사의 말을 전한 수많은 인물 속에도 쿠랑의 이름은 들먹여지지 않았다.[201] 반면 리우호우는 쿠랑의 후임자와는 매우 원만한 관계를 유지한 것 같다. 그는 1932년 리우호우가 떠날 때 『중법연감』에 극진한 감사의 말을 써 주었다.[202] 파브르 대령이 창간한 이 잡지는 중법대학에 관하여 수많은 기사를 게재하면서도 문서보관소의 자료가 분명히 드러내고 있는 쿠랑의 역할에 대해서도 단 한 번도 언급하지 않았다.[203] 이 같은 침묵은 고의라고 해석될 수밖에 없다. 중국 간사와 새 프랑스 학장 대리 사이에 쿠랑의 공적을 무시하자는 공모가 존재하였음이 틀림없다.

---

199 참조, 197번 주석.

200 *Annales franco-chinoises*. 1930, 2e trim., no.14, p.31. 201 *ibid.*, 1932, 2e trim., no.22, p.30.

201 *Ibid.*, 1932, 2e trim., no.22, p.30.

202 *Ibid.*, 1932, 3e trim., no.23, p.21 et suiv.

203 예컨대, 소르본 대학의 조르주 뒤마 교수의 어느 글은 분명 중법대학에서 자료를 제공받았다. (위의 연보 1932, 1er trim., no.21, pp.10~26; 재발행. *des Annales de l'université de Paris*. janv. 1932). 이 저자는 리우 호우가 1930년 몇 주간 대리 학장직을 훌륭히 수행했음은 언급하면서도, 쿠랑이 약 5년간 이 직책을 수행하였음은 언급하지 않는다. 리우 호우는 1932년 레지옹 도뇌르 기사장을 수상했지만, 쿠랑은 죽기 몇 달 전인 1935년에야 같은 훈장을 받는다. 1926년에서 1930년까지 대리 학장을 맡은 파브르는 명예 학장으로 위촉되지만, 1921년에서 1926까지 대리학장이었던 쿠랑은 위촉받지 못한다.

유럽 최초의 '한국사 강의'와
이루지 못한 동양학자의 꿈

　학장 대리직을 물러남으로써 쿠랑은 그동안 행정과 교육 양면으로 전개해왔던 매우 활동적인 시기에 종결을 짓게 되었다. 제1차세계대전 이후 상공회의소에서 일본어 강좌를 개설하였고 극동 문화에 대한 주 1회의 강의는 문과대학의 극동사 정식강좌로 대치되었다. 이 같은 강의를 만일 좀 더 이른 시기에 맡았다면 그의 능력을 보여 줄 기회가 되었을 것이나 불행히도 그 직후 중법대학 창립에 대한 협상이 전개되었고 이어서 직접 경영을 맡게 되었으므로 연구를 할 시간 여유가 거의 없었다.

　그러나 이제 그는 강의의 주제를 자신의 관심 분야, 따라서 이미 기초가 다져져 있는 분야에 한정시킬 수가 있었다. 그리하여 그는 1923년 일본의 봉건제도에 관한 강의를 시작하여 4년간 계속되었고 이어서 그의 교직 생활 마지막 몇 년 동안 젊은 날 그의 주요 관심사였던 나라에 대해 차곡차곡 모아둔 자료를 이용하여 강의를 펼칠 수 있게 되었다. 1927년부터 병환으로 중단할 때까지 7년 동안 그는 한국에 관한 이야기로 일관하였다. 강의 제목을 보아도 상당히 전문적인 강좌였던 것을 알 수 있다. 예를 들어 1928~1929년도, 1929~1930년도의 "1567년부터 1644년까지의 조선", 1930~1931년도의 "1392년, 새 왕조의 출범", 또는 1931~1932년도의 "14세기부터 16세기까지 조선의 왕과 정치인" 등이 그것이다. 그러나 그의 강의안을 보면 학생들의 이해를 돕기 위해 한국을 벗어나지 않는 범위 내에서 소재의 폭을 넓히곤 했으며, 한국에 관련될 때마다 쉽사리 여담으로 빗겨 나곤 했던 것을 알 수 있다. 쿠랑으로서는 이것은 그의 마지막 강의였으며, 한국의 처지에서 볼 때 이것은 적어도 유럽에서는 최초로 한국의 역사가 대학의 강의대상이 된 것이며 아마 세계 최초라고도 할 수 있을 것이다. 그것이 바로 이 나라가 다른 나라에 합병되어 소멸할 위기에 놓인 시기에 이루어졌다는 사실은 한국인과 한국 애호가의 가슴에 와 닿지 않을 수 없다.[204]

쿠랑이 덜 노쇠하고 행정업무에 덜 시달렸다면 한반도의 역사에 대해 새로운 저서를 낼 수 있었으련만 불행히도 이미 때는 늦었다. 7년간의 강의에서 남은 것은 간략한 강의안밖에 없다.

1933년 그에게 『중국도서목록』을 끝맺어 주기를 청한 국립도서관 측으로서도 시기를 놓친 셈이다.[205] 쿠랑은 1915년부터 그가 작성해 온 목록을 수정하고 제22장 "총서" 편의 대조 점검을 시도하였으나, 10,919번까지 만들어진 그의 원고는 출판되지 않은 채 방치되고 만다.

---

204 그 같은 시기에 그러한 강의를 한 사실로 미루어 보아 쿠랑의 한국과 한국문화의 영속에 대한 신념을 짐작할 수 있다. 그러나 그는 당시의 정치적 상황에서 한국이 가까운 시일 내에 독립을 회복할 수 있으리라고 생각하지는 않았다. 그는 1921년 6월 28일 뮈텔 주교에게 "별다른 소식이 들려오지 않습니다. La Corée Libre(『자유조선』)의 영자 · 불자 잡지가 우송되어 오고 있으며 회합에 참여하라거나 구독신청을 하라는 초대장을 받곤 합니다. 거기서 샬레 씨(M. Challaye)의 이름이 눈에 띄었습니다. 한국인의 심정을 이해하긴 하지만 저 자신 개입하려는 생각은 없습니다. 그들에게 희망 없는 운동에 참여하도록 고무할 수는 없습니다. 더구나 프랑스는 그 점에 대해 매우 신중한 태도를 보이고 있으니까요"라던 편지를 보냈다. 사실 La Corée libre를 지지하는 프랑스인 "한국의 벗" 명단에서 쿠랑의 이름을 찾아볼 수 없다. 이옥, 「삼일운동에 대한 佛英의 반향」, 『삼일운동 오십주년기념 논집』, 동아일보, 1969, 551~556쪽, 555쪽.
205 1932년 8월에서 1933년 7월까지 사서 오몽, 블로세, 종합행정관 쥘리앵 캥과 쿠랑이 주고받은 서한들. archives AUFC.

쿠랑의 기력은 점점 쇠약해지기 시작했다. 1932~1933년도 겨울 과로로 인해 강의를 중단하고 남부 지방에서 장기휴가를 가졌다. 그 후 다시 강의를 시작했지만, 단기간 계속되었을 뿐이다. 1934년 초 뇌출혈을 일으킨 후 모든 활동이 중지되었다. 1년 반에 걸친 병고 끝에 1935년 8월 18일 칼뤼르(Calluire)에서 사망하였다.[206] 일흔 번째 생일을 두어 달 앞둔 때였다.

모리스 쿠랑은 조용히 떠났다. 주변 인물들은 고독하고 내성적인 노교수의 이미지를 간직하였으며 그의 제자들은 항상 열려 있던 그의 문과 환대를 기억하며 원하는 이에게는 언제나 따로 가르침을 베풀어 주었던 것을 기억하곤 하였다. 중법대학의 젊은 중국 학생들은 때로는 그의 요구를 고리타분하다고 간주하기도 했으나 그의 견해가 깊은 감명을 준 것은 사실이다. 상공회의소, 리옹대학, 협회에서 그의 사직으로 생겨난 공백은 사망 시에 아직 그 어디에서도 메꿀 수 없었다.

그를 알고 지내던 사람들을 제외하고는 그의 죽음은 거의 알려지지 않은 채 지나갔다. 리옹의 신문은 그의 생애에 대해 간단하게 몇 마디, 그것도 틀린 내용을 실었을 뿐이다. 파리에 집중된 얼마 안 되는 프랑스 동양학자 중 그의 추도문을 쓸 수 있을 정도로 그를 기억하고 있는 이는 아무도 없었다.

이 글을 마무리하는 현 단계에서 이 같은 침묵은 더는 놀라운 것이 못 된다. 동양학자 중 쿠랑의 제자가 단 한 사람이라도 있었는가? 수도에서 멀리 떨어져 있었다는 것이 유일한 이유는 아니었다. 총장의 반복

---

206 시신은 파리 파시 공동묘지에서 화장되었으며, 유골은 가족 봉안당에 안치되었음.

된 어휘에 따르면 "매우 특수한" 그의 강의의 문제점은 파리에서 행해지지 않았다는 사실보다는 리옹에서조차도 고립되어 있었다는 점에 있었다. 좀 더 폭넓은 교육환경 속에 통합되었다면 그의 강의는 더욱 영속적인 결과를 남길 수 있었을 것이다. 중법대학 내의 그의 활동으로 말할 것 같으면 우리는 쿠랑이 고되고 명예 없는 행정업무를 담당하는 데 만족했던 것을 보았다. 대학의 존속이 보장될 수 있었던 것은 그의 완고한 자세 덕분이었다. 그런데도 중법대학의 주창자들은 그의 업적에 대해 결코 만족을 표시하지 않았다.

학문적 영역에서 쿠랑은 1935년 이미 과거의 인물이었다. 25년 전 오른손이 마비된 후 저술가로서의 활동을 중단할 수밖에 없었고 그의 주요 저서 출판년도는 1920년까지 거슬러 올라가기 때문이다. 그러니 독자가 그를 망각하였던 것은 당연한 일이다.

쿠랑을 직접 알지 못했던 일본학자 샤를 아그나우어(Charles Haguenauer, 1896~1976)를 제외한다면[207] 젊은 시절 그가 펴낸 조선에 관한 저서들에 관해 관심을 가진 자는 달리 없었다. 모리스 쿠랑의 이름이 환기되고 그의 저서가 인용되는 것은 1945년 한국이 독립을 회복한 후의 일이다. 우리는 다른 어느 분야보다도 특히 이 분야에 관하여 애석하게 생각하는 바이다. 쿠랑과 같은 우수한 학자가 한국에 대한 애정을 가지고 이 나라를 연구하고 소개하는 데 전념할 수 있기를 평생 바라고 있으면서도 그 뜻을 이룰 수 없었다는 사실은 안타깝기 그지없다.

---

207 "Cinquante ans d'orientalisme en France, 1922~1972", Daniel Bouchez, "Les études coréennes", *Journal asiatique*, 1973, pp.247~253. *Études coréennes de Charles Haguenauer*, Mémoires du Centre d'études coréennes du Collège de France, Collège de France, Paris, 1980, p.213.

제2부

모리스 쿠랑
서한문

Correspondance de Maurice Courant avec Monsieur Victor Collin de Plancy(1891.7.3 ~ 1921.4.24)
(해제)모리스 쿠랑의 서한과 한국학자의 세 가지 초상

이은령·이상현

해제 _ 모리스 쿠랑의 서한과 한국학자의 세 가지 초상
자료 _ 빅토르 콜랭 드 플랑시에게 보낸 모리스 쿠랑의 서한문

해제_ 모리스 쿠랑의 서한과 한국학자의 세 가지 초상

1. 프랑스 외무부 문서고에 잠들어 있던
젊은 한국학자의 영혼

이 글의 목적은 프랑스외무부 문서고에 소장된 모리스 쿠랑(Maurice Courant(古恒), 1865~1935; 이하 쿠랑으로 약칭)이 콜랭 드 플랑시(Victor Collin de Plancy(葛林德), 1853~1922; 이하 플랑시로 약칭)에게 보낸 육필서한 33종 전반을 소개하고, 그 속에 새겨져 있는 쿠랑의 초상을 면밀히 재구해보는 것이다.[1] 쿠랑의 서한은 프랑스 파리외교문서 보관소(Ministère des affaires étrangères Archives diplomatiques)에 소장된『외교관의 사적 기록 서류 문서군, 콜랭 드 플랑시 문서철(Papiers d'Agent-Archives Privées, Collin de Plancy Victor)』2권에 수록된 외교문건이다. 1891년 7월 3일부터 1921년 4월 24일까지 쿠랑이

---

1   PA-AP, Collin de Plancy 2(마이크로 필름) 이하 본문에서 인용시 "일자"로 약칭하도록 하며, 다만 쿠랑이 머문 장소를 강조할 필요가 있을 경우 "일자, 장소"로 표시할 것이다.

〈그림 1〉 1891년 8월 14일 한국 서울에서 보낸 모리스 쿠랑의 육필
서한(『콜랭 드 플랑시 문서철』, p.134)

콜랭 드 플랑시에게 보낸 총 33종의 육필서한으로, 그 분량은 대략 170매 정도이다. 우리는 2013년 자료를 입수한 이래, 콜레주 드 프랑스(Collège de France) 한국학연구소와 공동작업을 통해, 현재 쿠랑의 육필서한 전체를 재구했으며, 이에 대한 역주작업을 마무리했다. 이 글은 이러한 공동작업의 결과물이자 이 책에 수록된 자료집에 대한 일종의 해제인 셈이다.[2]

콜랭 드 플랑시는 1877년 베이징에 학사 통역관으로 임명된 이후, 극동 지역의 프랑스 외교관으로 전 생애를 보낸 인물이다. 1886년 한국과 프랑스 사이에 체결된 한불조약에 대한 비준문서를 교환할 임무로 한국에 파견됨으로 한국과 최초의 인연을 맺었다. 그는 1888년 6월 한국에 입국한 후

---

2 쿠랑의 서한에 관한 선행연구와 본격적인 검토는 아직 진행된 바가 없다. 이를 최초로 발견했으며 거론한 인물인 다니엘 부셰의 논문을 통해서 간접적으로 학계에 소개된 차원일 뿐이다. 더불어 한국교구장이었던 뮈텔 주교(Gustave Charles Mutel(閔德孝), 1854~1933)에게 보낸 서한 역시 중요한 자료이다. 그렇지만 구낭이 뮈텔 주교에게 보낸 편지는 한국교회사연구소『뮈텔문고』에 여전히 미공개 소장 중이다. 따라서 이를 입수하여 검토할 수 없었고 이 점은 본고가 지닌 한계이자 추후의 연구과제란 사실을 주석 상으로나마 밝힌다(다니엘 부셰, 전수연 역, 「한국학의 선구자 모리스 쿠랑」, 『동방학지』 51・52, 연세대 국학연구원, 1986(D. Bouchez, "Un défricheur méconnu des études extrême-orientales Maurice Courant", *Journal Asiatique*, Tome CCL XXI, 1983)).

서울에서 프랑스 공사대리 겸 총영사로 집무를 시작했다. 1890년 7월 베이징의 영사 사무관으로 임명되었지만, 한국에서 1891년 6월까지 있었으며 이후 일본 도쿄로 전속되어 1891년 8월 일본의 영사로 임명되어 근무했다. 쿠랑의 서한을 보면 쿠랑이 일본에서 근무하던 시기 콜랭 드 플랑시가 모로코 탕헤르(Tanger)의 영사를 역임했던 사실을 알 수 있다. 1896년 4월 총영사 겸 주재 공사로 한국에 복귀하여 휴가 기간을 제외하고는 1906년까지 계속 근무했다.[3] 즉, 그는 프랑스와 한국 국교의 수립과 단절을 모두 경험한 인물이었다. 이렇듯 그는 한국 근대 외교사에서 중요한 인물이기에, 그가 남긴 총 25권에 이르는 방대한 분량의 자료, 『콜랭 드 플랑시 문서철』은 국사편찬위원회에 의해 수집되어 현재 한국에서도 마이크로필름의 형태로 소장되어 있다. 그렇지만 『콜랭 드 플랑시 문서철』은 애초에 국사편찬위원회의 번역 및 간행 예정 대상 자료로 포괄되지 않았던 『외교관의 사적 기록 서류 문서군』의 자료였다. 콜랭 드 플랑시 본인이 프랑스 외무부와 직접 교환한 외교공문 즉, 한국의 정치·경제·사회·문화 그리고 한국 내 외교관의 정황을 보고한 정치공문들에 비해서는 상대적으로 그 중요성을 주목받지 못한 자료였던 셈이다.[4]

---

3   한국을 떠난 이후 특사이자 전권공사로 방콕에 파견되어, 프랑스와 시암(태국의 옛 명칭) 간의 마지막 조약을 맺은 영광을 얻은 인물이기도 하다. 콜랭 드 플랑시의 약력은 파리동양어학교 교수 앙리 코르디에(Henri Cordier, 1849~1925)가 쓴 그의 추도문("Nécrologie", 『通報』 XXI, 1922, p.445)를 참조했다. 코르디에는 외교관으로서의 공적과 함께 1879년 브렛슈나이더 박사(Dr. E. Bretschneider)의 고고학, 역사연구물을 번역한 점과 동양어학교를 비롯한 트로카데로 박물관, 세브르 박물관, 국립도서관에 장서를 기부한 점을 콜랭 드 플랑시의 중요한 공헌으로 이야기했다.; 한국에서 콜랭 드 플랑시가 보여준 외교관으로서의 공적과 프랑스-한국 외교사에 대한 개관은 홍순호, 「구한말 서구열강의 대한 인식 : 프랑스를 중심으로」, 『경제논총』 20(2), 이화여대 경영연구소, 2002를 참조

4   파리외교문서 보관소의 자료에 관해서는 "윤대영, 「해제」, 『프랑스외무부문서』 1, 국사편찬위원회, 2002(「프랑스 외무부 소재 한국사자료 조사 및 해제」, 『2002년도 해외소재 한국사 자료조사 및 해제 지원사업보고서』, 국사편찬위원회, 2002)"를 참조; 파리외교문서 보관소

『콜랭 드 플랑시 문서철』소재 쿠랑의 서한문은 당시 외무부가 "베이징과 도쿄의" 프랑스 "정치국이 공사들로부터 온 정보를 통제할 수 있도록 하기 위하여 직인을 찍은 서신"[5]이 아니었다. 즉, 『콜랭 드 플랑시 문서철』소재 쿠랑의 서한이 지닌 기본적인 성격은 어디까지나 쿠랑과 콜랭 드 플랑시 사이의 사적이며 비공식적인 기록물이었다. 콜랭 드 플랑시와 그의 후임으로 프랑스 대리공사 겸 총영사로 1891년 6월부터~1892년 3월까지 근무한 로셰(É. Rocher, 彌樂石)의 『정치공문 문서고, 한국 문서철(Correspondance Politique(1888~1896), Corée)』에 보이는 당시 중요한 외교적 현안과 대비해볼 때, 그리 공통되는 사안을 많이 담고 있지는 않다.[6] 쿠랑의 서한은 외무부로부터 통제를 받을 성격도 아니었으며, 콜랭 드 플랑시는 공적인 목적 아래 그에게 온 전체 서한을 모두 보관할 책무도 없었다. 쿠랑의 서한을 보면, 쿠랑과 콜랭 드 플랑시가 주고받았던 과거 서한에 대한 간헐적인 언급이 보이는데, 그 일자와 내용이 서한 33종에 포괄되지 않은 경우가 더러 있다. 또한, 쿠랑의 서한과 서한 사이 긴 공백의 시간(1895.8.2~1897.2.5, 1899.12.18~1902.7.14,

---

의 자료는 '문서군(Série)'과 '문서철(Sous-Série)'의 기본분류 양식에 따라, 문서파일, 문서함, 문서책, 마이크로필름 등의 형태로 보관되어 있다. 통상적으로 문서군은 대외관계, 정치, 국제 통상 등의 주제별로 연대순으로 구성되어 있으며, 문서철은 문서군의 내용에 입각한 지역군 혹은 국가별로 나누어져 있다. 이 중 한국 관계 일부의 자료는 국사편찬위원회에 의해 탈초 및 번역작업이 이루어진 바 있다.(『프랑스외무부문서』1~9, 국사편찬위원회, 2002~2010; 『韓國近代史資料集成 4 韓佛關係資料─主佛公使・파리博覽會・洪鍾宇』, 국사편찬위원회, 2001). '문서군, 문서철'의 형식으로 이를 정리해보면, 파리외교문서 보관소의 '기록과 문서(Mémoires et Documents(1841~1889)), 아시아(Asie)', '정치공문(Correspondance Politique(1888~1896)), 한국(Corée)', '정치통상공문(Correspondance Politique et Commerciale <Nouvelle Série> 1897~1910), 대한제국의 대외정책과 주재 외국인(Politique extérieure Étrangers en Corée(1897~1899))' 등에 관한 국사편찬위원회의 선행작업이 이루어진 셈이다.

5 M., 「(1) 서울로 부임하는 콜랭 드 플랑시 씨를 위한 훈령」(1888.4.6., 파리), 『프랑스외무부문서』2, 국사편찬위원회, 2003, 3쪽.
6 쿠랑의 서한에서 발견할 수 있는 당시 정치외교적 주요사안은, 당시 프랑스가 획득한 철도권의 문제, 청일전쟁과 러일전쟁을 전후로 한 한국의 국제정세 정도이다.

1903.7.17, 1909.2.4, 1909.12.29~1918.4.27)은 콜랭 드 플랑시가 쿠랑의 모든 서한을 보관하지 않았음을 잘 말해준다.

그러나 쿠랑의 서한이 남겨진 과정 속에 외교관이었던 콜랭 드 플랑시의 '공적인 차원에서의 보존목적'이 완전히 배제된 것은 아니다. 이를 잘 보여주는 것이 쿠랑이 콜랭 드 플랑시와 공동작업으로 진행했던 『한국서지』의 집필 및 출판과정이다. 『외무통상 공문 문서군, 서울 문서철(*Correspondance Consulaire et Commerciale (1886~1901), Séoul*)』에 소장된 쿠랑의 한국 서적 수집 활동 관련 공문의 존재가 잘 말해주듯이, 두 사람의 공동작업은 프랑스의 한국진출에 간접적인 기반이 되는 일종의 문화정책이자 기획이었기 때문이다. 쿠랑의 한국도서에 관한 조사와 연구는 당시 외교, 정치와 같은 공무에서 분리된 독자적인 차원의 실천은 아니었던 셈이다. 하지만 쿠랑의 서한에는 그의 개인적인 진로에 대한 고민과 그의 생애에 있어 중요한 사건들이 함께 엮여 있다.[7] 그의 주요이력과 서한을 보낸 장소를 겹쳐볼 경우, 쿠랑의 서한은 다음과 같이 크게 세 시기로 나누어서 살펴볼 수 있다.

① 쿠랑이 한국 서울에서 근무하던 때(1891.7.3~1892.2.25)에 보낸 11종의 서한.

② 쿠랑이 통역관으로 중국, 일본 등에서 근무하다가 결국 전문적인 학자의 길을 선택하여 프랑스에 정착하게 된 과정(1892.6.1~1899.12.18)에 보낸

---

7 쿠랑의 생애와 한국학 저술의 추이에 관해서는 부셰의 논문과 이영미의 논문(「쿠랑이 본 한국의 역사와 동아시아 속의 한국」, 『한국학연구』 28, 인하대 한국학연구소, 2012)을 참조. 쿠랑의 서한과 겹쳐서 살펴볼 쿠랑의 대표적인 한국학 저술은 모리스 쿠랑, 이희재 역, 『한국서지』, 일조각, 1994(*Bibliographie Coréenne*, Paris, 1894~1896, 1901)와 모리스 쿠랑, 파스칼 그러트 · 조은미 역, 『프랑스 문헌학자 모리스 쿠랑이 본 한국의 역사와 문화』, 살림, 2009(Collège de France ed, *Études Coréennes de Maurice Courant*, Paris : Éditions du Léopard d'Or, 1983)를 참조하도록 한다.

10종의 서한.

③ 동양어학교 교수임용이 좌절된 이후 리옹대학에 새로운 활로를 모색하고
결국 중국어과 교수로 임용되어 활동한 과정(1902.7.14~1921.4.24)에 보
낸 12종의 서한.

①~③이 보여주는 쿠랑의 노정은 콜랭 드 플랑시가 쿠랑의 서한을 보존
한 공적인 차원의 목적을 암시해준다. 그것은 콜랭 드 플랑시가 쿠랑에게
협조를 요청할 수밖에 없었던 다른 유럽 동양학자들과 현격히 변별된 학자
로서 지녔던 쿠랑의 능력과 이력이 관련된다. 즉, 서구에 있어 학술적이며
제도적인 차원에서 한국학이 부재한 시기에 출현했지만, 한국학전문가로
성장해 가는 쿠랑의 행보이다. 물론 쿠랑의 초상은 엄격한 의미에서 말한
다면, '한국학자'기보다는 '외교관', '동양학자(중국/일본학자)', '한국학전
문가'란 명칭이 더욱 적절할 것이다. 그렇지만 그를 동양학자라고 일축(一
蹴)할 수 없는 이유가 있다. 쿠랑의 서한에는 『한국서지』를 비롯한 그의
한국학 논저가 말해주지 못하는 일면들이 담겨 있기 때문이다. 그것은
한국고전을 수집 및 조사하여 『한국서지』를 집필·출판하는 과정, 또한
엄격한 학술이란 관점에서는 거론될 수 없었던 한국에 대한 쿠랑 자신의
사적인 감정과 술회이다. 이는 프랑스 외무부 문서고에 오랜 시간 동안
잠들어 있던 것으로, 1905년(을사늑약) 이전까지 한국학 연구와 논저집필
을 염원했던 젊은 한국학자의 열정과 영혼이다. 또한, 그가 끝끝내 펼치지
못했던 한국학을 향한 소망과 기획이다. 우리는 쿠랑의 서한 속 그의 이
세 가지 초상이야말로 문호개방에서 대한제국의 성립과 몰락으로 이어지
는 한국 근대사 속 초기 '한국학자'의 초상이란 사실을 주목해보고자 한다.

2. 한국고전의 새로운 문화생태와 젊은 '외교관'의 초상
─ 한국, 서울에서 보낸 편지(1891.7.3~1892.2.25)

1) 자료개괄

쿠랑이 프랑수와 게랭(François Guérin)의 후임으로 서기관 직무를 수행하기 위해, 베이징에서 한국에 도착한 시기는 1890년 5월경이었다. 그는 이후 약 13개월 동안 한국에서 콜랭 드 플랑시를 보좌한 셈이다. 콜랭 드 플랑시가 1891년 6월 한국을 떠나 도쿄로 전속된 이후, 쿠랑은 1892년 3월까지 한국에서 근무했다. 쿠랑은 서울에서 콜랭 드 플랑시에게 1891년 7월부터 이듬해 2월까지 서한을 지속해서 보낸 셈이다. 비록 짧은 기간이라고 볼 수 있지만, 콜랭 드 플랑시는 쿠랑이 거의 한 달에 한 번씩 보낸 총 11종의 서한을 보관했다. 또한, 서울에서 보낸 서한의 분량은 전체 서한의 절반에 해당한다. 각 서한의 내용을 정리해보면 〈표1〉과 같다.

〈표 1〉

연번	연월일(수록 면수)	장소	내용 개관
1	1891.7.3 (pp.122~126)	한국, 서울	• 콜랭 드 플랑시 서한에 대한 답신 • 주한프랑스공사관의 근황 : 로셰를 비롯한 사람들의 근황(로셰와 가족, 데스 포르쥬)을 알림. • 주일프랑스공사관의 현황 : 쿠랑이 주일프랑스공사관의 현황을 질문.

			• 콜랭 드 플랑시가 요청한 서류 및 다른 이(대원군, 민영환, 통리교섭통상사무 아문에 근무하던 관리)의 서한을 함께 보냄을 통지 • 한국도서의 수집 및 조사 작업 : 동양어학교에 수주할 도서와 관련하여, 콜랭 드 플랑시가 제물포에서 보낸 서적을 확인한 후 그 내용을 개략적으로 정리하여 적어 보냄(『正音通釋』, 『奎章全韻』, 『全韻玉篇』, 『史紀英選』, 『梁文襄公外裔譜』, 『東國通鑑提綱』, 『鄕禮合編』, 『整禮儀軌』). • 쿠랑의 근황과 중국 내 프랑스공사관의 소식
2	1891.7.16 (pp.127~129)	한국, 서울	• 콜랭 드 플랑시가 보낸 전보 내용을 문의 • 『한국서지』 집필 및 출판문제 : 콜랭 드 플랑시가 도쿄가 아닌 다른 장소에 전속될 경우, 『한국서지』 공동저작 작업에 대한 우려를 말하며 그에 대한 대응책을 제시. • 주한프랑스공사관의 근황 : 제물포 면회의 사임, 프랑스공사관 공사 현황

3	1891.8.14
	(pp.130~133)
		한국, 서울	• 콜랭 드 플랑시의 서한(7월 15일, 24일자)에 대한 답신
			• 콜랭 드 플랑시가 보낸 전보내용을 확인 한 후 기사임명을 축하
			• 한국에서의 근황 : 궁중행사, 러시아 공사의 도착 및 교체, 衙門 및 외교관의 근황, 프랑스공사관 공사현황.
			• 한국도서의 수집 및 조사 : 조선국왕이 기증한 도서를 프랑스 외무부 장관에서 붙일 것이며, 향후 동양어학교에 보낼 도서 수집내용을 전함(『進饌儀軌』, 『老乞大』, 『朴通事』).
			• 『한국서지』 집필 및 출판문제
			  - 전체의 1/4도 해제작성을 못 했지만, 검토해야 될 서적은 3권 남음.
			  - 콜랭 드 플랑시에게 추추작업을 위한 협조를 부탁[작성이 완료된 해제와 서문, 도쿄 관련 자료, 「원달고가」 번역본을 보내줄 것].
			  - 향후 『한국서지』 인쇄 및 출판을 위한 르루社, 동양어학교의 협정문제에 대한 답변을 받지 못했음을 알림.
			• 논문 수정 보완을 위한 자료요청 : 베이징 왕궁에 관한 자신의 논문작성을 위해 일본 측 사료 및 관련 논문을 보내 달라고 부탁

4	1891.8.27
	(pp.134~137)
		한국, 서울	• 한국 도서의 수집 및 조사 : 동양어학교를 위해 구입한 도서목록을 알림(『進饌儀軌』, 『老乞大』, 『朴通事』, 『士民必知』).
			• 『한국서지』 집필현황
			  - 불교 관련 저술 해제 완료와 추후 보완작업 상황을 알림
			  - 서울의 금석문 조사를 거의 완료했음을 알림.
			• 한국학 논저의 집필현황 : 『한국역대관직총람』의 집필을 시작했음을 알림.
			• 주한러시아, 프랑스공사, 중국 프랑스공사의 근황

5	1891.9.9 (pp.138~140)	한국, 서울	• 주한프랑스공사관의 근황 : 쿠랑의 새 숙소, 프랑스공사관 건설현황 • 한국인 인부의 잦은 교체 • 『한국서지』 집필현황 및 한국도서의 수집조사 - 콜랭 드 플랑시가 보내준 『조선문학일람』 초안 사본을 수령한 사실을 알리

			며, 추가자료들[『大典會通』, 『大典通編』]을 통해 보완할 필요성을 지적. - 주한영국외교관 스콧(J. Scott)에게 받은 『眞言集』 소개 - 르루社의 서목을 통해 발견한 위아르(C. I. Huart)의 한국어학서 소개 - 콜랭 드 플랑시에게 빌린 서적들과 한국에서 입수한 서적을 보낼 것을 알림. - 작업을 함께 진행한 한국 지식인들의 요구사항을 알림.
6	1891.10.10 (pp.141~144)	한국, 서울	• 콜랭 드 플랑시의 9월 20일자 서한에 대한 답신 • 쿠랑을 비롯한 주한프랑스공사관의 근황 : 자신에게 로세가 콜랭 드 플랑시의 빈자리를 대신하지 못하고 있음을 말함, 고용한 한국인에 대한 잦은 교체문제를 전함. • 주한 중국, 일본, 러시아, 프랑스공사관, 중국 내 프랑스공사의 근황 • 『한국서지』 집필현황 및 출판계획 - 동양어학교에 도서를 발송하며 동양어학교 측에 저술출간을 합의할 서한을 보낼 것을 알림. - 콜랭 드 플랑시에게 일본에서 한국 관련 추가 서적을 발견할 수 있는지를 묻고, 콜랭 드 플랑시가 작성한 해제목록을 보내줄 것을 요청. - 연말 작업완료를 예상하고 향후 인쇄 문제와 관련된 사항을 질문.
7	1891.11.6 (pp.145~147)	한국, 서울	• 콜랭 드 플랑시의 10월 5일자 편지의 답신 • 주한프랑스공사관, 중국 내 프랑스공사관의 근황 : 한국인 고용인들의 불안정 문제, 라포르트의 방문, 향후 쿠랑의 중국 베이징 전속문제에 대한 상담, 중국 내 프랑스 외교관의 근황 • 『한국서지』 집필을 위한 금석문 조사 : 한국의 금석문과 관련하여 강화로 현지조사를 떠났으며, 강화의 관원(최석원(崔錫遠))과 맺은 인연을 소개함. • 한국학논저의 집필현황 : 『한국역대관직총람』의 집필을 여전히 완료하지 못했음을 알림. • 한국도서의 수집 및 조사 : 동양어학교에 보낼 『漢淸文鑑』, 조선 사역원의 연보, 한국의 역사 관련 저작물을 구입했음을 알림. • 『한국서지』의 집필현황 : 『문헌비고』의 한 대목을 통해, 한국 고유표기에 관한 중요한 사실을 알게 되었음을 말함.
8	1891.12.17 (pp.148~149)	한국, 서울	• 주한프랑스공사관 및 중국 측 근황 : 12월 6일 주한프랑스공관 국기 게양식, 중국 측에서 발생했던 폭동에 관해 알림. • 『한국서지』 인쇄 및 출판 : 동양어대학 측으로부터 출판허가를 받았고 인쇄를 담당할 곳이 르루社임을 밝힘, 계획 및 발생할 문제점들을 알림. • 『한국서지』 및 한국학논저의 집필현황 : 『한국역대관직총람』의 정서 작업을 진행 중이며 1892년 1월 15일경 원고를 부칠 예정이기에, 이후에야 『한국서지』 작업을 재개할 것임을 알림.
9	1891.12.24 (pp.150~151)	한국, 서울	• 콜랭 드 플랑시의 11월 25일자 편지에 대한 답신 • 콜랭 드 플랑시에게 보낼 소포목록 : 조선 국왕에게 받은 3권의 서적, 동양어학교 소장 3권의 서적, 공문 사본. • 쿠랑과 주한프랑스공사관의 근황 : 샤를 바라로부터 온 서한과 선물 소개, 『한

			『국역대관직총람』 정서작업을 진행.
10	1892.1.21 (pp.152~153)	한국, 서울	• 쿠랑 및 중국 내 프랑스 외교관의 근황 : 쿠랑의 베이징 발령 관련 서한 내용, 게랭의 한국도착예정(2월 5일), 로셰는 전속통보 전보를 기다림, 한국 지식인 피고용인들의 불안한 반응. • 향후 『한국서지』 집필방향 : 콜랭 드 플랑시의 원고송부 장소를 추후 자신의 일정에 따라 전할 것을 알림. • 한국을 떠나는 심정 및 술회
11	1892.2.25 (pp.154~155)	한국, 서울	• 콜랭 드 플랑시의 2월 3일자 서한에 대한 답신 • 『한국서지』 집필 및 출판 : 『한국서지』를 쿠랑의 단독저술로 출판하라는 말에 대한 반대의견 표현.

쿠랑이 한국을 떠난 콜랭 드 플랑시에게 보내는 서한이었기에, 아무래도 한국의 소식과 자신을 비롯한 여러 인물의 근황을 전하는 내용이 간간이 보인다. 즉, 중국 및 주한 외국인공사관의 근황에 관해 그가 직접 겪고 들었던 일과 외국에서 받은 서한을 통해 이야기하고 있다. 한국 통리교섭통상사무아문에 근무하던 관리, 주한 프랑스공사관에 고용된 한국인들의 안부를 전하기도 했다. 아직 그가 체험하지 못한 일본과 일본주재 프랑스공사관의 소식을 콜랭 드 플랑시로부터 듣고, 그에 대한 소견을 말하는 모습도 보인다. 이 시기 쿠랑은 정식발령을 받은 통역관이 아니었기에, 신분적으로 불안정한 처지였다. 따라서 그는 동양어학교 졸업생의 주요 진출로였던 외무부 소속의 정식 통역관이 되기를 희망했다. 베이징 재발령을 외무부 측으로부터 명받았을 때, 그는 늘 "베이징에서 1등급 아니면 2등급 통역사" 직책을 원하고 있음을 이야기했다. 즉, 극동 지역에서 그가 근무한 지 3년차가 되는 해, 그는 대리근무가 아니라 "정확히 규정된 상황에서" "분명한 임무"를 받길 원했던 것이다.(1891.11.6) 그 이유는 무엇보다도 정식 통역관 발령은 언제

어느 동양의 국가로 배치될지 모르는 불안정한 처지에서 벗어나 1~2
년간 이동이 없는 안정성을 지닌 근무처를 얻게 됨을 의미하는 것이었
기 때문이다. 외교관으로 근무하던 1895년까지의 그의 서한에서 중국
혹은 일본 측 프랑스 외교관들의 보직 및 전속문제가 자주 거론되는데,
이는 그의 향후 진로문제와 깊이 관련된 사안이었기 때문이다. 하지만
한국에서 보낸 그의 서한 속에서 가장 큰 비중을 지닌 내용은 1891년
경의 '한국 도서의 수집 및 조사' 그리고 '『한국서지』 집필현황과 출판
(인쇄)계획'이다. 콜랭 드 플랑시와 쿠랑 두 사람의 공통의 관심사였던
이 작업은 쿠랑의 개인적인 차원으로 볼 때도, 단조로운 한국에서의 생
활, 아직 정해지지 않은 자신의 장래에 대한 불안감 속에서, 그에게 큰
위안처이자 안식처였던 셈이다. 이는 애초에 콜랭 드 플랑시가 의도했
던 바였다. 콜랭 드 플랑시는 이 작업에 전념할 의도가 없었으며, 단지
쿠랑이 한국에 관심을 두게 하여 침체기를 벗어나도록 할 목적으로 이
작업을 제안한 것이었기 때문이다.[8] 한국 서울에서 보낸 쿠랑의 서한을
펼쳐보면, '한국학 전문가'의 탄생이 준비되고 있었음이 잘 보인다.

2) 주한프랑스공사관과 젊은 외교관의 초상

외교관으로서 쿠랑의 주된 업무는 한국 측 공문을 번역하고 정무(政
務) 공문의 사본을 만드는 작업이었다. 그렇지만 당시 서울에서 공사관

8　다니엘 부셰, 전수연 역, 「한국학의 선구자 모리스 쿠랑」(상), 『동방학지』 51, 연세대 국학연
　구원, 1986, 161~162쪽.

의 업무는 이후 서한에서 보이는 쿠랑의 행적과 대비해볼 때 상대적으로는 한직이었다. 그 이유는 서울로 부임한 콜랭 드 플랑시에게 보낸 프랑스 외무부의 훈령을 통해 알 수 있는 데, 이 훈령을 통해 그가 미개척지 한국의 외교관으로 맡았던 역할을 간접적으로 살펴볼 수 있다.[9] 당시 프랑스는 한국과 중요한 정치·경제적 이해관계를 지니지 않았다. 하지만 인도차이나에서의 상황으로 말미암아 프랑스는 극동아시아에 영향력을 다투는 열강들의 정치적 의도를 파악할 필요가 있었다. 이러한 정황 속에서 콜랭 드 플랑시의 주된 임무는 역시 한국에서의 '정보수집'이었다. 프랑스 외무부에서 콜랭 드 플랑시에게 요구한 사항은 크게 세 가지였다. 첫째, 한국과 분쟁에 휘말리지 않고 프랑스 문화(특히 산업)를 한국인이 우호적으로 생각할 수 있도록 조치하는 것이었다. 둘째, 청국 및 청국 대표와의 우호관계는 한국과 프랑스의 관계보다 중요함으로 이를 우선하여 염두에 둘 것, 마지막으로 한불조약 이후 특히 종교적 자유를 허락하는 법령의 시행 여부를 신중하게 관찰하며 이에 대해 유연하게 대처해줄 것이었다. 쿠랑이 한국 서울에서 서한을 보면, 한불조약 이후 미지의 나라 한국에서 프랑스공사관이 자리를 잡아가던 정황이 담겨 있으며, 그의 보고내용 역시 이와 긴밀히 관계된다. 물론 전술했듯이 서울에서 쿠랑이 전한 내용은 콜랭 드 플랑시의 후임으로 근무한 로셰가 프랑스 외무부에 보낸 『정치공문(1888~1896), 한국』과 공통된 사안이 극히 일부이다.[10] 로셰가 외무부 측에 보낸 정치공문 전

---

9   M., 「(1) 서울로 부임하는 콜랭 드 플랑시 씨를 위한 훈령」(1888.4.6, 파리), 『프랑스외무부문서』2, 국사편찬위원회, 2003, 3~6쪽.

10 로셰는 4월 19일 마르세이유를 떠나 상하이(5.24), 나가사키(6.1)를 경유하여 6월 10일 제물포에 이르렀고, 13일 서울에 도착하여 15일부터 공관의 직무를 시작했다.(로셰, 「(36) 주한

반을 보면, 한국 정부의 화폐주조 장비 구입 및 외국인 기술자 고용, 한국의 국력, 경제 및 정치사항, 한국-일본의 어업협정문제, 한국-오스트리아 간의 수호통상조약, 청국 및 일본의 대한정책 등과 같은 다양한 사안들이 있다. 하지만 정보보고의 차원이 아니라 프랑스 공사의 직접적 개입이 요구되는 차원은 한국 내 천주교도의 보호문제 정도였다. 즉, 이 시기 프랑스는 다른 열강들에 비해 한국에 적극적인 외교적 개입을 시도하지 않았던 것이다.

그럼에도 쿠랑의 서한과 정치공문이 겹쳐지는 내용이 전혀 없는 것은 아니다. 이를 정리해보면, 첫째, 한국 내 외교관들의 입출국 소식이다.(1891. 8.14; 8.27; 10.10) 이러한 인사이동의 이유 혹은 그 속에 놓인 열강의 의도와 목적이 반영된 여부, 한국에 대한 대외정책과 같은 측면을 외무부에 보고할 필요가 있었기 때문이다.[11] 둘째, 콜랭 드 플랑시가 없는 주한 프랑스공사관의 국기 게양식과 관련된 내용이다.(1891.7.3) 과거 콜랭 드 플랑시는 고종의 양모인 조대비가 승하했지만, 깃대가 없기에 프랑스의 조기를 게양하지 못한 사실을 전한 바 있었다. 이에 프랑스 외무부 장관 리보(Ribot)에게 깃대 설치를 요청했고, 리보는 그 설치비용을 공관운영비용에 합산하는 것을 허락했다.[12] 그렇지만 제물포에서 서울로 물류를 운

프랑스 신임대표의 한국도착예정」(1891.6.15), 『프랑스외무부문서』 5, 국사편찬위원회, 2006, 95~96쪽).

11 로셰, 「(42) 러시아 공사 베베르의 휴가귀국과 드미트레프스키의 임시대리 임명에 대한 프랑스대표의 견해」(1891.9.1), 앞의 책, 107~108쪽; 「(50) 조선정부가 제주도 일본인들의 조업문제 협상을 위해 러젠드르 장군을 일본에 파견」(서울, 1891.10.16), 앞의 책, 119~120쪽; 「(51) 조선주재 위안씨의 휴가 귀환에 따른 조청 관계에 대한 주한 프랑스 대표 로셰 씨의 견해」(1891.10.20), 앞의 책, 120~126쪽.

12 콜랭 드 플랑시, 「(64) 대왕대비 조씨의 승하」(1890.6.6), 리보, 「(85) 주한 프랑스 공관에 국기 게양 깃대 설치 지시」(1890.9.8) 『프랑스외무부문서』 4, 국사편찬위원회, 2005, 159~160면, 194쪽.(Correspondance Politique(1888~1896), Corée(1890)); 물론 콜랭 드 플랑시는 이

송할 유일한 경로였던 한강이 얼어붙었기 때문에, 그의 부임 시 국기 게양식은 이루어질 수 없었다.[13] 1891년 7월 3일자 쿠랑의 서한을 통해, 로셰는 콜랭 드 플랑시에게 안부를 전할 것을 부탁하며 나가사키에서 제작해 올 깃대보다 더 싸게 만들 방도를 찾았으니 작업중지를 요청한 기록이 있다. 공관의 깃대에 프랑스 국기가 세워졌음을 보고한 쿠랑의 서한은 12월 17일 자였다. 로셰 역시 외무부에 1891년 12월 6일 서울과 그 주변에 사는 프랑스인들과 함께 프랑스 공관이 서울에 설치된 이후 처음으로 공관 마당에서 국기를 달았음을 보고했다.[14] 물론 이는 프랑스 측에서 본다면 기념할 만한 행사였으며 의미 있는 사건이었지만, 한국인들에게는 큰 관심의 대상은 아니었다.(1891.12.17)

군이 외무부에 전할 수준의 내용은 아니지만, 쿠랑이 전하는 공관의 소소한 근황에는 프랑스공사관의 신축공사와 관련된 내용이 많다. 1889년 콜랭 드 플랑시는 정동 양인촌(洋人村)에 프랑스공사관의 터를 잡았는데, 이곳은 현재 서울 창덕여자중학교가 있는 자리이다. 1890년경 콜랭 드 플랑시는 과거 한옥을 개조하여 사용하던 공사관 건물을 헐고, 새 건물을 짓는 공사를 시작했다.[15] 그렇지만 그의 부임 시기에 공

전에도 국기대 설치를 준비했고 이를 수령했지만, 설치할 수 없었다. 당시 프랑스 공관은 "대형 건물 형식의 대문이나 발코니, 울타리"도 없는 "매우 초라한 조선식 초가집"이었기 때문이다. 그래서 일본 나가사키에서 서울 주재 외국공사관 및 영사관에서 사용하는 동일한 국기대를 구입하고자 했다.

13 콜랭 드 플랑시, 「(109) 서울 주재 프랑스 공관을 위한 국기대」(1890.12.16), 앞의 책, 255∼256쪽.

14 로셰, 「(57) 주한 프랑스 공관의 국기 게양식」(서울, 1891년 12월 7일), 『프랑스외무부문서』 5, 국사편찬위원회, 2006, 137쪽.

15 당시 공사현장에서 원달고를 사용하며 터를 다지면서 한국인들이 부른 민요에 관한 번역문이 『한국서지』에 수록되어 있다. 파리 동양어학교에 소장된 해당 자료의 해제에 대해서는 유춘동, 「구한말 프랑스 공사관의 터다지기 노래, 「원달고가」」, 『연민학지』12(1), 연민학회, 2009를 참조.

사는 마무리되지 못했던 것으로 보인다. 극동 함대 포함 아스픽호의 주르네 해군 대위는 1891년경 콜랭 드 플랑시가 "안락한 시설은 거의 갖춰지지 않은 낡은 한옥에서 불편하게 지내고 있음"을 보고했다. 그의 보고에 따르면, 콜랭 드 플랑시는 "서울에 처음 부임했을 때" 프랑스 공관의 "누추한 건물을 보고, 또 이정표를 삼으려 공관의 건물을 찾으면서 매우 괴로워"했다. "비록 2년 전 토지를 사들였으나 건물을 지을 예산이 전혀 마련되어 있지 않은 상태"였기 때문이다.[16] 이러한 공관의 상태는 콜랭 드 플랑시가 도쿄로 갈 때까지도 호전되지 않았다. 로셰가 자신의 부임을 알리는 공문을 보면 이 사실을 알 수 있다. 그는 "프랑스 공관이 너무 비좁고 상태가 열악하기에 콜랭 드 플랑시 씨의 조언대로 가족은 제물포에 남겨두고 관저의 상태를 파악하기 위하여" 홀로 왔음을 말했다.[17] 쿠랑은 로셰를 비롯한 "뛰어난 건축업자들과" 자신이 "아무런 관련이 없음을 매일 신에게 감사를 드린다"고 말했다.(1891.8.14) 쿠랑이 보기에 수리공사는 계속 더디게 진행되었고, 이 문제는 해결될 것 같지 않았다. 결국, 로셰 역시도 이 공사의 완공을 보지 못했으며, 이 공사는 콜랭 드 플랑시의 재부임 시기 비로소 완료된다. 쿠랑은 이러한 한국에서의 생활에 대해 어떻게 생각했을까? 쿠랑은 자신이 한국을 떠나는 시점이 가까워지자, 다음과 같이 진솔하게 콜랭 드 플랑시에게 고백한 바 있다.

16　주르네 해군 대위, 「(별지 2) 91년 5월 28일 해군부 고문에 첨부」, 『프랑스외무부문서』 4, 국사편찬위원회, 2005, 93쪽.
17　로셰, 「(36) 주한 프랑스 신임대표의 한국도착 여정」(서울, 1891.6.15), 『프랑스외무부문서』 5, 국사편찬위원회, 2006, 95~96쪽.

처음 석 달 동안은 지내기가 괴로웠습니다. 공사님께서는 알고 계셨을 테지만 제가 뭔가를 느끼지 못하도록 사려 깊은 태도로 맞아주셨고, 그렇게 대해주신 사려 깊은 마음에 무한한 감사를 드립니다. 그 당시 저의 정신 상태로는, 극히 사소한 일에도 조선에 대해 혐오감을 느끼고 빠져나갈 궁리만 하였을 것입니다. / 공사님 덕분에 우선 이 나라가 제게 견딜 만해졌고, 이 나라에 매우 흥미를 갖게 되었습니다. 오로지 공사님 덕분에 서울에서의 단조로운 삶이 힘든 것이 아니라 유쾌한 것이 되었습니다.(1892.1.21)

서울은 쿠랑에게 견딜 수 없는 지극히 단조로운 삶으로 가득 찬 공간이었다. '흥미로운 일 혹은 큰 사건이 없다'는 쿠랑의 말이 매 서한 되풀이된다. 이러한 정황은 늘 같았던 것이다. 이처럼 단조로운 공간 속에서 그에게 있어서 큰 즐거움은 콜랭 드 플랑시와의 점심 식사 및 저녁 식사 시간 이후 대화였는데, 그가 서한을 보내던 당시 한국은 콜랭 드 플랑시가 없는 장소였다. 쿠랑은 한국에서 스스로를 '은둔자'라고 자칭했다. 그가 이따금 만날 수 있는 인물은 뮈텔 주교였고, 하루에 자주 만날 수 있는 인물이 로세였는데, 쿠랑에게 콜랭 드 플랑시의 빈 자리를 로세가 메꿔주지는 못했다. 로세는 쿠랑과는 너무나 많은 견해와 교양의 차이가 있어 공통된 관심사를 공유하기 어려웠던 인물이었기 때문이다.(1891.9.9) 예컨대, 당시 공사관 수리문제와 관련된 정원 혹은 통로의 도면 문제, 사냥 혹은 토지 등의 문제, 자원적 가치를 지닌 중국 윈난성(雲南省)의 문제 등과 같은 로세의 화제는 쿠랑이 공유할 수 있는 관심사가 아니었기 때문이다. 한국인들에 대한 로세의 태도 역시 쿠랑은 큰 불만을 지니고 있었다. 사무국 한국인 하급직원의 잦은 교체가 그것이었는데, 쿠랑은 이로 인해 좋지 못한 결과가 발생할 것을 우려했다.(1891.9.9; 10.10) 이러한 분위기와 더불어 로셰, 쿠랑이 새로운 부임지로 가게 된다는 정보는 한국의 지식인 고용인과 하인들을 불안하게 만들었다.(1891.11.6;1892.1.21) 이러한 쿠랑에게 유일한 낙이자 즐거움은 콜랭 드 플랑시와의 서신교환 그리고 새롭게 만들어진 자신의 집무실에서 홀로 한국의 서적과 글을 읽는 시간이었다.(1891.8.14) 쿠랑에게 한국 서적들에 대한 연구는 이제 과거에 단지 콜랭 드 플랑시 때문에 억지로 수행했던 일거리가 아니었다. 쿠랑의 서울에서의 삶을 용이하게 해주며 그가 몰두할 대상이 되어 있었던 것이다.(1892.2.25)

3) 한국 도서의 수집과 조사

쿠랑은 그가 「서론」에서 밝힌 바처럼 "2년간 서울에 체류하는 동안, 유럽의 저술이나 외국거류민들로부터는 거의 정보를 얻을 수 없는" 한국의 책들을 검토했다. 그리고 그 조사의 시작은 콜랭 드 플랑시가 소유하다가 후일 동양어학교 도서관에 송부하게 될 장서였다.[18] 쿠랑이 말한 콜랭 드 플랑시 소유의 도서는 쿠랑이 『한국서지』에서 그 소장처를 동양어학교로 밝힌 총 406종의 서적을 지칭한다. 이 서적들은 콜랭 드 플랑시가 파리 동양어학교에 1889년, 1890년, 1891년 세 차례에 걸쳐 보낸 것들이다.[19] 1891년경 쿠랑의 서한을 보면, 그가 1891년 콜

---

18   모리스 쿠랑, 이희재 역, 앞의 책, 4쪽.
19   이희재, 「재불 한국 고서의 현황과 발전방향」, 『국외소재 한국 고문헌 수집성과와 과제』(개

랭 드 플랑시가 수집한 서적을 동양어학교에 보내는 역할을 담당했음을 알 수 있다. 서한 속 쿠랑의 진술을 비롯한『한국서지』는 19세기 말한국 고전의 출판 및 유통문화가 새겨져 있어, 이를 생생하게 전해 주는 중요한 史料적 가치를 지니고 있다. 나아가 서울에서 보낸 쿠랑의 서한에 보이는 한국 도서의 수집 및 검토, 이를 기반으로 수행한『한국서지』의 집필과정은, 서구인 장서가의 개입이라는 문호개방 이후 한국고전이 놓인 새로운 문화생태를 보여준다. 콜랭 드 플랑시가 한국을 떠난 후 처음으로 쓴 서한(1891.7.3)에서, 쿠랑은 제물포에서 자신이 받은 서목을 검토하여 알렸다. 여기서 운서 3종(『華東正音通釋韻考』, 『奎章全韻』, 『全韻玉篇』)은 동양어학교에 보낸 기존 책과 동일한 것이며, 한국의 역사, 향례, 궁중연회를 살필 수 있는 3종(『東國通鑑提綱』, 『鄕禮合編』, 『整禮儀軌』)을 그는 흥미로운 서적이라고 말했다. 쿠랑은 책 전부를 수선할 것이며, 장서표, 해제, 내사표기를 준비한 후 프랑스 공화국의 대통령에게 보낼 것이라고 전했다. 8월 14일 서한(1891.8.14)에서 쿠랑은 이 서적들을 대통령이 아니라 외무부에 부칠 것이며, 동양어학교에 특별한 관심사가 될 것이란 문구를 넣을 것이라고 말했다. 쿠랑이 보고한 이 서적들은 조선의 국왕으로부터 하사받은 것이었다.[20] 물론 이러한 서적

정판), 국립중앙도서관 도서관연구소, 2011, 39쪽; 이진명, 「프랑스 국립도서관 및 동양어대학 도서관 소장 한국학 자료의 현황과 연구 동향」, 『국학연구』 2, 국학연구소, 2003, 193~207쪽; 이진명의 논의에 따르면 이 외에도 콜랭 드 플랑시는 1900년 파리만국박람회에 전시된 책자 역시 파리동양어학교 도서관에 포괄되게 된다. 이로 인해 동양어학교 도서관은 가장 많은 한국본 장서를 보유하게 되었다. 더불어 그는 자신의 소장품을 1911년 3월 27일~30일 나흘 동안 드루오 경매장(Hôtel Drouot)에 경매에 부쳤으며, 이 중에서 고가의 귀중품을 제외하고는 모든 물품은 국립도서관에서 사들였다.

20 이외에도 국왕으로부터 하사받은 책으로는『整理儀軌』8권과『高麗史』22권이 있다. 로셰는 1892년 1월 2일경 외교공건을 통해 민종묵에게 조선의 국왕이 서적을 보내준 바에 감사를 표했다(『구한국외교문서』19(법안), 401).

입수의 경로는 국왕 혹은 한국인으로부터 기증받은 도서로 한정되는 것은 아니었다.

이와 관련하여 쿠랑이 서적을 구입했음을 알 수 있는 기록이 1891년경 그의 서한에 담겨져 있다. 서한에서 보이는 쿠랑이 구입한 서적은 총 8종이다. 콜랭 드 플랑시에게 별다른 설명이 필요 없었기에 제명만 제시한 4종의 서적(『大典會通』,『五倫全備』,『老乞大』,『朴通事』)과 달리, 4종의 서적에는 간략한 설명을 덧붙였다. 『진찬의궤(進饌儀軌)』와 『사민필지(士民必知)』(1891)는 제명과 함께 각각 "1887년 80살 탄생일을 맞이한 조대비를 위한 연회의 의례를 기술한 책"으로, 개신교 선교사 헐버트가 "우주 형상지와 지리에 관하여 한국어로 출판한 책"이라고 소개했다. 서명을 제시하지 않은 채 "『통문관지』의 목록"에 보이지 않는 "15권 4책으로 된 韓-漢-灣 사전", "또 다른 번역원의 연보"를 구매했음을 전했다. 이 중에서 사전에 관해 콜랭 드 플랑시는 그 구체적인 서명을 물었고 쿠랑은 『한청문감(漢淸文鑑)』이라고 답변했다. 이처럼 그의 구매 목록을 보면 알 수 있듯이, 그들은 왕실 및 한국과의 교류에 있어 필요한 행정(법령집)이나 의례(의궤서) 이외에도 한글과 관련되거나 이에 대한 새로운 활용을 엿볼 수 있는 자료와 한국의 외국어 교육기관이라고 볼 수 있는 사역원에 관심을 지니고 있었다.

또한, 이처럼 구한말 한국 고전의 새로운 문화생태, 외국인의 한국 서적수집의 모습은 콜랭 드 플랑시에게만 해당되는 사항은 아니었다. 최근 재외 한적 조사연구들을 통해 드러난 19세기 말~20세기 초 외교관(이자 동양학자)의 행적은 이 점을 잘 보여준다.[21] 이와 관련하여 영한사전 및 한국문법서의 편찬자였으며 제물포에서 영국 외교관을 역임했던 제임스 스콧(James Scott, 1850~1920)이 거론되는 점을 주목할 필요가 있다. 쿠랑은 스콧이 "한국어 서적들을 상당수 보유하고 있고, 흥미로운 정보도 소유"하고 있으며, 그 책 중에서 가장 중요한 책을 서울의 자신에게 보내주기로 약속했음을 전했다.(1891.8.27) 스콧이 후일 보내준 책은 『진언집(眞言集)』 중에서 중요한 판본이었다. 쿠랑은 이 책이 1777년에 발간된 것이고, 산스크리트어, 중국어, 한국어로 된 책이며 흥미로운 여러 정보와 함께 잘 새겨진 산스크리트 음절이 담겨 있음을 콜랭 드 플랑시에게 보고했다.(1891.9.9) 이 책은 스콧이 2년여 정도의 시간 동안 한국 승려와의 교류 속에 입수할 수 있었던 건곤(乾坤) 42년에 간행된 『진언집』재판본, 만연사본 『진언집』(1777년)을 지칭한다.[22] 만연사본 『진언집』은 조선시대 『진언

---

21 대표적인 일례로 영국 외교관이었던 애스턴(W. G. Aston)의 초기 한국어학논저는 국어학사 쪽으로 보더라도 '한일 양국어의 同系說'을 주장했는데, 이는 한국어 계통론에 있어 큰 의의를 지닌 업적이었다.(고영근, 『민족어학의 건설과 발전』, 박문사, 2010; 이상현, 「고전어와 근대어의 분기 그리고 불가능한 대화의 지점들」, 『코기토』 73, 부산대 인문학연구소, 2013; 이상현, 「한국어사전의 '전범'과 '기념비' ─『한불자전』의 두 가지 형상 그리고 19C 말~20C 초 한국의 언어·문화」, 부산대 인문학연구소 편, 『한불자전연구』, 소명출판, 2013) 또한 최근 애스턴이 수집·조사한 한국 고서와 그가 편찬한 한국어학습서인 Korean Tales에 관한 다음과 같은 일련의 연구성과를 들 수 있으며, 이는 애스턴의 연구가 한국어학 분야에만 한정되지 않았음을 잘 보여준다.(박재연·김영, 「애스턴 구장 번역고소설 필사본 『隨史遺文』 연구─고어 자료를 중심으로」, 『어문논총』 23, 국민대 어문학연구소, 2004; Uliana Kobyakova, 「애스턴 문고 소장 『Corean Tales』에 대한 고찰」, 『서지학보』 32, 한국서지학회, 2008; 박진완, 「러시아 동방학연구소 애스턴 문고의 한글자료」, 『한국어학』 46, 한국어학회, 2010; 허경진·유춘동, 「러시아 상트베테르부르크 국립대학과 동방학연구소에 소장된 조선전적에 대한 연구」, 『열상고전연구』 36, 열상고전연구회, 2012; 허경진·유춘동, 「애스턴의 조선어 학습서 『Corean Tales』의 성격과 특성」, 『인문과학』 98, 연세대 인문과학연구소 2013; 정병설, 「러시아 상트베테르부르크 동방학연구소 소장 한국 고서의 몇몇 특징」, 『규장각』 34, 서울대 규장각한국학연구소, 2013).

22 스콧이 그가 참조한 자료를 공개한 글이 J. Scott, "Sanskrit in Korea", The Korean Repository IV, 1897이다. 『한국서지』에 역시 이 수집내용이 반영되었다.(모리스 쿠랑, 이희재 역, 앞의 책, 136~137쪽, 664~666쪽) 즉, 쿠랑의 『한국서지』 1권(1894) II부 언어부 5장 몽어류에는 동일한 『진언집』(1777)과 서울 근처 원각사의 승려가 제공한 필사본이, 3권(1896) VII부 敎門部[종교] 2장 佛敎類 4절 '祈禱文과 讚歌'에도 2종이 목록화되어 있다.

집』의 집대성본이며, 전대『진언집』의 개정작업 즉 당시의 범어를 옮길 때의 지침(중국『홍무정운』, 諺文 및 梵語에 대한 지침)과 밀교의례에 대한 설명이 부가되어 있다. 이 책은 도상자료로 *The Korean Repository*와『한국서지』에도 수록되어 있다.

스콧은 이 도서를 통하여 과거 한국인의 학술 즉, 당시 승려의 음운학적 지식을 발견할 수 있었다. 또한, 이러한 스콧의 모습은 당시 한국 고전세계에 매료된 쿠랑을 비롯한 서구인에게 있어 어쩌면 공통된 체험이었는지도 모른다. 그는 자신의 희망을 한국의 불교사찰을 유람하며 그곳에 보관된 문헌들을 통해, 승려들의 공간과 삶, 한국을 이해하는 것이라고 밝혔다. 이처럼 '서구의 언어·문헌학(philology)적 전통[23]에 따라 한국 서적을 연구하는 외교관의 출현'은 19세기 말 새로운 한국 고전의 문화생태를 보여주는 풍경이었던 셈이다.

---

23 여기서 philology는 오늘날 통상적으로 번역되는 '문헌학'과는 다르다. 문세영의『조선어사전』(1938)에서 '문헌학'에 대한 풀이 즉, '古典이라 불리는 텍스트를 주된 대상으로 삼는 학문, 특정한 민족의 언어와 문학을 조사하여 그 문화의 성질을 밝히는 학문'이라는 풀이가 이 개념에 부합된다. 곧 고전문헌학과 언어학이 미분화되었으며 양자가 통섭된 학문이라는 뜻이 포함된다. 'philology'는 근대 초기 개신교 선교사의 영한사전에서, 문헌학 혹은 서지학으로 풀이되지 않았다. 1914년, 1925년 출현한 존스와 원한경의 영한사전에서 "박언학(博言學)과 언어학(言語學)"으로 풀이된다.(G. H. Jones, *An English-Korean dictionary*, Tokyo, Japan : Kyo Bun Kwan, 1914; H. G. Underwood & H. H. Underwood,『英鮮字典』, 京城 : 朝鮮耶蘇敎書會, 1925; 문세영,『조선어사전』, 박문서관, 1938) 오늘날 과학적 언어학 이전 인문적 언어학에 대해서는 이연숙, 고영진·임경화 역,『국어라는 사상』, 소명출판, 2006 4장과 이연숙, 이재봉·사이키 카쓰히로 역,『말이라는 환영』, 심산출판사, 2012, 7장을 참조

4) 『한국서지』의 집필현황 및 출간계획

쿠랑의 도서수집과 함께 쿠랑, 콜랭 드 플랑시가 함께 진행하던 개별서적의 해제 작업이 병행되었다. 따라서 개별 해제 작업은 동양어학교 도서관에 한국 서적을 송부하는 11월경까지는 마무리되어야 했다. 이 작업에는 여러 난점이 존재했다. 첫째, 쿠랑은 도서수집 조사 및 해제 작업 이외에도 그의 개별 업무를 병행해야 했다. 예를 든다면, 베이징 황실에 관한 논문의 수정 보완본(1891.8.14), 외무부 경연대회에 보낼 한국 행정에 관한 보고서 즉, 『한국역대관직총람』의 집필(1891.8.27) 및 정서 작업(1891.12.17) 등을 함께 진행했다.[24] 또한, 추후 『한국서지』에 수록하게 될 서울, 강화 쪽의 금석문조사작업 등이 있었다.(1891.8.27, 1892. 1.21) 특히 『한국역대관직총람』의 집필로 인하여, 쿠랑은 10월 1일 이후로 『한국서지』와 관련된 작업을 수행하지 못했으며, 1892년 1월 5일 이후에 『한국서지』 관련작업을 진행할 것을 콜랭 드 플랑시에게 약속했다.(1891.12.17) 둘째, 서울-도쿄에서 나누어 진행되는 작업으로 인해 발생한 문제점이 있었다. 도쿄에서 온 알 수 없는 전보 내용으로 쿠랑은 콜랭 드 플랑시의 부임지가 변경될 것을 걱정했는데, 이는 당시 개별서적에 대한 두 사람의 해제가 흩어져 있었기 때문이다.(1891.7.16)

1891년 8월 24일 쿠랑은 현재까지 작성된 해제카드가 전체분량의 4분 1에도 미치지 못하지만, 그가 검토할 책이 이제 3권밖에 남지 않았음을 보고했다. 따라서 그에게는 없는 콜랭 드 플랑시의 해제문과 「원

---

24 M. Courant, *La Cour de Péking*, Paris : E. Leroux, 1891; *Répertoire historique de l'administration coréenne*, 1891.

달고가」, 번역문, 도교 관련 자료를 자신에게 송부해줄 것을 부탁했다. 1891년 9월 9일 당시 두 사람에 의해 작업 중이던 해제는 비로소 집성되었고, 콜랭 드 플랑시는 이 작업을 도왔을 세 사람의 한국 지식인에게 감사의 답례를 하고자 했다. 1891년 10월 10일 쿠랑은 수집한 도서를 송부할 예정임을 알리고, 도교, 몽고와 만주서적 이외의 콜랭 드 플랑시에게 남겨진 작업량을 물었다. 즉, 『한국서지』에 수록된 개별서적의 해제 집필이 마무리되어가고 있었다. 또한, 동양어학교 측은 이 서적의 인쇄 및 출판을 허가했으며, 또한 인쇄작업을 담당할 업체 역시 르루사로 정해졌기에, 1892년 5~6월 사이 저작물의 출판준비가 완료될 것으로 예정되어 있었다.(1891.12.17) 그렇지만 겨울은 두 사람 사이의 서신 교환을 불가능하게 만드는 계절이었다. 또한, 쿠랑은 새로운 부임지 베이징으로 발령을 명받았다. 이는 쿠랑, 콜랭 드 플랑시 두 사람이 서울-도쿄보다는 더 멀어지게 됨을 의미했다. 쿠랑은 남겨진 원고를 서울이나 베이징으로 보낼지 그 여부를 추후 알려주겠다고 말했다.(1892.1.21) 그렇지만 쿠랑에게 콜랭 드 플랑시가 보낸 서한은 이 『한국서지』를 쿠랑의 단독저술로 작업해 나가라는 요청이었다.(1892.2.25)

3. 『한국서지』의 출간과 '한국학 전문가'의 탄생
—중국, 일본, 프랑스에서 보낸 편지(1892.6.1~1899.12.18)

1) 자료개괄

1892년 6월 1일부터 1899년 12월 18일 사이 중국, 일본, 프랑스에서 보낸 쿠랑의 서한 10종을 묶을 수 있는 구심점은 『한국서지』의 출판과 그 이후 그의 한국학 연구이다. 쿠랑이 『한국서지』의 「머리말」(1894)에서 "이 저술이 시작된 서울에서, 그것이 계속된 베이징과 파리에서, 그리고 마침내 끝낸 도쿄에서 나는 내 능력이 닿는 한 조사의 어떤 방법도 게을리 해서는 안 된다는 점을 의식하고 있었다"[25]고 술회한 이력은, 한·중·일 그리고 프랑스를 경유했던 외교관(통역관)으로서의 그의 행보를 잘 요약 해주는 진술이다. 또한, 쿠랑에게 『한국서지』의 출간은 한국학 연구의 끝을 의미하는 것이 아니었다. 전문적인 학자의 길을 선택하여 파리에 정착한 시기에도 그는 여전히 한국학에 관심을 두고 논문을 집필했기 때 문이다.[26] 외교관(통역관)으로서의 극동 순례와 『한국서지』 작업을 통해, 당시 유럽 동양학계에 있어 예외적이라고 볼 수 있는 존재 즉, '한국학전 문가'로 탄생한 쿠랑의 모습을 볼 수 있다. 이 시기 각 서한의 내용별 개관 을 정리해보면 〈표 2〉와 같다.

25 　모리스 쿠랑, 이희재 역, 「원저자 머리말」, 앞의 책, 11쪽.
26 　다니엘 부셰, 전수연 역, 앞의 글, 169~179면; 이영미, 앞의 글, 4~10쪽.

〈표 2〉

연번	연월일(수록면수)	장소	내용개관
1	1892.6.1 (pp.156~157)	중국 베이징	• 콜랭 드 플랑시의 5월 12일 자 서한에 대한 답신. • 『한국서지』 출판진행사항 : 르루사, 동양어학교 측 동의. • 『한국서지』 집필현황 　- 서울에서 베이징으로 이동, 베이징의 업무로 인해 원고집필이 늦어짐. 　- 행정, 의례, 불교, 도교部 전체해제가 완성될 것이며, 역사 저술물 역시 마무리될 것으로 예상. 　- 문집류의 경우, 저자들 파악이 어려워 2달 이상 소요될 것으로 예상. • 『한국서지』 집필 마무리를 위한 논의 　- 『한국서지』에 수록될 도상 자료의 문제. 　- 「서론」 부분에 유럽 측 한국학 논저 포함문제를 의논하고, 콜랭 드 플랑시에게 작성을 권유. 　- 인쇄상 배열 및 교정 문제. • 쿠랑의 근황 　- 베이징 왕궁에 관한 논문이 불완전한 형태로 인쇄된 사실을 알림. 　- 콜랭 드 플랑시가 보내준 일본에서 발행한 학술지(*Revue du Japon*)를 잘 수령했음을 알림. 　- 콜랭 드 플랑시가 요구한 한국 화폐에 관한 논문 집필이 어려움을 알림.
2	1893.9.14 (pp.158~159)	프랑스 라 크루아	• 『한국서지』 출판계획 　- 도쿄에 도착 후 저작물 인쇄작업을 홀로 진행할 것임을 알림. 　- 콜랭 드 플랑시가 동양어학교 총장에게 『한국서지』 출판 인가를 받아줄 것과 『한국서지』가 쿠랑의 단독저술이 된 사정을 전해 달라고 부탁. • 쿠랑의 근황 : 9월 22일 이후 10일 정도 파리 국립도서관의 한국어 책을 부분적으로 검토하는 일을 담당하기로 함.
3	1894.3.23 (pp.160~161)	일본 도쿄	• 쿠랑 및 일본주재 공사관의 근황 　- 일본 천황의 은혼식 축하연에 대한 보고서를 작성함. 　- 이토 백작의 서한에 대한 번역 업무를 담당함. 　- 공사관 보직이 비어있음을 알림. 　- 일본어 공부에 많은 시간을 투자하고 있음을 알림. • 『한국서지』 인쇄현황 • 홍종우의 김옥균 암살 소식(1894.3.30)
4	1894.7.10 (pp.162~165)	일본 도쿄	• 쿠랑 및 일본주재 공사관의 근황 　- 일본주재 프랑스공사관의 6주간 정체기(프랑스 대통령의 죽음, 한국 내 사건(청일전쟁)), 주재 공사의 교체). 　- 자신을 추천한 사실을 감사 및 상관 신키위즈와의 관계 문제. 　- 일본 언론을 통해 콜랭 드 플랑시에게 전해지는 한국 소식이 과장된 것임을 알림.

			• 『한국서지』 출판현황 및 전체분량을 알림
5	1895.8.2 (pp.166~168)	중국 톈진	• 쿠랑의 근황 : 불안정한 신분, 가정생활의 어려움, 협소한 거주지의 문제. • 『한국서지』 출판현황 　- 『한국서지』 2권(1895.6.1) 출판소식을 전함. 　- 『한국서지』 3권 인쇄 시작을 알림. 　- 『한국서지』에 관한 콜랭 드 플랑시의 교정과 격려에 감사를 표함. 　- 『한국서지』에 콜랭 드 플랑시의 공적을 언급했음을 전함.
6	1897.2.5 (pp.169~173)	프랑스 파리 [데보르드 발모르 38번가]	• 콜랭 드 플랑시의 12월 7일 자 편지에 관한 답신 • 콜랭 드 플랑시에 대한 감사의 인사말 : 한국 정부가 쿠랑을 외국인 고문으로 초빙하고자 한 소식. • 쿠랑의 근황 　- 파리 국립도서관에서 중국 및 일본 서목 작업을 진행. 　- 프랑스의 학술지에 논문을 투고할 계획. 　- 동양어학교 일본어 교수직을 목표로 저술 집필. • 자신의 현재 근황에 따른 고용을 위한 합의점 제시 • 쿠랑의 향후 계획 　- 『한국서지』 1부를 콜랭 드 플랑시에게 보낼 것을 알림. 　- 한국의 새로운 공문양식을 보내줄 것을 부탁. 　- 콜랭 드 플랑시가 구매한 서적에 관한 논평(「직지심체요절」에 관한 언급) 　- 향후 자신이 집필하고자 하는 논문기획을 전함.
7	1897.4.9 (pp.174~175)	프랑스 파리 [데보르드 발모르 38번가]	• 『한국서지』 출판현황 　- 『한국서지』 3권 출판소식을 알림 　- 콜랭 드 플랑시를 위해 『한국서지』 3권을 1부, 사무국을 위해 『한국서지』 1~3권을 발송할 것을 알림. • 쿠랑을 초빙하고자 하는 한국 정부에 대한 쿠랑의 요구사항
8	1897.9.20 (pp.176~177)	프랑스 라크루아상 알방성(사부아)	• 콜랭 드 플랑시의 6월 25일 자 편지에 대한 답신 • 한국학 및 동양학 논저집필활동 및 연구계획 　- 한국학 논문 집필 현황을 알림. 　- 동양학 학술대회 참석 후 이에 대한 소견. 　- *Revue des deux Mondes*誌 소재 기사에 대한 검토 부탁. 　- 아시아협회, 기메박물관 발표문을 송부할 것과 한국, 일본, 유구어의 동사 이론에 관한 연구계획을 알림. 　- 파리국립도서관의 서목 작업을 진행할 것임을 알림. • 한국에 대한 감정을 전함 : 한국 측 근무를 고대하고 있으며, 한국의 지인들에게 안부를 부탁.
9	1898.6.26 (pp.178~180)	프랑스 샹티이 (우아즈)를 지나	• 한국학 단행본 저술 집필의뢰에 대한 거절 이유 : '러일협성'으로 인한 기금소멸, 자금 및 시간부족.

		비뇌이에서	• 쿠랑의 근황 　- 콜레주 드 프랑스에서 진행한 중국학 강의내용 소개.. 　- 샤반의 복귀소식과 리옹에서 중국어 강좌가 개설될 것이란 소식을 전함. 　- 파리국립도서관 서목 작업의 진행현황. 　- 프랑스 언론에 보도된 한국 철도 소식과 극동으로 복귀를 희망하는 자 　　신의 뜻을 전함.
10	1899.12.18 (pp.181~182)	프랑스 샹티이 (우아즈)를 지나 비뇌이에서	• 쿠랑의 근황 　- 새 아이의 출산소식과 동양어학교 중국어 정교수직 임용 실패 소식을 　　전함.

이 시기 쿠랑의 서간에서 그의 초상은 '외교관'에서 '동양학자'로 변모된다. 또한, 각 서한 사이 긴 공백의 시간이 존재한다. 이는 쿠랑의 부임지가 중국, 일본주재 프랑스공사관으로 바뀌고 프랑스 파리를 거치기도 했기에 시기마다 이동 및 적응의 시간이 필요했기 때문이기도 하다. 게다가 그가 중국, 일본에서 담당한 공무는 결코 적은 양이 아니었다. 따라서 쿠랑 본인이 콜랭 드 플랑시에게 편지를 쓸 여유가 그만큼 더 없었던 셈이다. 또한, 겨울이 돌아오는 12월에서 2월 사이는 서신교환이 어려운 시기였으며, 나아가 콜랭 드 플랑시-쿠랑 사이의 거리는 한국-도쿄보다 상대적으로 더 멀어져 있었다. 콜랭 드 플랑시는 일본을 떠나 아프리카 지브롤터 해협에 면한 모로코의 항만도시 탕헤르의 영사로 근무했기 때문이다. 크게 두 시기로 나누어 쿠랑의 서한을 조망할 수 있다. 첫째, 외교관 쿠랑의 모습이 담긴 1892년부터 1895년까지의 서한이며, 주된 보고내용은 『한국서지』의 인쇄 및 출판과정이다. 둘째, 동양학자로 파리에서 활로를 모색하는 쿠랑의 모습이 담긴 1897년부터 1899년까지의 서한으로 쿠랑의 한국학 논문 집필의 모습을 볼 수 있다. 사실 이러한 쿠랑의 행적 이면에는 그의 한국학 저술을

발표할 수 있는 학술네트워크 즉, 재외(일본·프랑스)의 동양학 학회 및 학술지가 있었다. 또한, 콜랭 드 플랑시의 한국복귀와 대한제국의 출범이란 외교사적으로 중요한 사건이 긴밀히 관련된다.

2)『한국서지』의 출간과정과 재외의 동양학 학술네트워크

1892년 2월 25일 서울에서 보낸 편지와 1892년 6월 1일 베이징에서 보낸 편지 사이에는 약 4개월의 공백이 존재한다. 그러나 1892년 6월 1일 쿠랑의 서한을 보면, 4월경에 편지를 보냈음을 알 수 있다. 그렇지만 그가 3월 10일 한국을 떠나 베이징에 도착하기까지 6주간의 시간이 소요되었다. 즉, 쿠랑은 베이징 도착 시점에 콜랭 드 플랑시에게 이미 서한을 보냈던 것이다. 이후 2개월이 경과 되었지만『한국서지』작업은 한국에서처럼 잘 진행되지는 않았다. 왜냐하면, 중국에서의 과중한 업무로 인해『한국서지』에 대한 작업량이 서울에서의 절반 수준이었기 때문이다. 따라서『한국서지』의 출간은 서울에서의 애초 예정보다는 지체될 수밖에 없었다. 하지만 베이징에서 보낸 그의 서한을 보면,『한국서지』의 집필이 어느 정도 마무리 단계였음을 충분히 발견할 수 있다.(1892.6.1, 베이징)『한국서지』2～3권에 해당하는 해제(2권-V 예범부, VI 사서부, 3권-VIII 교문부) 부분을 완성했다는 언급이 보이기 때문이다. 또한『한국서지』에 수록될 도상 자료들을 논의하고 있으며,『한국서지』개별 서목의 배열방식이 〈그림 2〉와 같이 구체적으로 제시되며, 9월 일본 도쿄에서의 인쇄를 예정했기 때문이다.

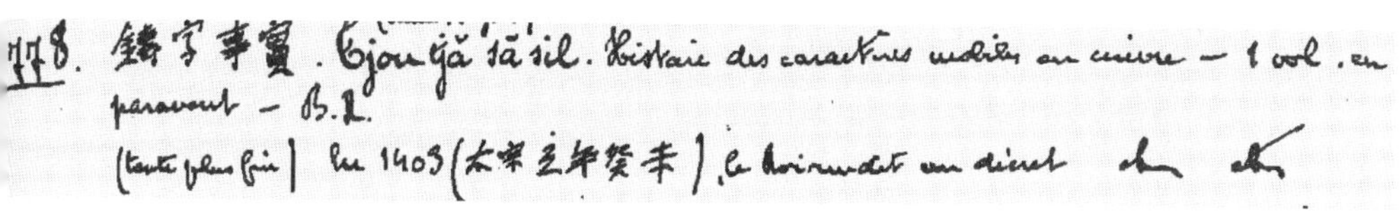
1778. 鑄字事實. Tjou tjă să sil. Histoire des caractères mobiles en cuivre — 1 vol. en paravent — B.R.
[texte plus fin] En 1403 (太宗三年癸未), le roi ordonne etc.

〈그림 2〉 쿠랑의 서한(1892.6.1)
인용자 : 1778. 鑄字事實. 주자사실. 동판으로 된 이동식 활자들의 역사. 1권. 첩본. B.R.
(본문은 더 가느다란 서체로) 1403년(太宗三年癸未), 왕이 법령을 내린다 등등.

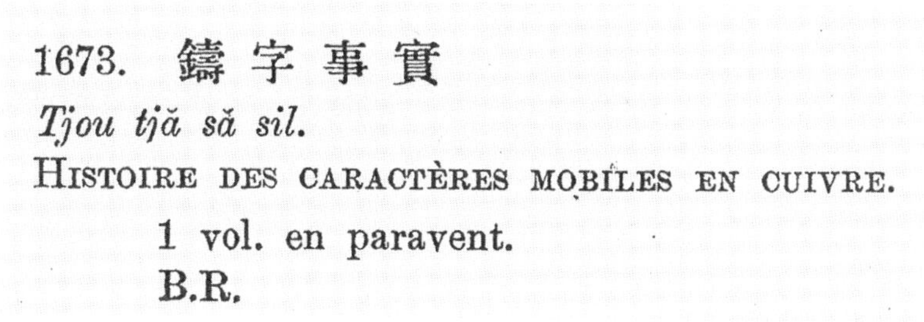
1673. 鑄字事實
Tjou tjă să sil.
HISTOIRE DES CARACTÈRES MOBILES EN CUIVRE.
1 vol. en paravent.
B.R.

〈그림 3〉『한국서지』 소재 1673번 〈鑄字事實〉 항목

그렇지만 실제 인쇄작업은 9월에 진행될 수 없었다. 그 이유는 쿠랑의 수정사항을 반영하여 다시 정서하고 개별 해제항목의 번호를 매기며 용어색인을 하는 작업만으로도 상당한 시간이 필요했기 때문이다. 또한, 콜랭 드 플랑시-쿠랑 두 사람의 일정상 교정 작업을 본격적으로 진행할 수 없었다. 이러한 정황과 쿠랑의 서한 속 진술을 참작해볼 때, 그의 『한국서지』 초벌 원고는 오늘날 우리가 만나볼 수 있는 완성된 수준은 아니었을 것이다. 한국의 문집류에 있어서 저자정보를 파악함이 어렵다는 그의 진술이 보이는 데, 이는 와일리의 저술과 『사고전서총목』만으로는 해결되지 않았던 많은 문제점이 그에게 남겨져 있었음을 의미한다. 이를 통해 그가 아직 『대동운부군옥(大東韻府群玉)』을 적절하게 활용하지 않았음을 짐작할 수 있다.[27] 또한, 한국문헌에 관한 총론이

라고 볼 수 있는 「서론」을 콜랭 드 플랑시에게 담당해줄 것을 청하는 모습이 보여, 아직 「서론」을 집필하지 못했음을 보여준다. 이에 대한 보완과정은 10월 중국을 떠나 프랑스 파리로 귀국한 이후로 연기된 듯 하다. 쿠랑은 동양어학교장의 딸 엘렌 세페르(Hélène Schefer)와 1893년 1월 30일 결혼하고 신혼 첫해 약 반년 간을 파리에서 보냈다.[28] 쿠랑은 이 "휴가 기간 동안 유럽에 머물면서" 파리국립도서관, 기메박물관 소장 바라(Varat) 문고, 대영박물관과 같은 "많은 주요한 한국본 소장처들을 방문했다."[29] 이러한 정황이 1893년 9월 14일 프랑스 라크루아에서 보낸 편지에 담겨 있는데, 쿠랑은 22일 즈음 파리에 머물며 열흘 정도 파리국립도서관의 서적들을 검토할 예정을 콜랭 드 플랑시에게 알렸다. 쿠랑은 콜랭 드 플랑시에게 『한국서지』가 예정과 달리 쿠랑의 단독 저술로 출판될 것을 동양어학교 측에 전해 주길 부탁했다. 또한 『한국서지』의 인쇄는 쿠랑의 일본에서 근무와 동시에 진행될 예정임을 알렸다. 즉, 쿠랑은 홀로 『한국서지』의 출간을 진행하기로 한 것이다. 그의 예정대로 작업은 잘 진행되었다. 일본 도쿄에서 『한국서지』의 인쇄작업이 시작되었으며, 쿠랑은 1권의 예상 분량을 대략 1,000면으로 가늠

---

27 쿠랑이 참조한 와일리 저술의 서지사항은 "A. Wylie, *Notes on Chinese literature*, Shanghai : American Presbyterian Mission Press; London : Trübner & Co. 60, Peternoster Row 1867"이다. 이 저술은 일종의 중국 도서에 대한 해제 및 서목이라고 볼 수 있다. 쿠랑은 한국 내에 출판된 중국의 한문 고전 작품과 관련하여 와일리의 저술을 참조했다. 그렇지만 이러한 서양인의 중국학 저술로는 한국 문인 작가와 그들의 한문 고전에 관한 해설은 어려운 것이었다.(한국의 고소설과 시가 문학과 관련하여 와일리 저술에 대한 쿠랑의 참조 양상과 쿠랑이 『대동운부군옥』을 통해 한국 도서와 한국 문인 작가에 대한 정보를 기술한 양상은 이상현·이은령, 「19세기 말 고소설 유통의 전환과 '민족지'로서의 고소설」, 『비교문학』 59, 한국비교문학회, 2013과 이상현, 「19세기 말 한국시가문학의 구성과 '문학텍스트'로서의 고시가」, 『비교문학』 61, 한국비교문학회, 2014, 327~347쪽을 참조)

28 다니엘 부셰, 전수연 역, 앞의 글, 169~170쪽.

29 모리스 쿠랑, 이희재 역, 「서론」, 앞의 책, 4~5쪽.

할 수 있었다.(1894.3.23, 도쿄) 그로부터 약 4개월 뒤 쿠랑은 『한국서지』 1권의 412면까지 인쇄가 진행되었고 고소설 부분이 아직 마무리되지 못했음을 보고했다. 그렇지만 『한국서지』 1~3권에 수록될 개별 표제 항(서목)의 양을 대략적으로 확정할 수 있었다.(1894.7.10, 도쿄) 즉, 『한국 서지』 전체윤곽이 비로소 확정된 것이며, 이를 바탕으로 『한국서지』 2 권은 1895년 6월 1일 출판되고 3권은 바로 인쇄로 넘어갔다. 이때 쿠 랑은 콜랭 드 플랑시의 교정과 쿠랑이 홀로 담당한 「서론」에 대한 그의 칭찬과 격려에 감사를 표할 수 있었다.(1895.8.2, 톈진) 『한국서지』 3권의 출판소식을 전하며 그 완간을 콜랭 드 플랑시에게 전한 쿠랑의 편지는 1897년 4월 9일자였다.

이처럼 쿠랑이 『한국서지』의 출간을 마무리할 수 있게 해준 공간은 일 본이었다. 이 재외의 한국학 공간은 중요한 의미를 지닌다. 무엇보다 당 시 개신교 선교사를 비롯한 외국인이 한국학 단행본을 출판함에서 일본 은 인쇄작업의 중요한 거점이었으며, 또한 한국의 인접 장소이자 한국 도서를 접촉할 수 있는 공간이었다. 쿠랑은 이러한 일본에서 『한국서지』 1~3권의 전체 서목을 3,000항목으로 상정할 수 있었다. 이는 실제 출간 된 『한국서지』의 3,240항목에 근접한 수치였으며, 콜랭 드 플랑시와 공 동작업 때 예상했던 300~400항목을 훨씬 웃도는 수준이었다.(1894.7.10, 도쿄)[30] 물론 이러한 개별 서적 항목의 증대에는 과거 한국인이 남긴 서목

---

30 프랑스 동양어학교 소장 도서목록은 국립중앙도서관 도서관 연구소 고서전문원 이혜은이 편찬한 자료목록(국립중앙도서관 편,『국외소재 한국 고문헌 수집 성과와 과제』(개정판), 국 립중앙도서관 도서관 연구소, 2011, 171~195면)을 통해서 알 수 있다. 이에 따르면 오늘날 프랑스 동양언어문화학교에 소장된 한국고서자료는 총 617종이다. 하지만 쿠랑『한국서 지』에서 소장처를 동양어학교로 밝힌 자료는 총 406종으로 최초의 예상 분량은 이 점에 의거 했다.(이희재,「재불 한국 고서의 현황과 발전방향」, 앞의 책, 39쪽)

이 중요한 역할을 담당했다.[31] 하지만 그는 유럽의 소장처들과 함께, 도쿄의 서점, 증상사(增上寺), 우에노(上野) 도서관에서 추가적인 한국 도서를 살필 수 있었다. 그는 증상사에 보관했던 유명한 고려 대장경과 같이 중요한 문헌을 살펴봤음을 콜랭 드 플랑시에게 전했다.(1894.3.23, 도쿄)[32] 또한 쿠랑은 『한국서지』 인쇄 작업과 함께 도쿄에서 전념했던 일본어 학습(1894.3.23, 도쿄)으로 인해, 그는 동양에 관해 더 많은 공부를 할 수 있었음을 술회한 바 있다.(1897.2.5, 파리) 나아가 일본에는 프랑스 파리와 마찬가지로, 쿠랑이 한국학 논문을 제출할 수 있는 중요한 학술적 기반이 존재했다. 쿠랑은 일본에 오기 전 베이징에서 도쿄의 콜랭 드 플랑시로부터 『르뷔 뒤 자퐁(Revue du Japon)』 2호를 받고, 그에 대한 감사를 표했다. 또한, 한국의 화폐제도와 관련된 논문 집필을 의뢰 받았다.(1892.6.1, 베이징) 이 잡지는 호세이대학(法政大學)의 전신인 와후쓰법률학교(和佛法律學校)의 기관지로 1892년 1월부터 1897년 12월까지 발간되었다. 물론 쿠랑은 한국의 화폐제도에 관한 논문을 이 잡지가 아닌 『동방학지(Journal Asiatique)』에 발표했다.[33] 하지만 1895년 1월부터 1896년 5월까지 한국의 고대부터 고려왕조의 성립까지 역사를 개괄한 긴 논문을 게재한 바 있다.[34] 이 시기 쿠랑은 화폐제도, 한·중·일 삼국의 관계와 같은 특정

---

31 쿠랑은 한국에서 출판된 도서 속 서목 정보를 함께 활용했다. 즉, 『六典條例』와 같은 법령집, 『文獻備考』, 『大東韻玉』, 『東京雜記』 등의 역사지리서, 『奎章藏書彙編』과 같은 왕실도서관의 장서목록 등에서 보이는 서적 목록을 『한국서지』에 포괄했다.(모리스 쿠랑, 이희재 역, 「서론」, 앞의 책, 5~6쪽)

32 위의 책, 5쪽, 645~647쪽.

33 모리스 쿠랑, 파스칼 그러트·조은미 역, 「한반도에서 사용된 화폐에 관한 역사적 소고」, 앞의 책("Note historique sur les diverses espèces de monnaie qui ont été usitées en Corée", *Journal Asiatique* 9(2), 1893)

34 모리스 쿠랑, 파스칼 그러트·조은미 역, 「한반도 역사의 주요 시대」, 앞의 책("Principales périodes de l'histoire de la Corée", *Revue française du Japon* 1~17, 1895.1~1896.5; 이 논문에 관한

주제에 관해 한국 측 문헌 자료에 따라 그 기원 및 형성사를 구성할 수 있는 전문가가 되었다. 애초에 한국의 고전 세계를 서구식 9분법의 분류체계에 의거하여 목록화한『한국서지』의 집필은 그 반대의 방향 즉, 한국의 문헌들을 통해 서구식 근대 학문분과 개별영역에 부합한 지식을 구성할 수 있음을 의미했다.

한국의 화폐제도와 관련해서 콜랭 드 플랑시가 논문 집필을 의뢰했던 모습, 청일전쟁으로 한반도가 주목받자 그 저간을 살피기 위해 과거한·중·일 삼국의 관계를 논하는 모습에서 볼 수 있듯이, 쿠랑의 논문은 기본적으로 외교관의 입장이 깊이 개입되어 있다. 따라서 그의 논문은 실용성과 정론적인 성격 그 자체가 배제될 수는 없었다. 하지만 동시에 학계에서 논의되던 연구 동향과 궤를 같이하는 것이기도 했다. 일례로, 쿠랑은 1895년 12월에 한국의 서기체계를 연구한 논저를 발표했다.[35] 이 논문이 수록된 학술지(『일본아시아학회지(Transaction of the Asiatic Society of Japan)』)는 그가『한국서지』를 쓸 때 참조했던 중요한 한국학 논저들의 출처이기도 했다. 이 학술지는 일본에 거주했던 영미권 선교사, 외교관, 사업가 등 '일본적인 것'에 학술적 관심이 있는 교양 있는 비전문가들을 대상으로 1874년부터 지속해서 출간된 잡지였다. 특히 이 잡지에 수록된 일본주재 영국 외교관 애스턴(W. G. Aston), 사토우(E. M. Satow) 등의 논저들은『한국서지』집필에도 도움을 준 글들로, 「서론」의 참고 문헌 목록에도 잘 정리되어 있다.[36]

상세한 분석은 이영미, 앞의 글, 10~17쪽을 참조.

35 모리스 쿠랑, 파스칼 그러트·조은미 역, 「한국의 여러 문자 체계에 관한 소고」, 앞의 책 ("Note sur les différents systèmes d'écriture employés en Corée", *Transaction of the Asiatic Society of Japan* 23, 1895.12)

이와 관련하여 1892년 6월 1일 베이징에서 보낸 쿠랑의 서한에서 두 가지 사실을 주목할 필요가 있다. 첫째, 쿠랑은 아직 「서론」을 집필하지 않았고 이 외국인의 한국학 논저들을 보유하지 못했다는 점이다. 둘째, 이러한 외국인 논저를 참고 문헌 목록으로 정리할 것을 제안한 인물이 콜랭 드 플랑시였다는 점이다. '서울(한국) → 베이징(중국) → 도쿄(일본)'라는 이 극동순례 속에서 일본은 한국 도서를 접촉할 수 있는 공간일 뿐만 아니라, 재외의 동양학 학술네트워크 속에서 출현하는 새로운 한국학 논저를 접촉할 수 있는 공간이었다. 쿠랑은 자신을 개별 서적의 세부적인 사항과 문건을 담당할 인물일 뿐 한국 도서와 관련된 총괄적인 시론을 쓰기에 부족한 인물이라고 콜랭 드 플랑시에게 말했다. 물론 이는 콜랭 드 플랑시와 공동저술을 펴내고 싶은 그의 소망이자 자신에 대한 겸양의 표현일 수도 있지만, 쿠랑이 「서론」을 작성하는 과정에 분명히 보완된 사항이기도 했다.

이처럼 콜랭 드 플랑시가 제안했고 쿠랑이 「서론」에 수록한 참고 문헌 목록이 지닌 의미는 당시로서는 결코 작은 것이 아니었다. 미국의 외교관 알렌(H. N. Allen)은 1880~1900년 사이 출판된 서구인 한국학 저술 중에서 중요한 논저목록을 제시한 바 있다.[37] 그는 이 저술에서 한국과 관련된 더욱 소상한 참고 문헌 목록을 원하는 독자는 그리피스와 쿠랑의 저술을 참고하라고 언급했다.[38] 「서론」에 첨부된 한국 및 동양

---

36 모리스 쿠랑, 이희재 역, 앞의 책, 75~80쪽. W. G. Aston, "On Corean popular literature", *Transactions of the Asiatic Society of Japan* 18, 1890; E. Satow, "On the Early History of Printing in Japan", *Transactions of the Asiatic Society of Japan* 10(1), 1882; "Further Notes on Movable Type in Korea & Early Japanese Books", *Transactions of the Asiatic Society of Japan* 10(2), 1882 등을 들 수 있다.

37 H. N. Allen, "Some Recent Books Published on or about Korea", *A Chronological Index*, Seoul : N.n. 1901, pp.60~61.

학 논저목록은 1900년까지도 여전히 유효한 대표적인 한국 관련 논저 목록이었던 셈이다. 또한 그리피스(1882)와 쿠랑의 업적(1894) 사이에는 큰 변별점이 존재한다. 쿠랑의 경우 중국/일본 측 자료가 아니라, 어디까지나 한국 문헌에 기반을 둔 한국학 저술이었기 때문이다.[39] 그리피스는 참조하지 못했지만, 쿠랑이 참조한 한국학 논저의 저자들 즉, 알렌, 애스턴, 스콧과 같은 주한외교관, 한성 일어학당의 일본어 교사였던 오카쿠라 요시사부로(岡倉由三郎, 1868~1936)와 같은 인물들은 한국의 문호개방과 함께 실제 한국과 한국의 출판문화를 직접 접촉했던 인물들이었다. 그들은 19세기 말 한국의 출판 · 유통문화에 관한 증언을 남겼으며, 한국 문헌에 따른 한국 문학론을 제출했거나 한국문학작품을 번역했다. 또한, 애스턴이 주장한 '한일 양국어의 동계설'처럼 일본과의 비교검토 속에 한국(어 · 민족)의 정체성을 파악하고자 한 모습, '언어'에서 '문학'으로 연구를 확대하던 지향점과 같은 공통적인 모습을 보여준다.[40] 쿠랑에게 이처럼 『한국서지』의 인쇄작업이 진행되던 공간, 일본이라는 재외공간은 해외한국학의 학술장이 형성된 장소였으며, 그는 여기서 그 당시 출현하던 한국학 논저를 접촉할 수 있었던 것이다. 즉, 이 시기 쿠랑의 『한국서지』집필 및 출간과정은 한편으로는 한국도서 그 자체에 관한 연구이면서, 동시에 일본에서 나온 가장 최신의 한국학 논의를 검토하는 과정이었던 셈이다. 이러한 기반을 통해 그는 한

---

38 W. E. Griffis, *Corea, the Hermit Nation*, London : W. H. Allen, 1882, pp.x~xⅶ..

39 이 점에 대해서는 이영미, 「朝-美 修交 이전 서양인들의 한국 역사서술」, 『한국사연구』148, 한국사연구회, 2010을 참조

40 이 점에 대해서는 이상현 · 김채현 · 윤설희, 「오카쿠라 요시사부로 한국문학론의 근대학술사적 함의」, 『일본문화연구』50, 동아시아일본학회, 2014를 참조

국학 전문가로 성장할 수 있었던 것이다. 또한, 일본은 한국에 관한 정황과 정보를 가까이서 바로 살필 수 있는 장소이기도 했다.

3) 한국문명의 가능성과 한국의 외교적 현실

쿠랑이 발견한 한국 문명의 정수(精髓)와 그 속에 내재된 가능성은 『한국서지』「서론」(1894)의 결론 부분에서 다음과 같이 잘 드러난다.

> 한국 정신의 명석함은 아름다운 도서 인쇄에서, 현존하는 가장 단순한 자모(字母)의 완성도에서, 그리고 세계 최초의 인쇄활자 구상에서 드러나는데, 나는 굳이 여기서 중국으로부터 받아들인 갖가지 지식과 기술을 발전시켜 일본으로 전수시킨 점을 말하진 않겠다. 극동 문화에 있어 한국의 역할은 엄청난 것이어서, 만일 그 입지가 유럽과 흡사한 것이었다면 한국의 사상과 발명은 인접 국가들을 모두 흔들어 놓았을 것이다.[41]

서구적(=근대적) 시선과 입장에서 보아도 한국은 발달된 인쇄술, 한글, 금속활자, 한문고전세계와 같은 찬란한 자신만의 문명을 보유하고 있었다. 하지만 그가 실제 체험했던 한국, 『한국서지』 집필과정 중에서 이는 하나의 가정법이자 가능성일 뿐이었다.[42] 쿠랑이 보기에, 한국 문

---

41 모리스 쿠랑, 이희재 역, 앞의 책, 73~74쪽.
42 「서론」에서의 중심논지를 보면 한국은 중국문화[유교]에 종속된 국가이며, '국어(=모어, 일상어)'로 쓴 시·소설, 요컨대 '근대 국민[민족]문학'이라는 관점에 부응하는 한국문학이 부재한 장소였다. 이에 대한 상세한 검토는 이상현·이은령, 앞의 글, 47~55쪽을 참조; 쿠랑의 「서론」

명이 지녔던 가능성은 당시로서는 온전히 구현될 수 없었다. 이어지는 「서론」 속 진술, 그의 한국에 관한 마지막 논평을 보면 이 점을 잘 알 수 있다. 그가 보기에, '소중화＝동양의 희랍'이라는 민족적 자만감과 국가관으로 인한 폐쇄성, 과거 중국 고전에 관한 숭상으로 인한 문화적 정체상황, 중국과 일본 사이에 끼여 가난하고 교통이 어려운 환경 등으로 말미암아, 한국 문명은 국경을 넘어 또 다른 세계를 향해 결코 전파되지 못했다. 오히려 "비좁은 왕조에서 생겨난 고도의 사상은 불화의 씨로 바뀌어" 여러 당파로 분열되어 사회적 발전을 중지시키고 현재의 한국에까지 이어졌다. 한국(인)의 "재능은 이렇게 그들 자신을 거역했으며, 운명의 냉혹함에 구속되어 그들의 장점과 재능을 발휘할 수가 없었다"고 쿠랑은 냉정하게 진단했다.[43]

하지만 「서론」의 결론 부분에서 드러난 쿠랑의 이러한 평가에는 당시 한국이 처한 외교사적인 현실이 더 강하게 개입되어 있었다. 『한국서지』에는 동학 농민 전쟁에서 청일전쟁에 이르는 한국의 정황을 한국의 바깥에서 본 쿠랑의 시각이 분명히 투영되어 있으며, 이는 과거 콜랭 드 플랑시의 눈에 비친 한국이 처한 외교정세 및 현실에 조응되는 것이기도 했다.[44] 1894년 7월 10일 도쿄에서 보낸 쿠랑의 서한을 보

에서 제시된 "한국문헌에 대한 지금까지의 긴 고찰은, 우리에게 그것이 독창적이지 못하고, 언제나 중국정신에 젖어 있으며, 흔히 단순한 모방에 그친다는 점들을" 보여주며 "중국 문학과 역시 외부로부터 빌어 왔으나 독창적인 일본 문학보다는 뒤떨어진 것이지만, 조선 문학은 몽고나 만주, 그리고 그 외의 중국을 본뜬 국가들이 내놓은 것보다는 훨씬 우수하다"라는 결론은 이러한 모습을 집약적으로 잘 보여준다.(위의 책, 74쪽)

43 위의 책, 71~74쪽. 물론 동아시아 한자 문명권에서 한국 고전 세계가 지닌 위상과 특징은 '일국중심주의적 시각' 즉, '근대 국민국가를 기반으로 한 문화연구'라는 관점으로는 온당히 평가될 수 없는 성격을 지닌 것이기도 했다.

44 이에 대해서는 현광호, 「청일전쟁 이전 시기 프랑스 외교관 콜랭 드 플랑시의 조・청관계 인식」, 『대구사학』 99, 대구사학회, 2010를 참조

면, 일본주재 프랑스공사관은 어지러운 상황이었다. 대통령의 죽음, 한국에서 일어나는 일련의 사건들, 새로운 공사의 도착과 같은 상황들이 복잡하게 얽혀 있었기 때문이다. 그렇지만 도쿄에서 근무했던 쿠랑은 콜랭 드 플랑시보다 한국에 관해 한층 더 현장감이 있는 정보를 입수할 수 있었다. 일본의 언론을 통해 한국소식을 접할 수 있는 콜랭 드 플랑시와 달리, 쿠랑에게는 뮈텔 신부라는 훌륭한 한국 내 조력자가 존재했기 때문이다. 물론 당시 한국은 동학농민전쟁, 청국과 일본군의 한국주둔과 같은 긴박한 상황을 대면하고 있었다. 따라서 프랑스 외무부 측에서도 암호화된 전보를 보내 이에 대한 신속한 답변을 요구할 정도로 위기감이 고조되어가고 있었다.[45] 하지만 당시 주한프랑스공사 프랑댕역시 이러한 정황 속에 자문을 요청했던 인물이 바로 뮈텔 주교였다. 또한 쿠랑이 콜랭 드 플랑시에게 서한을 보낸 7월은, 청군 파병과 농번기로 말미암아 정부와 농민군 사이에 휴전이 성립된 시기였다. 즉, 뮈텔의 서한을 통해 쿠랑이 언급했듯이 전주를 제외한 지방과 서울은 지극히 평온한 공간이었다. 그렇지만 쿠랑이 느낀 불안감대로, 콜랭 드 플랑시에게 전해졌던 과장된 일본 언론과 부합되게, 한국 내 사정은 부정적인 상황으로 흘러갔다. 이러한 한국 내의 사정은 상술했던 쿠랑의「서론」의 결론에 투영된 셈이다.

쿠랑의 개인적 사정도 마찬가지였다. 1895년 6월 1일『한국서지』2권의 출판과 함께 일본을 떠나 텐진으로 향한 쿠랑은 6개월 동안 그의

---

45 『프랑스외무부문서』6, 2006에 수록된 일련의 정치공문(「(65) 삼남 지방 등의 소요로 인한 선교사들의 안전문제」(1894.5.15), 「(67) 남부 지방 소요의 발생원인과 경과」(1894.5.25)」, 「(69) 남부 지방 소요의 발생 원인과 경과」(1894.6.6), 「(72) 소요종료와 일본군의 도착」(1894.6.8) 등)을 참조

소식을 콜랭 드 플랑시에게 전할 수 없었다. 텐진에서 보낸 편지에서는 정식 외교관의 신분이 아니었던 그의 지친 심정과 그가 겪은 고난이 여실히 드러난다. 일본에서 정식통역관직 임용이 좌절되어 고정된 직위를 가질 수 없게 된 상황, 계속해서 떠돌아다니는 생활, 이러한 직장생활로 인하여 도쿄에서 출생한 두 아들이 병든 상황, 비좁고 습한 가족의 주거지와 같은 이야기들이 그것이다. 이러한 처지에서 그가 콜랭 드 플랑시에게 행복하게 전할 수 있는 이야기는 서울에서와 마찬가지로 『한국서지』의 출판 및 인쇄 소식이었다. 중국 텐진에서 외교관으로서 삶에 지쳐가던 그의 소망은 콜랭 드 플랑시가 극동으로 귀환하는 것이었다.(1895.8.2, 텐진) 그의 소망대로 콜랭 드 플랑시는 1896년 4월경 서울로 복귀했다.[46] 그렇지만 쿠랑은 두 아들이 모두 콜레라로 사망한 비극적인 사건을 겪은 후, 텐진에서의 정식 통역관 발령에도 불구하고 전문적인 학자의 길을 선택하고 1896년경부터 파리에 정착하게 된다.[47] 콜랭 드 플랑시와 쿠랑의 행보는 각각 극동의 외교관, 유럽의 동양학자란 다른 길 위에 놓이게 된 것이다.

4) 『한국서지』의 완간과 한국학 연구를 향한 염원

1897년은 쿠랑에게 있어 의미 있는 한 해였다. 『한국서지』 1~3권을

---

46 콜랭 드 플랑시, 「(68) 신임 프랑스 대표 콜랭 드 플랑시의 도착과 국왕 알현」(1896.5.6., 서울), 『프랑스외무부문서』7, 국사편찬위원회, 158~160쪽.
47 다니엘 부셰, 전수연 역, 앞의 글, 171~172쪽.

완간했으며, 콜랭 드 플랑시의 한국복귀와 더불어 대한제국의 출현(1897)이라는 역사적 사건이 있었기 때문이다. 이 시기는 프랑스 대한외교의 절정기가 시작되던 때였다. 콜랭 드 플랑시는 처음 한국에 부임했던 시기부터 프랑스 외교가 한반도에서 열강 간 각축과정 속에서 상당한 한계가 있음을 알고 있었다. 이에 따라 탄력적으로 또한 시의적절하게 대처했다. 비록 성사시키지는 못했지만 한국에서 프랑스의 위상을 높이기 위해 상하이의 프랑스 은행을 통해 한국에 차관도입을 시도한 점은 그의 노력을 잘 보여준다. 1896년 서울에 다시 부임한 이후, 콜랭 드 플랑시의 노력은 러시아와의 관계를 잘 조율하여 경의선철도부설권을 얻는 성과로 드러나게 된다. 또한 그는 한국정부가 다방면의 분야에서 외국인을 고용하는 모습을 주목하여, 프랑스인 관리, 건축기사, 프랑스어학교장 초빙에 성공하게 된다. 이와 관련하여 외국고문 자격으로 쿠랑을 초빙하는 모습이 쿠랑의 서한에 보인다. 1897년 2월 5일에서 1897년 9월 20일 사이 프랑스에서 보낸 쿠랑의 서한 3종(1897.2.5; 4.9; 9.20)에는, 한국의 재방문과 한국학 연구에 관한 희망으로 가득 차 있다. 이 일련의 서한은 1895년 12월에 콜랭 드 플랑시가 쿠랑에 보낸 서한에 대한 답장이었다. 1896년 민종묵(閔種默, 1835~1916)은 콜랭 드 플랑시를 두 번이나 방문했다. 그는 쿠랑이 외국고문의 자격으로 학부에서 일할 수 있게 프랑스 정부에 요청했다. 쿠랑이 부여받게 될 임무는 교육제도 개편에 대한 자문과 젊은 관리의 양성이었다.[48] 이 사안과 관련된 3종의 서한에는 쿠랑이 소망했던 한국학을 위한 꿈이 오롯이 새겨져 있다. 이는 1897년 이후 왕

---

48 위의 글, 168쪽.

성하게 집필된 쿠랑 한국학 논저가 출현한 맥락이 무엇이었는지를 구체적으로 암시해준다.

쿠랑은 파리국립도서관에서 중국한적의 서목작업과 관련된 계약이 이뤄진 상황이었으며, 파리의 체류기간을 잘 활용하여 여러 유형의 학술논문과 저작물을 간행하고 동양 세계를 알리고자 하였다. 또한 파리동양어학교 일본어학과 교수직 임용을 목표로 하여 일본어 문법책을 비롯한 몇가지 논문작업을 준비하고 있었다. 콜랭 드 플랑시가 제안한 쿠랑의 한국행은 이렇듯 파리에서 그가 추진하고 있었던 일련의 작업과 계획에 대한 포기를 전제로 가능한 것이었다. 쿠랑은 이에 대한 제한적인 요구조건을 물론 제시했다. 그렇지만 그의 서한을 읽어보면, 이미 그의 마음은 한국을 향하고 있었다.(1897.2.5, 파리) 첫째, 그는 서울에서 자신의 직책을 위해 콜랭 드 플랑시에게 『한국서지』 한 부를 붙이기로 약속했다. 둘째, 파리로 귀국했던 르페브르에게 들었던 새로운 양식의 문건 2~3개를 자신에게 보내주길 콜랭 드 플랑시에게 부탁했다. 이 문건은 구체적으로 무엇이었을까? 쿠랑의 서한에는 "외무부 공문들이 지금 언문으로 작성된 건과 섞여 있다"고 적혀 있기에, 이를 분명하게 말할 수는 없다. 그렇지만 '저는 그야말로 조선어 공부를 조금씩 하고 있는데 일본어가 많은 도움을 줍니다.'는 그의 언급을 통해서 이를 미루어 짐작할 수 있다. 또한, 쿠랑의 지적대로 "단지 시작에 불과한 것"이지만, 『한국서지−보유판』(1901)에서 거론되는 서적들, 예컨대 "학무아문(學務衙門)이 출판한 교과서. 관보(官報).『한성순보』·『독립신문』·『매일신문』·『황성신문』 등의 신문들. 1897년 이봉운(李鳳雲)이 지은 한국 최초의 근대문법 연구서로 평가받는『국문정리(國文正理)』와 같은 한국인의 저술들"을 통해 쿠랑이 말한 바를 유추할 수 있다.

쿠랑은 이들 서적 속에서 새로운 한글사용의 모습을 주목하며 한국을 재인식하게 되는 모습을 보여주기 때문이다. 즉, 그것은 당시 한국에 등장하기 시작하는 국·한문혼용문체의 문건들을 지칭한 것이었다.[49] 셋째, 콜랭 드 플랑시가 구입한 책들에 흥미를 느끼며, 그 중 한 권을 구체적으로 언급했다. 뛰어난 한국학전문가 쿠랑은 가장 중요한 책을 선별할 수 있었다. 그것은 콜랭 드 플랑시가 수집한 서적 중 가장 큰 가치를 지닌 서적이었다. 이 책은 현존하는 최고의 금속활자 인쇄물, 1377년 주조활자로 인쇄된 「자운화상초록불조직지심체요절(自雲和尙抄錄佛祖直指心體要節)」 제2권이었기 때문이다.(1897.2.5, 파리)

쿠랑은 예정대로 붉은 색 비단으로 제본한 『한국서지』 3권을 콜랭 드 플랑시에게, 『한국서지』 1~3권을 한국정부를 위해 발송할 것임을 알렸다. 또한 자신의 요구사항을 담은 공식적 공문을 전했으며 이제 모든 것이 한국 사람들에게 달려 있음을 말했다. 쿠랑은 자신의 한국행이 부인과 자신의 아이, 노모와 같은 가정적인 입장을 포기한 희생이며 한국인에 대한 자신의 호감으로 인한 것임을 한국인들이 알아주기를 희망했다. 또한 콜랭 드 플랑시가 서울에 있다는 것과 그의 후원 자체가 프랑스에서 포기하는 것의 포상이 될 것임을 밝혔다. 그리고 고고학, 언어학과 같은 연구를 위해 한국체류를 적극 활용할 것이라고 말했다.(1897.4.9, 파리) 쿠랑이 한국행의 희망을 간직한 프랑스에서 보낸 마지막 편지(1897.9.20)에는 그가 집필한 한국학 논저를 포함한 동양학 논저의 내용, 집필 예정인 논문주제로 가득 차 있었다. 그가 제안한 요구 사항을 한국정부 측에서

---

49   모리스 쿠랑, 이희재 역, 앞의 책, 767쪽.

수용했기 때문이었다. 서한에 제시된 한국학과 관련된 대표적인 저술들을 정리해보면, 그는 이미 두 편의 논문을 집필하여 학술지에 투고했으며, 인쇄를 기다리는 중이었다. 이 중 한 편의 논문은 쿠랑이 한국 및 일본에 관한 연구사 검토를 수행한 글이었다. 이 논문은 학술대회에서 발표된 것이기도 했는데, 쿠랑은 이 동양학자들의 학술회의에 참석해서 몇몇 외국인 동양학자들과 관계를 맺어 정보교환이 가능하게 된 점을 큰 수확이라고 말했다.[50] 또한 기메 박물관에서 고대 한국과 일본의 관계를 조명한 강연물[51] 이외에도 일본어, 류큐어, 한국어의 동사를 검토할 연구 계획을 제시했다. 파리에서 본래 예정되어 있던 일정을 진행하며, 그는 한국에서의 소식을 고대하고 있었다. 그는 콜랭 드 플랑시의 호의를 거듭 감사했고, 그를 향한 호의와 그 영향의 징표가 콜랭 드 플랑시와 공동 저술이 되길 소망했던 『한국서지』임을 상기시켰다. 이러한 그의 심정은 한국에 대해서도 마찬가지였다. 한국은 늘 그가 돌아가길 그리는 곳이자, 동시에 그가 염원하던 저술의 완성을 이룰 수 있는 공간이었다. 그렇지만 국왕의 인가를 받았음에도 불구하고 당시 러시아 공사 베베르(Karl Ivanovich Veber)의 반대로 말미암아 이 기획은 결국 실행되지 못했다.[52]

한국행이 좌절되었지만, 콜랭 드 플랑시와 쿠랑의 관계는 결코 끊어지지 않았다. 1898년 초에 콜랭 드 플랑시는 쿠랑에게 새로운 작업을 요청

---

50 모리스 쿠랑, 파스칼 그러트・조은미 역, 「중국 소재 고구려비」, 앞의 책("Stèle chinoise du royaume de Ko kou rye", *Journal Asiatique*, 1898)과 모리스 쿠랑, 파스칼 그러트・조은미 역, 「한국 및 일본 연구에 관한 고찰」, 앞의 책("Note sur les études coréennes et japonaises", *Extrait des actes du congré des orientalistes*, 1899)이다. 여기서 후자가 학술회의에서 발표된 논고이다.

51 모리스 쿠랑, 파스칼 그러트・조은미 역, 「9세기까지의 한일 관계와 일본 문명의 탄생에 한반도가 끼친 영향」("La Corée IXe siècle, ses rapports avec le Japon et son influence sur les origines de la civilisation japonaise"『通報』, 1898)

52 다니엘 부세, 전수연 역, 앞의 글, 168쪽.

했다. 1900년 파리에서 개최될 만국박람회를 대비하여 한국에 대한 지리, 역사, 행정, 사회, 지질, 식물 전체를 총망라한 "완벽한 보고서"를 작성해 볼 것을 제안했다. 쿠랑은 저술에 필요한 지원금과 집필시간을 이유로 이 제안을 거절했다. 그럼에도 쿠랑은 서한의 마지막 대목에서 프랑스 측 언론에서 보이는 한국의 철도에 관한 관심을 이야기했다. 그렇지만 그는 이 관심이 터무니없는 흥분인지 아니면 유익한 일인지를 가늠할 수 없었다. 이처럼 멀리서 한국을 바라보는 것은 그에게 큰 괴로움이었으며, 이는 극동으로의 복귀를 바라는 이유였다.(1898.6.26) 프랑스 파리에서 보낸 쿠랑의 마지막 서한(1899.12.18)은 동양어학교 중국학과 교수임용실패 소식을 전하는 것이다. 사실 쿠랑은 망연자실한 상태였다. 그는 파리만국박람회에서 그리운 벗 콜랭 드 플랑시를 만나보기를 고대했다. 그리고 그는 콜랭 드 플랑시에게 다음과 같이 자신의 심정을 전했다.

가끔 저도 모르게 조선에서 공사님 가까이에서 보내던 때를 생각하고 있음에 깜짝 놀랍니다. 무척이나 짧았지만, 저에게는 너무도 충만했고, 저의 존재에 그토록 많은 흔적을 남긴 기간이었습니다. 외진 사무국에 있던 저는 아주 잘 지냈었지요 — 그렇지만 아직 과거 속에서 사는 것으로 만족할 정도로 제가 그렇게 나이 든 것은 아니겠지요?(1899.12.18)

물론 그는 이 추억의 장소 한국, 서울의 땅을 1919년까지 다시는 밟을 수 없었으며 한국학의 선구지로서 그가 개척한 영역들을 자신의 새로운 한국학 저술로 꽃피우지도 못했다. 즉, 그가 술회했던 자신에게 "충만했"고 자신의 존재에 "그토록 많은 흔적을 남긴" 이 시간은 다시 돌아올 수 없는 것이었다. 요컨대 이 추억의 산물이자 기록이라고 말할 수 있는 젊은 한국학 전문가이자 동양학자의 열정적 산물, 『한국서지』와 같은 거질의 한국학 저술을 그는 다시는 펴낼 수 없었다. 또한 그는 과거 속에 정착하고 만족하기에는 너무나 젊은 나이였다. 따라서 이후 그의 행보는 한국학자라기보다는 '중국학자'이자 '일본학자'에 더더욱 근접한 모습이었다. 그렇지만 이렇듯 향후 펼치지 못한 한국학의 기획과 좌절 그 자체는 우리와 분리되지 않은 당시 한국(학)이 놓여 있던 분명한 역사적 현실이었음을 직시해야 한다. 즉, 이는 외국인 한국학자 혹은 해외한국학자만의 미완의 기획이 아니라, 대한제국의 출범과 함께 피어나려했던 '한국(학)의 운명'이었던 사실을 기억해야 하는 것이다.

4. 미완의 한국학 기획과 '유럽 동양학자'의 초상
─ 프랑스 리옹에서 보낸 편지[1902.7.14~1921.4.24]

1) 자료개괄

1902년에서 1921년 사이 12종의 서한은 거의 19년에 이르는 오랜 시간 동안 쿠랑이 콜랭 드 플랑시에게 보낸 것이다. 그럼에도 불구하고 발송처는 모두 프랑스 리옹 북서쪽에 있는 에퀼리(Écully)이다. 즉, 서한을 보낸 장소는 그가 재직하여 정착하게 될 프랑스의 리옹대학교였던 것이다. 리옹대 중국어 강좌개설은 리옹 상공회의소가 이미 오래전부터 추진한 기획으로, 중국과 프랑스 사이 교역 속에서 발생한 필요성 때문에 진행된 것이었다. 이는 중국뿐만 아니라 프랑스 신식민지를 대상으로 한 인재양성을 위한 광범위한 기획의 일환이었다. 쿠랑은 1900년 리옹대 문과대 강사로 중국학 강좌를 담당했고, 국가박사학위논문을 발표한 이후 1913년 중국어과 정교수로 임명되었다.[53] 쿠랑이 그토록 바라던 안정을 얻었으며 긴 시기에 걸친 서한들임에도, 과거 그의 열정적인 한국학 논문 집필의 모습은 보이지 않는다. 그 이유는 그가 맡은 직분상의 문제와 오른손이 불구가 된 사고, 프랑스와 한국의 국교단절과 대한제국의 멸망이란 역사적 사건이 긴밀히 관련된다. 그렇지만 이 시기 그의 서한문을 통해 한국학 연구를 염원했지만 이를 이루지 못했던 '유럽 동양학자'의 초상을 만날 수 있다. 각 서한의 내용을 정리해보면 〈표 3〉과 같다.

이 시기 쿠랑의 서한은 서한마다 더 큰 시간적 간격이 존재하며 비교적 짧은 분량이다. 이 시간적 공백에 따라 구분해보면, 크게 세 시기로 나누어볼 수 있다. 첫째, 1902~1903년 콜랭 드 플랑시가 한국에 부임했던 시기에 보낸 서한 3종이다. 쿠랑은 한국학 논저들을 주목하며, 여전히 한국학 연구와 논저 집필을 꿈꾸고 있었다. 사실 이는 그의 서한문이 보여주는 마지막 한국학 연구에 대한 꿈이자 염원이었다. 둘째, 경술국치(1910) 이전이라고 볼 수 있는 1909년에 쿠랑이 보낸 서한 4종인데,

---

53 다니엘 부세, 전수연 역, 앞의 글, 180~192쪽.

〈표 3〉

연번	연월일(수록면수)	장소	내용개관

1	1902.7.14
	(pp.183~184)
		프랑스
		에퀼리(론)
			• 프랑스에서 들은 한국소식 : 한국의 서울–개성 간 철도기공식(1902.5.8) 소식
			• 서구인 한국학 논저에 관해 언급
			  – 러시아대장성 『한국지(*Onucanie Kopeu*)』를 입수했음을 알림.
			  – *The Korea Review*를 보내줄 것을 요청.
			  – 왕립아시아학회 한국지부 학술지를 파리에서 확인할 계획을 알림.
			• 『한국서지(보유판)』(1901) 수령 여부를 문의
			• 쿠랑의 근황
			  – 파리국립도서관 중국서목 1~3권 출판완료.
			  – 리옹대학교 중국학 강좌종강.
			• 콜랭 드 플랑시에게 하노이 전시회 참가여부를 문의

2	1903.3.1
	(pp.185~186)
		프랑스
		에퀼리(론)
			• 콜랭 드 플랑시의 방콕 파견소식을 들었고, 이에 대한 자신의 소견을 전함
			• 한국학 논저에 관한 언급
			  – *The Korea Review*를 보내준 것에 감사를 표시.
			  – 『법규유편(法規類編)』 3책을 추가로 구입할 것임을 밝힘.
			• 쿠랑의 근황
			  – 하노이 전시회를 강의 사정으로 방문하지 못함을 전함.
			  – 리옹에서 중국어과 강의 현황을 알림.

3	1903.7.17
	(pp.187~188)
		프랑스
		에퀼리(론)
			• 콜랭 드 플랑시에게 프랑스에서 알게 된 한국의 정치사항을 이야기함.
			• 쿠랑의 근황
			  – 중국에 1년 정도 체류하는 임무제안이 들어왔으나 무제한 연기됨.
			  – 한국관련 연구 자료를 수집하고 있고, 새로운 한국학 논저를 쓸 것을 전함.

4	1909.2.4 (pp.189~190)	프랑스 에퀼리 [상슬리에 3번길]	• 콜랭 드 플랑시가 쿠랑이 레지옹 도뇌르 훈장을 받도록 추천한 일에 감사를 표시 • 쿠랑의 이력과 저술목록
5	1909.4.20 (p.191)	프랑스 에퀼리 [상슬리에 3번길]	• 쿠랑이 콜랭 드 플랑시에게 조대비에 관한 글을 쓸 자신의 지침을 전함.
6	1909.12.28 (pp.192~193)	프랑스 에퀼리 [상슬리에 3번길]	• 여행책자(『마드롤 가이드』) 소재 한국관련 서술 부분을 위한 참조서적 제공을 감사하고, 수정 보완 계획을 전함. • 콜랭 드 플랑시에게 한 해의 감사인사를 전함.
7	1909.12.29	프랑스 에퀼리	• 쿠랑의 근황 : 상공회의소의 인물들을 만났음을 알림.

	(p.194)	[샹슬리에 3번길]	
8	1918.4.27 (pp.195~196)	프랑스 에뀔리	• 쿠랑의 근황 - 건강이 회복되었음을 알림. - 두세 신부의 임종소식과 뮈텔 주교의 편지 내용을 알림. - 일본의 정치상황과 경제번영에 주목하고 있음을 말하고, 현재 프랑스의 일본인식이 너무 무지한 사실을 비판.
9	1919.1.7 (pp.197~198)	프랑스 에뀔리 [샹슬리에 3번길]	• 쿠랑의 근황 : 국가, 가정, 업무 등 근심거리가 많았고, 일본의 변모를 다루는 보충수업을 담당했음을 알림.
10	1920.2.4 (p.199)	프랑스 에뀔리 [그랑보 길]	• 콜랭 드 플랑시의 1월 7일 자 엽서에 관한 답신 • 쿠랑의 근황 : 일본 관련 보고서 및 회담, 기사 작성으로 분주한 상황임을 알림.
11	1921.1.5 (p.200)	프랑스 리옹 문과대학	• 쿠랑의 근황 : 가정과 강의, 과제로 바쁜 한 해를 보냈음을 알림.
12	1921.4.24 (pp.201~202)	프랑스 에뀔리 [샹슬리에 3번길]	• 쿠랑의 근황 - 가정의 근황 : 부인과의 별거, 자녀 양육의 실패를 알림. - 리옹대학교 강의와 중국 연구소의 설립 문제로 바쁜 정황을 알림.
*	무 [1898년경 으로 추정] (pp.203~204)	무 [프랑스 파리로 추정]	• 쿠랑이 구상한 한국학 단행본 기획서

이 서한 속에서 한국은 적어도 주요한 화제였다. 즉, 리옹 상공회의소와 관련된 서한 한 편(1909.12.29)을 제외한다면, 나머지 3종은 쿠랑-콜랭 드 플랑시 두 사람이 공유했던 한국에 대한 추억과 과거 저술들이 긴밀히 관련되어 있다. 셋째, 세계 1차 대전이 종전된 이후의 서한 5종이다. 그렇지만, 여기서 한국과 관계된 서한은 뮈텔주교로부터 전해 들은 두세(E. C. Doucet, 丁加彌, 1853~1917) 신부의 임종소식을 이야기한 것(1918.4.27)뿐이다. 이후 이 편지와 자신의 별거소식을 전한 서한(1921.4.24, 리옹)을 제외한다면, 1919년을 전후로 한 그의 편지는 주로 새해를 맞아 콜랭 드

플랑시에게 자신의 한해를 결산하고 안부를 전하는 일종의 연하장 (1919.1.7; 1920.2.4; 1921.1.5)이다. 또한, 그가 전하는 공무 내용 역시도 일본과 관련된 강의와 교육부가 추진하는 도쿄의 프랑스대학 건립 문제에 맞춰져 있었다.[54] 요약하자면, 쿠랑의 새로운 한국학 논저 집필을 향한 소망은 을사늑약 이전의 서한을 통해서 발견할 수 있을 뿐이다. 1910년대 이후 쿠랑의 서한에서 한국은 추억의 장소일 뿐이며, 새로운 학술적 연구의 대상은 아니었기 때문이다. 나아가 1919년을 전후로 한 그의 서한을 보면, 한국에 관한 추억 역시 바래져 가는 것처럼 보인다. 그렇지만 그의 서한은 우리에게 성숙한 유럽의 동양학자가 된 쿠랑의 시선과 그가 그린 미완의 한국학 기획에 관해 이야기해준다. 이와 관련하여 1910년(특히 을사늑약) 이전 쿠랑의 서한문 그리고 발송 일자가 없는 쿠랑의 한국학 단행본 기획서를 주목해야 한다.

2) 유럽 동양학자의 초상과 한국

쿠랑 본인이 담당했던 업무로 인해 분주했던 삶은 늘 리옹대학에서 그와 함께했었다. 그렇지만 쿠랑은 애초부터 그러한 삶을 늘 "무척 초라하고 …… 너무나 무거운" 한 해의 결산(1921.1.5)으로 콜랭 드 플랑시에게 고백한 것은 아니었다. 1902~1903년경 쿠랑의 편지는 상대적으로 분주하지 않았던 시기, 2~3월과 7월 콜랭 드 플랑시에게 보낸 것들이다. 이 시기 그의 과업과 일상은 사실상 한국과는 무관했다. 프랑스

---

54 위의 글, 193~194쪽.

에서 그의 근황은 파리국립도서관 중국서목 출판을 위한 막바지 작업과 중국어과 강의(1902.7.14)였다. 1900년부터 쿠랑이 담당한 리옹대 중국어과 강좌는 수강생 인원과 강의의 호응도란 측면에서 지속적으로 성장하고 있었다.(1903.3.1)[55] 1903년 7월 7일부터 1909년 4월 20일 사이 쿠랑의 서한이 보이지 않는 이유는 쉽게 확언할 수는 없다. 다만, 여기에는 콜랭 드 플랑시의 개인적 사정(1903~1904년 사이 휴가 기간, 프랑스와 한국 국교가 단절된 이후 1906년 출국 및 방콕으로의 전속)이 개입되었을 것이라 추론될 뿐이다.[56] 그렇지만 쿠랑의 리옹대학교에서의 노력은 좋은 결실을 보아, 그는 콜랭 드 플랑시에게 상공회의소 담당자들과 만나 얻게 된 좋은 소식을 전할 수 있었다.(1909.12.29) 그 결실은 리옹상공회의소가 리옹대 중국어 교수직 창설을 위한 특별기금을 제공하고, 이를 대학 당국과 교육부가 허가하여 1913년 법령에 따라 중국어 교수직이 정식으로 만들어지고, 이 자리에 쿠랑이 정식으로 임용된 것이다.[57] 그렇지만 이 유럽의 동양학자에게 한국은 여전히 관심의 대상이었다. 아마도 그 이유는 뮈텔과 콜랭 드 플랑시 두 사람의 벗 그리고 동양학자로 자신의 학문을 완성해보고 싶은 그의 소망 때문이었을 것이다. 일례로 쿠랑은 콜랭 드 플랑시를 재차 만날 수 있기를 깊이 고대했다. 콜랭 드 플랑시에게 하노이에서 개최되는 전시회에 참석을 희망을 전했고 그의 방문여부를 물었다.(1902.7.14) 물론 강의 일정으로 참석하지는 못했지만, 쿠랑 역시 방콕으로 전속될 콜랭 드 플랑시와 함께 통킹에서 원난

---

55 쿠랑이 강의했던 내용과 강의의 반향에 대해서는 위의 글, 183~184쪽.
56 『구한국외교문서』 1817번(1903.11.4), 1949번(1904.7.11).
57 다니엘 부셰, 전수연 역, 앞의 글, 191쪽.

(雲南)성까지를 함께 체험하며, 인도차이나를 공부할 기회를 얻고 싶어했다.(1903.3.1)

이러한 콜랭 드 플랑시와의 지속적인 교유 그리고 그의 동양학 연구의 완성을 위해 한국에 관한 관심은 배제될 수 없었던 셈이다. 쿠랑은 그가 한국에서 들은 소식, 1902년 5월 8일 프랑스의 감독 아래 독립관에서 거행된 경의선의 서울-개성 간 철도기공식에 관해 언급했다.(1898.6.26, 파리) 이 기공식은 과거 프랑스영사관에서의 국기게양식과는 비교될 수 없는 장대한 행사였다. 뮈텔 주교의 일기(1902.5.2)를 통해서 이 행사의 규모를 엿볼 수 있다.

오늘 서울-송동 간의 철도기공식이 있었다. 모이는 시간은 11시였다. 우리는 약간의 시간 여유가 있으리라 생각하였으나 정오에 도착했다. 그래서 아주 늦었다. 이미 식이 끝나고 점심 식사가 진행 중이었다. 300명분의 식사가, 독립관 앞에 쳐놓은 장식이 잘된 넓은 천막 아래 차려져 있었다. 음악이 연주되는 막간에 곡예사들이 수많은 참석자들과 엄청난 군중의 마음을 조마조마하게 했다. 에케르트 씨가 지휘하는 한국군악대 외에 제독의 악대도 연주하였다. 모든 나라의 국가가 연주되었다. 우리는 1시 반경에 그 자리를 물러났는데, 제독은 4시 40분 기차로 떠나기 위해 우리와 동시에 나왔다.[58]

쿠랑은 이 소식을 듣고 기뻐하며 말했다. "최근에 지인을 통해 공사님의 소식을 접했습니다. 철도 기공식을 맞아 열린 화려한 축제에 대해서

---

58 뮈텔, 한국교회사연구소 역주, 『뮈텔주교일기』 3, 한국교회사연구소, 2008(1993), 132～133쪽.

도 들었습니다. 누군가가 공사님께서 주관하신 화려한 리셉션, 해군장성과 그들의 군악에 대해 이야기 해주었습니다. 부족한 것은 아무것도 없었고, 공사님께서는 그곳에서 길고 긴 수고로 얻은 성과를 즐기셨습니다. 이 새로운 조선이 제가 알고 있던 조선의 모습과는 얼마나 다를까요!" 한국에서 철도권은 프랑스 측에서도 관심을 두고 있던 중요한 사안이었다. 또한, 러일의 각축과정 중 양국 사이에서 콜랭 드 플랑시가 획득한 중요한 외교적 성과였다. 그 기공식이 비로소 개최된 것이었다. 이 철도공사는 프랑스에 의해 결국 완성되지 못했지만, 쿠랑은 그 경과를 늘 주시했다.(1903.7.17) 그렇지만 한국의 정세는 좋은 방향으로 진행되지 않고 있었다. 그것은 콜랭 드 플랑시에게 있어서도 마찬가지였다. 콜랭 드 플랑시의 방콕파견소식을 들으며 쿠랑은 그의 추후 안전과 서울에서 홀로 콜랭 드 플랑시가 개척한 입지가 소멸함을 진심으로 걱정했다.(1903.3.1) 일본의 간섭으로 인해 외국인들의 한국진출이 막힌 정황, 삼림개발과 압록강 항구와 관련하여 발발할지 모르는 러일전쟁의 기운을 프랑스의 언론을 통해 쿠랑은 익히 잘 알고 있었기 때문이다. 그는 두 강대국 사이 놓인 한국을 염려했으며, 양국 사이 전쟁이 발발할 경우 한국독립의 마지막 가능성이 소멸할 것임을 걱정했다.(1903.7.17) 대한제국이 멸망해가는 황혼 속에도 쿠랑은 한국의 독립을 바랐던 셈이다.[59]

대한제국의 멸망 이후에도 두 사람에게 한국은 추억의 장소이자 기억

---

59 부세가 말했듯이 1904년 발표된 쿠랑의 한일관계사에 관한 논문은 일본인이 주장하는 한반도에 관한 역사적 권리가 사실과 무관함을 밝힌 글이었다. 모리스 쿠랑, 파스칼 그러트 · 조은미 역, 「조선주재 일본 조계지 — 15세기 이후의 부산」, 앞의 책("Un établissement japonais en Corée, Pousan depuis le XVe siècle", *Annales coloniales*(1904.8 ~ 10)); 이 논문에 대한 의미는 다니엘 부세, 전수연 역, 앞의 글, 185 ~ 186쪽을 참조

해야 할 장소란 점은 변치 않았다. 콜랭 드 플랑시는 쿠랑이 레지옹 도뇌르(Légion d'honneur) 훈장을 받도록 추천하며 쿠랑에게 그의 이력을 요청했다. 이때 쿠랑이 추천한 자신의 첫 번째 저술은 역시 『한국서지』였다. 그리고 그는 콜랭 드 플랑시와 자신만이 이 책의 주저자가 누구인지를 알 수 있다고 말했다. 만약 그가 이 훈장을 받는다면 그 공로는 자신의 것이 아니라 어디까지나 자신이 재능을 발휘할 수 있는 영역을 알았고 그곳으로 인도해준 벗, 콜랭 드 플랑시에게 있음을 전했다. 그에게 『한국서지』란 저술이 갖는 의미는 그만치 각별했던 것이다.(1909.2.4) 이 이외에도 콜랭 드 플랑시가 고종의 양모 조대비에 관한 글을 쿠랑에게 요청한 모습(1909.4.20), 과거 쿠랑이 작성했던 여행 책자 속 한국 관련 부분에 대한 보완을 위해 콜랭 드 플랑시에게 일본 측 고고학 논저를 요청하는 모습(1909.12.28) 등을 볼 수 있다. 그렇지만 이후 긴 공백의 시간이 존재하며, 나아가 제1차세계대전 이후 쿠랑의 서한에는 한국과 관련된 언급이 거의 보이지 않는다. 그의 서한 속에서 주된 초점은 프랑스에서의 일본학이었다.(1918.4.27) 그렇지만 이것이 곧, 한국에 관한 관심이 사라진 것을 의미하지는 않는다. 1910년대 이후 쿠랑과 그의 저술들이 지닌 학술사적인 의미는 사실 서한 자체로는 드러나지 않는다. 예컨대, 한국의 개신교 선교사와 재조선 일본인들이 『한국서지』를 읽고 한국의 고전 세계를 연구해나가는 과정, 1919년 쿠랑의 서울 방문, 리옹에서 만년의 쿠랑이 진행한 한국학 강좌와 같은 모습은 쿠랑의 서한 속에 기록되어 있지 않기 때문이다.[60] 무엇보다 쿠랑의 처지와 상황 자체가 자신의 업

---

60 이에 대해서는 이상현, 「『삼국사기』에 새겨진 27년 전 서울의 추억-모리스 쿠랑(Maurice Courant)과 한국의 고전 세계」, 『국제어문』59, 국제어문학회, 2013, 193~197·213~222쪽;

무에만 집중할 수 있는 형편도 아니었으며 콜랭 드 플랑시에게 서한을 보낼 여유조차 없었던 사정을 감안해야 한다. 뮈텔 주교는 1925년경 쿠랑을 프랑스에서 만났다. 10월 30일자 그의 일기에서 다음과 같은 쿠랑의 초상을 만날 수 있다.

> 과로에 지친 그는 리옹중법대학(里昴中法大學, Institut franco-chinois de Lyon)의 자리를 포기하게 되지 않을까 망설이고 있다. 그는 고위 당국의 충분한 지지를 받지 못하고 있는 것 같아서 자신의 사표가 다소라도 위에서 바라고들 있는 것으로 지적되면 건강의 이유 — 하기야 사실도 그렇다 — 로 사표를 내기로 했다.[61]

뮈텔 주교가 묘사한 쿠랑의 형상은 한불조약 이후 새로운 가능성의 공간, 한국에서 한국의 고전 세계를 발견했던 젊은 외교관이 아니었다. 그의 초상은 어느덧 노년이 되어가는 유럽의 동양학자이자 리옹대학교의 교수였다. 이는 1919년을 전후로 한 쿠랑의 서한문에서 보이는 쿠랑의 초상이기도 했다. 세계대전이 종전된 이후 보낸 서한을 보면, 그는 일본과 관련된 자신의 공무와 개인적인 가정문제 등으로 인해 분주한 삶을 보내고 있음을 늘 토로했다.(1919.1.7) 특히 공무를 위해 도쿄 등 동양으로 파견된 이후 그의 가정문제는 더욱 복잡한 상황이 되었고(1920.2.4), 『콜랭 드 플랑시문서철』에 보관된 마지막 쿠랑의 서한에는 그의 오랜 지기, 콜랭 드 플랑시에 말하기 "매우 고통스"러운 소식이 들어있다. 즉, 부인

다니엘 부셰, 전수연 역, 「한국학의 선구자, 모리스 꾸랑」(하), 『동방학지』 52, 연세대 국학연구원, 1986, 83~86쪽, 118~119쪽.

61 뮈텔, 한국교회사연구소 역주, 『뮈텔주교 일기』 7, 한국교회사연구소, 2008, 466~467쪽.

과의 별거와 자녀들을 홀로 돌보아야 하는 처지를 말하는 내용이 담겨 있다. 즉, 그에게 있어 연구는 고사하고 그의 고백처럼 "일 년도 더 전부터" 콜랭 드 플랑시에게 "편지를 쓸 시간도" 없었으며, 그럴 만한 여력 그 자체가 없었던 것이다.(1921.4.24)

3) 동양을 보는 수평적 시선

그렇지만 우리는 1899년 12월 18일 파리에서 보낸 서한과 1902년 7월 14일 리옹에서 보낸 서한 사이 긴 공백의 시간을 주목할 필요가 있다.[62] 이 긴 공백의 시간과 리옹에서 보낸 쿠랑의 서한은 하나로 묶어질 수 있다. 그 속에는 한 사람의 동양학자로서 그 시각이 완숙해진 쿠랑의 모습을 공통적으로 만날 수 있기 때문이다. 이러한 그의 모습은 그의 벗, 샤반(Eduard Chavannes, 1865~1918)의 건강문제로 그가 대신했던 콜레주 드 프랑스에서의 중국학 강좌에 대한 언급 속에 담겨 있다. 쿠랑은 중국의 "영토 형성, 고대 특권계급과 근대 계급, 귀족, 농부, 장인, 상인, 과거제도, 세금, 가족, 중국 종교와 중국 철학 사상, 이방 종교. 중국 내 외국인과 외국에 있는 중국인, 군대, 지방, 중앙 정부" 등과 같은 각각의 세력과 제도의 내력을 추적하고자 노력했다. 이를 통해 그는 "중국 문명의 변천"과

---

62 쿠랑과 콜랭 드 플랑시 두 사람 사이의 교류는 지속적으로 이어진 것으로 보인다. 예컨대 콜랭 드 플랑시는 과거 쿠랑에게 파리만국박람회의 소책자 원고를 의뢰한 편지를 보낸 바 있으며, 그리고 쿠랑이 과거 러시아 대장성에서 발간한 『한국지』(1900)를 소개한 편지가 있다. 『한국지』의 출판 시기(1900)와 그가 콜랭 드 플랑시에게 수령 여부를 물어본 『한국서지(보유판)』의 출판 시기(1901)를 보면, 리옹에서 보낸 서한 이전에도 두 사람의 교유관계가 지속되었음을 능히 짐작할 수 있다.

중국의 "주요 사회 세력의 발전과 그 작용"을 보여주고자 했다. 그에게 중국의 역사상은 서구인들의 통념과 같이 차례차례 몰락해가는 왕조들의 순환적인 연대기가 아니었다. 그 속에는 시대마다 다른 폭넓은 스펙트럼을 지닌 '지속되는 발전상'이 있었으며, 이는 유럽에 비견할 만한 사상적 궤적이었다.(1898. 6.26, 파리) 즉, 쿠랑에게 동양은 항상 정체된 정적이며 서구보다 열등한 대상이 아니었다. 이러한 그의 시각은 비단 중국학으로 제한되는 것이 아니었다. 부세의 지적에 따르면, 당시 백인의 우월성을 공공연히 표명하고 있던 경향과 달리, 1903년부터 쿠랑이 연재한 「극동의 정치생활」에는 해당 나라에 대해 해박한 쿠랑의 지식과 존경이 드러나 있었다.[63] 이는 동양문화를 보는 일종의 '수평적 시각'이라고 평가할 수 있다. 그는 후일 일본의 경제적 번영을 주목하면서, 프랑스에서 일본을 중국과 동일한 것으로 여기는 통념에 대하여 한탄했다. 이것이 동양어대학에서 진행되는 유일한 일본에 대한 로니의 강좌로 인한 것임을 비판했다. 왜냐하면 그의 강의는 오로지 일본어에만 초점을 맞추며 그 해당 국가의 역사와 기원을 무시하는 강좌였기 때문이다.(1918.4.27)

물론 쿠랑에게 한국은 중국·일본을 분리하거나 배제한 채 독자적으로 탐구되어야 할 연구대상은 분명히 아니었다. 오히려 한국은 그가 설계하고 기획한 동양학 전체의 한 부분이었다. 그렇지만 한국이 중국·일본과 구분되는 또 하나의 문명이란 점을 그는 분명히 인식하고 있었다. 또한, 동양문화에 관한 이러한 수평적 시각의 모습은 1900~1901년경 사이 나온 그의 저술 속에서도 충분히 발견할 수 있다. 쿠랑의 새로운 한

---

63 다니엘 부세, 전수연 역, 「한국학의 선구자, 모리스 꾸랑」(上), 앞의 책, 186~187쪽.

국학 저술을 향한 집필 염원은 특히 을사늑약 이전의 서한들에 충만해 있었다. 쿠랑은 러시아 대장성의 『한국지』(1900)를 읽으며 한국에 관한 지식을 새롭게 할 것이라고 다짐했다. 콜랭 드 플랑시에게 당시 한국 개신교 선교사의 대표적인 정기간행물(The Korea Review)을 보내 달라고 부탁했다. 비록 처음에는 좀 뒤떨어지는 수준이라 판단했지만, 이 개신교 선교사의 잡지는 흥미로운 정보를 담고 있음을 발견했기 때문이다. 또한, 파리 쪽에서는 르루사가 그 유통을 담당했던 『왕립아시아학회 한국지부 학술지(Transactions of the Korea Branch of the Royal Asiatic Society)』를 찾아볼 것이라고 약속했다.(1902.7.14) 러시아 대장성, 한국 개신교 선교사가 발행한 이들 책자는 당시를 대표하는 새로운 한국학 업적이었다. 즉, 쿠랑은 당시로서는 가장 최신의 한국학 업적 및 정보에 발을 맞추고자 했던 것이다. 하지만 동시에 이 저술들 속에 쿠랑의 선구적 업적이 적지 않게 잘 반영되어 있었음도 염두에 둘 필요가 있다. 그가 개척한 한국 고전세계가 서구인 학술의 장 속에서 유통되고 있었다. 이처럼 그가 갈 길을 함께 걷는 또 다른 외국인들의 존재는 그에게도 큰 자극이 되었을 것이다.[64] 그의

---

[64] 한국개신교선교사가 주도로 발간한 잡지는 쿠랑에게는 집필을 위한 참조자료란 의미만을 지닌 것이 아님은 지적할 필요가 있다. 그 속에는 그의 저술을 바탕으로 그가 개척한 한국고전세계를 탐구하는 개신교선교사의 시도가 반영되어 있었기 때문이다. 물론 이 점에 관해서는 후속연구를 통해 보강해야 할 것이지만, 무엇보다 이 시기 쿠랑이 개척한 소중한 씨앗이, 다른 외국인들에 의해 계승된다는 점 역시 주목해야함을 간헐적으로나마 언급할 필요가 있다. 물론 스타니슬라스 줄리앙(Stanislas Julien)상을 수상한 쿠랑의 『한국서지』는 부제가 잘 평가했듯이 동양어학교 교수임용에 큰 도움을 준 것은 아니었으며, 유럽 동양학계에 큰 파급력을 발휘하지는 못했다. 하지만 유럽 동양학계가 아닌 한국으로 그 초점을 전환해보면 그 영향력은 결코 작은 것이 아니었다. 한국 개신교 선교사와 재조선 일본 민간학술단체에 이 저술(특히, 그의 「서론」)은 큰 영향력을 끼쳤기 때문이다. 즉, 『한국서지』는 한국 한문고전에 관심을 두고 연구한 인물, 한국 도서를 총망라할 서목을 준비하던 이에게 여전히 유용한 길잡이였다. 외국인들과 쿠랑을 연결시킬 때 우리는 『한국서지』 출판 이후 '한국고전세계의 유통'이라고 명명할 근대 학술사의 한 국면을 발견하게 된다. 즉, 쿠랑이 개척해 놓은 길을 계승한 외국인들, 쿠랑의 선행업적을 바탕으로 한 그들의 한국고전세계에 대한 탐구는 이 시기

관심은 여전히 아직 검토하지 못했던 한국인의 서적을 향해서도 열려 있었다. 그는 대한제국이 발간했던 당시의 현행법령집이었던 『법규류편(法規類編)』의 구입을 희망했다.(1903.3.1) 쿠랑은 『법규류편(法規類編)』 1〜2책 즉, 1895〜1896년 말까지 법령과 1896년 초부터 1897년까지의 법령을 모아놓은 서적을 검토한 바 있었다. 그가 콜랭 드 플랑시에게 구입을 요청한 것은 새롭게 제정된 법령을 엮은 책이었다.[65] 이처럼 쿠랑은 한국에 관한 연구와 자료를 지속적으로 수집하고 있었다. 그것은 언젠가 그가 발표할 한국에 관한 새로운 저술을 위한 것이었다.(1903.7.17)

이처럼 그가 1904년 이전 그토록 새로운 한국학 논저 집필을 위한 소망을 이야기하고 있었던 이유는 무엇일까? 물론 일차적 원인은 을사늑약을 기점으로 한국이 서구권에 가장 크게 주목되었던 당시의 사정에 있을 것이며, 쿠랑 역시도 이 시기 한국의 정세를 주목했다. 그는 「한국과 열강」(1904)이란 글에서 러일전쟁이 발발한 당시의 정황을 "선전포고도 없이 일본은 전쟁을 일으켰고 중립국이었던 대한제국을 점령했"으며, 이것이 현재 "대한제국이 처한 운명"이라고 말했다. 나아가 그가 보기에 이 전쟁이 지니는 의미는 이미 "한반도의 운명을 뛰어넘고 있"었다. 이 속에는 일본의 대륙진출과 극동을 향한 유럽의 진출이 깊이 결부

쿠랑의 서한과 함께 살펴야 할 가장 중요한 학술사적 문맥이다. 또한, 이 속에는 문호개방과 함께 한국을 접촉하고 한국의 고전세계를 유통시킨 한국학의 개척자로 모리스 쿠랑이 기념·기억되는 역사적 시간과 과정이 존재한다.(이 점에 대한 간헐적인 차원에서의 검토는 이상현, 「『삼국사기』에 새겨진 27년 전 서울의 추억—모리스 쿠랑(Maurice Courant)과 한국의 고전세계」, 앞의 책, 206〜222쪽을 참조)

65 쿠랑의 『한국서지』(보유편) 3419번 항목으로 『법규류연속(法規類續)』 2책이 서목화되어 있다. 쿠랑이 소유했던 자료로 1896년 內閣記錄局이 펴낸 책, 1898년 議政府總務局이 펴낸 책이 이에 해당한다. 쿠랑은 콜랭 드 플랑시에게 1901년 議政府總務局이 펴낸 『법규류편』을 요구했던 것으로 보인다.(국립중앙도서관 편, 『콜레주 드 프랑스 소장 한국고문헌』, 국립중앙도서관, 2012, 38쪽)

된 상황이었기 때문이다.[66] 그렇지만 이러한 당시의 국제정세는 한국학의 한 부분이었을 뿐이다. 쿠랑의 서한에는 『한국서지』(1894~1896) 이후 새로운 한국학 단행본을 설계한 1898년경 쿠랑이 만든 기획서가 들어 있다. 이는 한국이란 연구대상 자체에 잠재되어 있던 광대한 학술적 가치를 보여주며, 쿠랑이 러시아 대장성의 『한국지』와 대비될 만한 거질의 저술을 준비하고 있었음을 시사해준다.

4) 미완의 한국학 저술 기획서와 한국의 고전 세계

쿠랑의 서한에는 그의 미완의 저술에 대한 기획서가 한 편 존재한다. 그것은 발행 일자와 장소를 알 수 없는 일종의 '첨부 문건'으로, 『콜랭드 플랑시 문서철』의 마지막에 수록되어 있다. 이는 아마도 쿠랑이 콜랭드 플랑시의 제안을 거절했던 서한(1898.6.26., 파리) 이전에 보냈던 문건이었을 것이다. 즉, 파리만국박람회를 위해 콜랭드 플랑시가 그 집필을 요청했던 저술에 관한 것이며, 콜랭드 플랑시는 이 쿠랑의 답신을 소중히 잘 보관했던 셈이다. 쿠랑은 이 책의 총 분량을 1,500~1,800면 정도로 예상했으며, 다음과 같은 내용을 포괄할 때 한국에 관한 총체적인 내용을 담은 단행본 저술에 부합한 수준이 될 것이라고 여겼다. 비록 저술 전반의 구체적인 내용을 알 수 없지만, 그가 구상했던 목차 및 그 내용 개요, 이를 구성할 그의 계획을 살펴볼 수 있다.

---

66 모리스 쿠랑, 파스칼 그로트 · 조은미 역, 「조선과 열강」, 앞의 책, 290~291쪽("La Corée et les puissance étrangères", *Annales des Sciences Politiques*, 1904. 3.15).

1장. 지리(반도, 지방, 도로 등의 구체적인 서술)

2장. 역사(단군과 기자의 신화적인 기원들 이후의 한국이라는 국가의 형성에
　　　관한 연구 : 중국, 일본, 북방 민족들 등 외국과의 관계)

3장. 행정, 사회(행정, 역사, 사회 계급, 종교, 조세, 화폐, 시험, 가족, 동업조
　　　합, 문학)

4장. 예술, 산업(예술과 산업의 도입 또는 토착적 기원. 예술과 산업의 발달과
　　　일본으로의 전파. 예술과 산업은 무엇을 남겼으며 오늘날에는 어떠한가?)

5장. 지질학, 식물학, 동물학.

　상기의 목차만 보더라도 이는 당시 그리피스의 저술 이후 등장하지 못
했던 한국에 관한 종합적인 성격을 지닌 단행본이란 사실을 능히 짐작할
수 있다. 즉, 적어도 분량과 체계란 측면에서 후일 이를 구현한 저술은
러시아 대장성의 『한국지』(1900)와 헐버트가 집필한 『대한제국 멸망
사』(1906)를 들 수 있을 것이다. 이 저술들 역시도 쿠랑이 제시한 상기의
영역을 모두 충족시킨 저술이라고까지는 말할 수 없었다. 그 이유는 각
장에 대한 쿠랑의 집필계획을 보면 알 수 있다. 쿠랑은 과거 자신이 연구
한 바 있었던 2장과 3장에 관해서는 한결 더 심층적인 글을 집필할 자신
이 있었다. 또한, 당시 본격적으로 고찰하지 못한 1장과 4장에 관해서도
그는 이미 폭넓은 자료를 소장하고 있었다. 따라서 상기 저술의 완성을
위해서는 1장과 4장을 각각 도입부와 부록으로 서술하는 방법, 혹은 한국
인의 도움을 받아 자료를 엮는 방법을 제안했다. 즉, 그가 자료를 보유하
고 있지 않으며 서술하기 어려운 주제는 5장뿐이었다. 쿠랑은 당시 그리
피스의 저술을 충분히 능가하는 수준이며 후일 한국학연구자에게 전범

이 될 저술을 만들 수 있었다. 쿠랑이 이 저술집필을 위해 참고자료를 정리한 모습을 보면, 이러한 사실을 충분히 추론할 수 있다. 그는 당시 한국학의 가장 중요한 외국인의 논문집이라고 할 수 있는 잡지, 개신교 선교사의 영미 정기간행물(*The Korean Repository*) 소재 기사들을 모두 반영하려고 했다. 또한, 당시 조선왕조의 이야기와 관련된 다수의 저술을 그의 책에 담고자 했다.[67] 또한『한국서지』1~3권에 담지 못한 1892년 이후 수집한 한국 서적들 즉, 후일『한국서지(보유판)』(1901)에 서목화된 저술 전반을 포괄하고자 했다. 나아가 그는 상기 한국학의 주제에 관한 집필뿐만 아니라, 이 저술의 인쇄 및 출판과 같은 활동을 총체적으로 기획할 수 있는 전문가였다. 이 쿠랑의 기획서는『한국서지』의 출간, 동양순례, 중국·일본학 연구를 병행했던 당시 한국학 전문가, 쿠랑의 가능성을 여실히 보여준 사례였던 것이다. 또한, 이 저술의 집필목적이 한국의 국제정세와 별도로, 파리만국박람회의 한국관 전시를 위해 한국에 관한 전반적 지식을 알리기 위해서였음을 주목해야 한다.

비록 쿠랑의 기획서는 미완의 기획으로 끝났지만, 그의 기획은 파리만국박람회의 한국관을 안내하는 소책자(1900) 속에 축소된 형태로나마 남겨져 있다. 이 소책자의 세부내용보다 주목해야 할 점은 쿠랑이 이 소책자에서 언급한 한국 문명의 미덕이다. 그것은 서구, 중국이라는 지배적인 중심부이자 선진 문명, 타자의 고전을 배우려고 한 한국 문명의 지향성과 유연한 개방성이 관계된다. 쿠랑은 전시·재현되는 한국의 문명,

---

67 쿠랑의 서한에서 이 서적들은『한국서지』항목번호로만 제시된다. 해당 서적들을 "서명(『한국서지』의 항목번호)"으로 정리해보면 다음과 같다.『國朝寶鑑』(1875),『朝野會通』(1876),『朝野輯要』(1877),『朝野集』(1879),『朝野類要』(1880),『野史』(1881),『東史補編』(1882), 無題(1883),『東國記事』(1884),『正宗朝記事』(1885),『爛抄』(1886)로 모두 조선왕조의 역사서로 볼 수 있다.

파리의 한국관 전시를 통해 서구인이 얻을 수 있는 교훈을, '겸양의 교훈 (une leçon de modestie)'이라고 말했다. 한국의 민족이 여전히 존재한다는 사실, 중국으로부터 받고 일본에 전수한 문명을 수 세기 동안 지켜오고 있다는 사실을 고평했다. 유럽이 경시했고, 야만적인 것이라 여겼던 장소, 그곳의 문명이 서구의 눈앞에 "복합적이고 세련된 문명의 기념물"로 설치되었고 전시되고 있었다. 또한, 이 전시가 비단 서구인에 의한 것이 아니라, 대한제국의 자발적인 실천이며 투자란 사실을 그는 강조했다. 그는 유럽의 사상과 문화, 서구 문명을 수용하려는 대한제국의 노력 반대편 서구의 한국 문명에 대한 무지와 무관심을 비판했다.[68]

쿠랑의 이러한 수평적 시각과 그가 지적한 겸양의 교훈은 물론 식민주의 전성기 때 등장한 것이었으며, 그 속에는 당시 열강의 침략이란 명백한 현실이 은폐되어 있었다. 즉, 이 소책자 속 한국은 일종의 이상적인 이미지이자 가상적인 미래이기도 했다. 이는 외국인 여행가의 비판적 시각에서 결코 볼 수 없는 것일 뿐만 아니라, 냉철함을 잃어버린 채 한국의 정치에 너무 큰 희망을 품은 견해였으며, 당시 외교정세와도 다른 것이었다. 이는 쿠랑이 만든 "시간에서 격리된 이상화된 이미지"이자 "문호개방이라는 새로운 개념 속에서" 묘사된 1900년 한국의 모습이었다.[69] 물론 쿠랑은 이렇듯 대한제국의 근대화 기획에 기대를 걸고 있었으며, 이는 콜랭 드 플랑시의 바람에 동참한 것이기도 하다. 그

---

68 모리스 쿠랑, 파스칼 그러트・조은미 역, 「샹 드 마르스의 한국관」, 앞의 책, 262~265쪽("Le pavillon coreén au Champ de Mars, Souvenir de Séoul, Corée", Paris, Exposition universelle, 1900).
69 프레데릭 불레스텍스, 이향・김정연 역, 『착한 미개인 동양의 현자』, 청년사, 2001, 126~131쪽.

렇지만 동시에 쿠랑의 글 자체가 학술적 엄밀성을 요구하는 글과는 일정량 거리가 있는 성격, 한국을 안내하는 소책자였던 사실을 주목할 필요가 있다. 과거 부세가 적확히 평가했듯이, 이 글은 한국에 대해 느낀 저자의 감정이 바로 그대로 투영되어 묘사된 글이기도 했기 때문이다.[70] 또한, 한국이 처했던 당시의 '외교적 정세'가 아니라 그 '문화적 자산'에 초점을 맞출 때, 한국의 고전세계와 한국문명은 폄하의 대상이 결코 아니었다.

요컨대, 쿠랑은 보통의 외국인과 달리 수많은 한국의 문헌을 접촉했으며 그 문화적 자산을 분명히 인식했던 인물이었다. 『한국서지(보유편)』(1901)의 「서문」에서는 과거 「서론」(1894)에서와 달리, 한국문화의 고유성과 자주성을 언급하는 그의 새로운 모습이 보인다. 그렇지만 그에게 그 근거는 분명히 있었다. 그것은 『보유편』에서 소개되는 다양한 한국 도서들이었다. 과거 그가 콜랭 드 플랑시에게 요구했던 한글 사용의 새로운 모습을 보여주는 문건들이었다. 또한, 그가 이 소책자에서 보여준 동양을 향한 수평적 시각은 향후 전술했듯이 20세기 쿠랑의 동양학에서 보이는 일관적인 모습이었다. 이때 쿠랑의 행적을 한국 역시 망각하지 않았다. 그것은 그를 초빙하고자 했던 한국 정부의 시도뿐만이 아니다. 그가 한국에 체류할 때와 달리, 파리만국박람회 이후 그의 이름은 조선왕조실록에 새겨지게 된다. 이는 그가 조사했고 개척했던 연구대상, 한국의 고전세계 속에 쿠랑 자신의 족적이 기록·개입되며 포괄되는 사건이었다. 쿠랑은 1898년 5월 재법국파리경도만국박물회

---

70 다니엘 부세, 전수연 역, 앞의 글, 177쪽.

(在法國巴璃京都萬國博物會) 한국박물국사무위원(韓國博物局事務委員)으로 임명되었다. 그는 그 공로를 인정받아, 훈 4등으로 팔괘장(八卦章)을 하사받았다.[71] 즉, 쿠랑은 한국인에게도 망각되어서는 안 될 존재로 한국의 고전세계 속에 기록되어 있었던 것이다. 이는 유럽의 동양학자 쿠랑이 한국과 한국인에게 있어서도 과거 젊은 외교관의 모습과는 전혀 다른 차원의 존재였음을 시사해주는 것이며, 동시에 그의 서한에 새겨진 을사늑약 이전 한국학 논저 집필을 향한 염원의 계기였을 것이다.

5. 쿠랑의 유물에 새겨진
근대 초기 한국학자의 세 가지 초상

지금까지 고찰한 내용을 정리해보면 다음과 같다. 쿠랑이 남겨놓은 유물에 새겨진 그의 초상을 정리해보면, 우리는 다음과 같이 "외교관", "한국학 전문가", "유럽의 동양학자"란 근대 초기 한국학자의 세 가지 초상을 대면해볼 수 있다.

① 한국, 서울에서 보낸 편지[1891.7.3~1892.2.25] : 외교관

② 중국, 일본, 프랑스에서 보낸 편지[1892.6.1~1899.12.18] : 한국학 전문가

---

71 『고종실록』 37권, 35년(1898 무술 / 대한 광무 2년), 41권, 38년(1901 신축 / 대한 광무 5년)); 쿠랑은 파리위원회의 위원으로 전직은 톈진 주재 프랑스 영상관 통역으로, 현직은 외무부 임시직원으로 소개된다(파리만국박람회와 관련된 내용은 국사편찬위원회 편, 『한불관계자료 —주불 공사·파리박람회·홍종우』, 2001, 177~225쪽을 참조).

③ 프랑스 리옹에서 보낸 편지[1902.7.14~1921.4.24] : 유럽 동양학자

①과 ②의 편지에서 쿠랑은 한・중・일 삼국에서 통역관으로 근무한 외교관이었으며, ②와 ③의 편지에서 그는 프랑스 파리의 '동양학자'이자 '리옹대학교 중국어학과 교수'였다. 그렇지만 콜랭 드 플랑시가 이처럼 외교관이자 동양학자 쿠랑을 주목하며 그의 서한을 모아놓은 이유는 이러한 쿠랑의 이력만으로 한정할 수는 없다. 즉, 콜랭 드 플랑시의 입장에서 한국이라는 미개척지에서 자신의 임무를 수행하기 위해, 쿠랑과 같은 인물이 필요했던 사정을 간과할 수 없다. ①에서의 서한을 보면 프랑스에서 육로와 해로를 통해 도달하기 가장 먼 거리에 있던 극동에 배치되어 침울해 있던 젊은 외교관 쿠랑을 콜랭 드 플랑시는 한국의 고전세계로 이끌어 주었고『한국서지』집필을 함께 해주었다. ②의 서한에서 쿠랑은 이 남겨진 과업을 홀로 담당해 나가며『한국서지』1~3권을 출간한다. 이로 말미암아 한국의 문헌 자료를 엮어 근대 지식을 창출할 수 있게 된 동양학자가 탄생한다. 즉, 당시에 존재하지 않았던 소위 '한국학 전문가'로 볼 수 있는 쿠랑의 독특한 형상이 이곳에서 출현하는 것이다. 콜랭 드 플랑시가 보관한 쿠랑의 서한을 따라가 보면, 이처럼 한국학 전문가로 성장해나가는 쿠랑의 모습을 발견할 수 있다.『한국서지』출판 이후에도 콜랭 드 플랑시는 쿠랑을 초빙하려 했고, 한국 관련 저술집필을 종종 의뢰했다. 또한, 후일 쿠랑이 그 공로에 부응하여 레지옹 도뇌르 훈장을 받도록 추천해 주었다.

더불어 한국학 전문가를 필요로 했던 콜랭 드 플랑시는 한국이라는 시공간 속에서 대한제국의 성립과 멸망을 함께했던 인물이었다. 그는 한불조약 이후 양국 국교의 시작과 을사늑약 이후 국교의 단절을 함께 체험한 인물이었다. 따라서 그는 쿠랑에게 있어 곧 한국과 등치되는 존재였으며, 쿠랑이 외교관 혹은 동양학자로서 한국을 연구할 수 있는 필요성과 가능성 그 자체였다. 물론『한국서지』에 대비될 만한 쿠랑의 새로운 한국학 저술은 출현하지 못했다. '대한제국의 멸망'과 '한국 프랑스 사이 국교의 단절'이란 역사적 사건은 그가 한국 도서를 통해 발견한 한국 문명의 가능성을 학술적으로 혹은 외교적으로 구현할 길을 차단한 셈이었기 때문이다. 그렇지만 이렇듯 '한국학 저술＝근대적 지식'이라는 층위에서 구현되지 못한 한국 문명의 가능성, 쿠랑이 보여준 낯선 한국문화에 관한 수평적 시선을 그의 서한을 통해 우리는 발견할 수 있다. 쿠랑의 서한 속에는 적어도 1905년(을사늑약) 이전까지 한국학 연구와 논저 집필을 간절히 염원했던 젊은 한국학자의 영혼이 보존되어 있기 때문이다. 이는『한국서지』만으로는 발견할 수 없는 쿠랑의 초상이며, 더불어『한국서지』를 통해 (재)발견해야 할 쿠랑의 모습이자 한국 고전의 가능성이기도 하다. 때로는 외교관으로, 때로는 중국·일본학자로 보이는 프랑스 외무부 문서고에 잠들어 있던 이 젊은 한국학자의 모습은 자신의 사적인 감정과 술회를 담을 수 있었던 서한 그리고 그가 한국 고전을 읽고 번역·연구하는 과정에 오롯이 새겨져 있었다. 즉, 쿠랑의 서한문에 담긴 그의 세 가지 초상은 한국학이 제도적이며 학술적으로 부재했던 시대의 '한국학자의 초상'이며 동시에 우리가 한국의 근대 학술사 안에 끌어안아야 할 '젊은 한국학자의 영혼'인 것이다.

원문재구 및 감수 : 마리옹 아벨레스(Marion Abélès),
프란시스 마쿠엥(Francis Macouin),
마크 오랑주(Marc Orange),
솔린 로 쉬셰(Soline Lau-Suchet),

번역 및 감수 : 이은령, 노미숙
주해 및 감수 : 하상복, 신상필, 이상현

1. 한국, 서울에서(1891.7.3~1892.2.25)
2. 중국, 일본 그리고 프랑스에서(1892.6.1~1899.12.19)
3. 프랑스, 리옹에서(1902.7.14~1921.4.24)

1. 한국, 서울에서(1891.7.3~1892.2.25)

1절은 1891년 6월 콜랭 드 플랑시(Victor Collin de Plancy, 葛林德, 1853~ 1922)가 도쿄로 전속된 이후, 쿠랑이 한국 서울에서 그에게 보낸 서한문을 엮은 것이다. 쿠랑은 1890년 5월 23일 베이징에서 서울로 전속하여 1892년 3월 10일까지 서기관 직무를 수행했다. 그의 서한을 통해 그의 상관이었던 콜랭 드 플랑시의 권유로 함께 『한국서지』의 공동집필을 수

프랑스 공사관(러시아공사관 방면)

프랑스 공사관 전경

프랑스 공사관 사무동

프랑스 공사관 내부

행하게 되었음을 알 수 있다. 즉, 한국 고전을 조사·검토하는 직무를 수행했고, 콜랭 드 플랑시가 한국을 떠난 이후에도 쿠랑은 이 작업을 진행하고 있었다.

따라서 『한국서지』 집필을 위해 서적의 구매 및 조사 등과 같은 작업 현황을 보고하거나, 향후 출판 및 인쇄 계획 등을 묻는 내용이 보인다. 또한, 쿠랑이 자신을 비롯한 외국공사관의 근황을 콜랭 드 플랑시에게 알리는 내용도 보이는 데, 특히 프랑스 공사관 공사와 관련된 내용이 많다. 당시 프랑스 공사관의 신축공사가 진행되고 있었기 때문이다. 1889년 콜랭 드 플랑시는 정동 양인촌(洋人村)에 프랑스 공사관의 터를 잡았는데, 이곳은 현재 서울 창덕여자중학교가 있는 자리이다. 1890년경 콜랭 드 플랑시는 과거 한옥을 개조하여 사용하던 공사관 건물을 헐고, 새 건물을 짓는 공사를 시작했고, 이 작업은 그가 한국에 재임한 1896년에 이르러 비로소 완공되었다. 상기 사진 자료는 1892년 4월부터 프랑스 공사 겸 총영사로 부임하여 1894년 2월까지 한국에 머물렀던 외교관 프랑댕(Hippolyte Frandin, 法蘭亭)이 촬영하여 남겨놓은 것으로, 쿠랑이 머물렀던 공관의 모습이다.[1]

---

1   출처 : 한국콘텐츠진흥원 컬처링(www.culturing.kr)[初出 : 경기도박물관 편, 『먼나라 꼬레―이폴리트 프랑댕의 기억속으로』, 경인문화사, 2003].

공사님께서 제물포를 떠나시던 무렵의 소식과 고베에서의 소식을 들려주셔서 대단히 만족했습니다. 입주와 건물 수리를 비롯해서 집안의 여러 근심들로 경황이 없는 로셰(Rocher)[2] 대리공사님을 통해서는 들을 수 없던 소식이었습니다. 로셰 씨는 서울생활을 피할 수 없는 것으로 받아들이는 듯합니다만, 로셰 부인은 첫날과 마찬가지로 애석해하는 것 같습니다.[3] 그녀는 거의 오로지 아이들과 집안일만 돌보고 아이들과 집에 대해서만 이야기합니다. 아내로서는 큰 미덕이지요. 그렇긴 해도 아이들은 각자 임의대로 행동하며 식사 때마다 같은 촌극이 벌어집니다. ─ 누가 엄마 옆에 앉지? 등등. 시작은 아주 재미있습니다. 처음 본다면 매우 이상한 장면일 것입니다. 사람들이 자주 언급하는 공사관의 수리 문제들은 거의 진전되는 바가 없고 제가 생각하기에 한 달이 아니라 두 달은 지속될 것 같습니다. 반대로 저의 집 공사는 잘 진행되고 있고, 비가 많이 내리지 않아 더 순조롭습니다. 저는 이 집에서 아주 잘 지내리라 믿고 있는데, 공사관의 낡은 건물 상태와 비교하자면 이런 안락함이 벌써 부끄럽게 느껴집니다.

---

2   로셰[É. Rocher, 彌樂石] : 프랑스 대리공사 겸 총영사로 1891년 6월 15일부터 1892년 3월 6일까지 근무하였다.

3   콜랭 드 플랑시는 프랑스 공관을 신축하기 위해, 오늘날 창덕여자중학교가 있는 정동양인촌에 터를 잡았다. 그는 1888년 프랑스 건축물에 관심을 가진 고종 황제의 요청에 따라 톈진에서 근무했던 건축가 살라벨(Salabelle)을 추천하여 근무하게 했다. 공사관의 설계를 담당하던 인물이 살라벨이었다. 로셰가 조선에 처음 도착했을 때, 콜랭 드 플랑시는 당시 프랑스 공관이 협소함으로 그의 부인을 제물포에 머물도록 권유한 바 있다. 즉, 로셰가 서울에 온 이후 그의 부인은 나중에 왔다.

블라디보스토크에 갔다가, 육로로 여정을 선택해 하루는 4륜 마차를 타고 떠났다가 하루 만에 배를 타러 되돌아 온 데포르주(Desforges) 씨의 방문 말고는 새로운 거라고는 아무것도 없습니다. 그는 여권 없이 조선 땅을 횡단했고, 상하이에 서둘러 도착해야 한다는 조바심을 보이면서도 이곳에서 12시간을 머물렀으며, 정작 출발할 때에는 베이징으로 갈 생각을 하고 있었습니다. 제게는 이런 모든 일련의 계획들이 조금 미흡해보였습니다.

약속하신 바대로 저에게 도쿄의 소식을 전해주시고, 일본에 있는 외교관 관저에 대해서 말씀해 주시길 바랍니다. 틀림없이 서울보다는 건물들이 더 호화롭겠지요. 아당(Adam) 씨가 외무성으로 보낸 일본소설의 번역본이 너무 늦게 도착했다는 사실을 제가 선생님께 말씀드린 바 있나요? 그로서는 실망스럽겠습니다. 로세 씨가 제게 한 말씀인데, ○○○○가 도쿄의 공사관으로 통역자 한 명을 데리고 갔다고 합니다. 이름이 기베르(Guibert)라고 불리는 인물입니다. 파리에서 로니(Léon de Rosny, 1837~1914)[4] 교수님의 수업에서도 본 적이 있는 것 같습니다. 이 정보가 정확한 것인지 확인해 주시면 감사하겠습니다.

제게 부탁하신, 공사님의 여행 경비와 관련된 번역본을 보내드립니다.[5] 그리고 개봉하여 번역해서 보내는 것이 낫겠다고 생각한 대원군[6]의 편지와 민 장군[7]의 편지도 같이 보내드립니다. 번역본은 동봉돼 있

---

4 로니는 파리 동양어학교에서 1868년 일본어 강좌개설 후 줄곧 강의를 담당했으며, 쿠랑 역시 그의 가르침을 받았다.
5 콜랭 드 플랑시가 일본으로 출발할 때 면세문제와 관련하여 로세가 당시 독판 민종묵과 주고받은 공문에 대한 번역문을 지칭하는 것으로 보인다.(『구한국외교문서』19, 358, 359문건)
6 흥선대원군(興宣大院君) 이하응(李昰應, 1820~1898)을 지칭한다.
7 구한말의 정치가이자 특명전권공사로 유럽을 시찰했으며 을사늑약 이후 자결한 민영환(閔

습니다. 이인응(李寅應)[8]과 변원규(卞元圭)[9]는 자신들의 명함을 다시 보내
온 것만으로 만족했습니다.

　제물포에서 제게 보내신 책을 잘 받았습니다. 아마도 공사님께서 그
책들을 볼 시간이 없었을 것으로 생각하여 장서목록을 적어 보내드립니다.

　　I. 『正音通釋』一冊

　　II. 『奎章全韻』一冊

　　III. 『全韻玉篇』一冊

　　IV. 『史記英選』三冊

　　V. 『梁文襄公外裔譜』一冊

　　VI. 『東國通鑑提綱』七冊

　　VII. 『鄕禮合編』二冊

　　VIII. 『整禮儀軌』二冊

　I과 II는 공사님께서 동양어학교에 주신 것들과 유사한 것들입니다.

　　泳煥, 1861~1905)을 지칭한다. 그는 문과 출신임에도 군제개혁에 많은 관심을 가진 인물이
　　었다. 1886년 7월 기연해방영(畿沿海防營)을 창설하여 근대적 해군양성에 주력했다. 콜랭 드
　　플랑시의 부임시기 민영환은 1887년 친군전영사·상리국총판·예조판서, 1888년과 1890
　　년 두 차례에 걸쳐 병조판서를 역임하면서 군사권을 장악한 인물이었다.
8　콜랭 드 플랑시는 이인응을 "어느 정도 왕실가문에 속하며 통리아문 협판(協辦) 중의 한 사
　　람"으로 소개한 바 있다. 이러한 콜랭 드 플랑시의 설명에 부합한 인물은 조선후기의 문신이
　　자 시조작가였던 이세보(李世輔, 1832~1895)이다. 1851년 풍계군(豊溪君) 당(塘)의 양자가
　　되어 이름을 호(晧)로 개명하고 소의대부(昭義大夫) 종2품 경평군(慶平君)의 작호를 받았다.
　　1868년 이름을 인응(寅應)으로 개명한 후 1894년까지 조정의 요직을 두루 역임한 인물이다.
9　콜랭 드 플랑시는 변원규(卞元圭)가 통리교섭통상사무아무 협판을 역임했으며, 조선왕실 대
　　표로 해외주재 조선공사관 문제로 이홍장과 논의한 인물로 소개한 바 있다. 콜랭 드 플랑시
　　부임 시기 변원규의 이력을 정리해보면, 그는 1882년 통리교섭통상사무아문(統理交涉通商
　　事務衙門) 정각사(征榷司)의 참의를 거쳐 1884년 기계국방판(器械局幫辦)이 되고 이어 지돈
　　녕부사·한성부판윤을 역임했다.

어떻게 할까요? III은 한 권으로 제본된 훌륭한 옥편이군요. 동양어학교
는 이미 한 권을 가지고 있고 편집은 특별하지 않은데, 어떻게 할까요?[10]

다른 책들은 제가 아직 살펴보지 못했습니다만, 특별히 마지막 세 권
이 무척 흥미롭습니다.[11] VII번 서적은 기억하시겠지요. 저는 이 책 전
부를 보수하려는데 그중 몇 권은 꼭 해야할 상태입니다. 여기에다 장서
표, 해제, '내사(內賜)' 표기를 책에 넣겠습니다. 대통령께 전달할 책들
에는 조선 국왕으로부터 하사 받은 책이라는 문구와 해제도 넣을 생각
입니다.

마침 도착한 다른 편지와 신문과 같이 19일에 발송해드린 와일즈 박
사의 지불청구서를 이제 받으셨을 것입니다. 그분이 진료 당 얼마를 받

---

10 I ~III권은 漢詩의 작시와 관련하여 서로 押韻을 할 수 있는 한자를 기준으로 삼아, 한자들을
    분류해서 엮은 일종의 발음자전이자 한자자전이라고 할 수 있으며, 한국인들이 편찬한 것이
    다. I(『正音通釋』)은 1747년(영조 23년)에 박성원(朴性源)이 저술하여 간행한 운서, 『華東正
    音通釋韻考』의 별칭이다. II권(『奎章全韻』)은 이덕무(李德懋)가 1792년(정조 16년)까지 편찬
    하고, 윤행임(尹行恁)・서영보(徐榮輔)・남공철(南公轍) 등이 교정한 다음, 1796에 간행한
    운서이다. III권(『全韻玉篇』)은 편자 및 편찬연대 미상의 옥편으로, 한국의 가장 권위 있는 옥
    편의 하나로 널리 쓰인 서적이다. 쿠랑이 파악했던 이들 서적들에 관한 정보는 『한국서지』
    63번『華東正音通釋韻考』(2권 1책), 67번『御定奎章全韻』(2책), 68번『奎章全韻』을 통해 알 수
    있다.
11 IV권(『史記英選』)는 조선 정조가 사마천의 『사기』와 반고의 『한서』에서 중요한 부분을 뽑아
    엮은 책이다. V권(『梁文襄公外裔譜』)은 조선 초기의 문신 양성지(梁誠之, 1415~1482)의 외
    손 중에서 홍문관(弘文館)에 등록된 사람을 기록한 책이다. VI권(『東國通鑑提綱』)은 서거정
    (徐居正) 등이 편찬한 『東國通鑑』을 1672년(현종 13년)에 홍여하(洪汝河)가 주자(朱子)의 강
    목법(綱目法)에 따라 고쳐 엮은 책이다. VII권(『鄕禮合編』)은 조선 후기 정조가 이병모(李秉
    模) 등 각신(閣臣)에게 명하여 향례(鄕禮)에 관한 것을 모아서 엮은 책으로, 1797년(정조 21
    년)에 간행되었다. VIII(『整禮儀軌』)는 1827년(순조 27) 왕세자 헌종이 대리청정하면서 부왕
    인 순조와 모후인 순원왕후(純元王后)에게 존호를 올리고 이를 기념하는 연회에 관한 기록인
    『慈慶殿進爵整禮儀軌』로 보인다. 중국의 역사나 조선 사대부 가문의 관직내력을 다룬 두 저
    서와 달리 쿠랑이 VI, VII, VIII을 중요한 책으로 인식한 것은 한국의 역사 및 예법에 대한 요
    긴한 서적이었기 때문이다. 『한국서지』에서 이들 서적에 대한 정보는 2119번 『御定史記英
    選』(6권 3책), 1942번 『梁文襄公外裔譜』(1책), 1861번 『東國通鑑提綱』(13권 7책), 1057번 『鄕
    禮合編』(3권 2책), 1302번 『慈慶殿進爵整禮儀軌』(3권 2책)를 보면 알 수 있다.

는 지 알 수 있으면 좋겠습니다.

배첩장(褙貼匠)이 표구한 것들을 가지고 왔습니다. 작업은 정성껏 이루어졌습니다. 저는 그 사람에게 50냥, 그러니까 2달러를 지불했습니다. 이 비문들을 어떻게 처리할지 말씀해 주실 때까지 보관하고 있겠습니다.

고양이들은 여전히 저의 집에 있습니다. 한창 짓궂게 굴더니 이제 서로 친숙해져서, 3일 전부터 검은색 수컷은 제게서 떨어질 생각을 하지 않습니다. 제 무릎에 올라오지 못하게 하면, 너무나도 애처롭게 울어대곤 합니다. 제 생각에 암컷은 새끼를 밴 것 같습니다.

중국에서의 소식으로는 르페브르(Lefèvre)[12]가 휴가를 신청했거나 신청하려는 것 같습니다. 파리에서 보내온 편지에는 샤반(Eduard Chavannes, 1865~1918)[13]이 결혼을 하게 되어서 10월에 돌아올 것이라 하고, 르뒥(Leduc)은 곧 베이징의 1등 서기관으로 임명될 거라고 합니다. 저는 샤반이 공사님께 보낸 소책자를 19일에 부쳤습니다.

제가 아는 소식은 모두 다 전달해드린 듯합니다. 여기서 공사님을 위해 제가 할 수 있는 일이라면 무엇이든 말씀해 주십시오.

경의와 충심을 믿어주시기 바라며
모리스 쿠랑[서명]

12　르페브르[G. Lefèvre, 盧飛鳥] : 1893년 5월 프랑스공사관 서기관으로 부임하여 1901년 8월까지 통역담당 서기관으로 한국에서 근무했다. 1894년 3월부터 1896년 4월까지는 대리공사 겸 총영사로, 1899년 12월부터 1901년 3월까지는 임시 대리공사로 근무했다.

13　쿠랑의 동양어학교 시절 학우이며 향후 서구 최고의 중국학 권위자로 불리게 된 인물이다.

추신: 로셰 씨가 제 편지에다 덧붙였으면 하는군요. 나가사키에서 제작해올 깃대보다는 약 100피아스트르[14] 더 저렴하게 주문할 방도를 찾아냈는데, 늦지 않았다면 작업을 중단하도록, 전보를 또 한 차례 보낸 참이라고 합니다. 더불어 로셰 씨가 공사님께 안부를 전합니다.

---

14 여기서 피아스트르는 조선화폐를 말하는데, 쿠랑의 논문에 의하면 이는 '엽전의 크기를 불문하고 100개의 엽전 다섯 묶음 수준'이다. 콜랭 드 플랑시는 고종의 양모인 조대비가 승하했을 때 깃대가 없어 조기를 달지 못한 사실을 전한 바 있었다. 이에 프랑스 외무부 장관 리보(Ribot)는 깃대 설치를 요청했고, 이에 리보는 그 설치비용을 공관운영비용에 합산하는 것을 허락했다. 물론 콜랭 드 플랑시는 이전에도 깃대 설치를 준비했었고 이를 받았지만, 설치할 수 없었다. 당시 프랑스 공관은 "대형 건물 형식의 대문이나 발코니, 울타리"도 없는 "매우 초라한 조선식 초가집"이었기 때문이다. 그래서 일본 나가사키에서 서울 주재 외국공사관 및 영사관에서 사용하는 동일한 국기대를 구입하고자 했다. 그렇지만 제물포에서 서울로 보낼 유일한 경로였던 한강이 얼어붙어 그의 부임 시 국기 게양식은 이루어질 수 없었다.

1891년 7월 16일, 서울
콜랭 드 플랑시 공사님

사무국이 어제부터 공사님에 관한 일 때문에 당황해하고 있습니다. "프랑스 공사"께 보내온 전보 하나가 부산을 경유해 도착했는데 이렇게 쓰여 있었습니다. "콜랭 드 플랑시 씨가 Charac에 임명(nommé Charac)". 이 통신문을 이해할 수가 없기에 우리는 우정국에 문의를 하였으나 연락이 두절되어 아무것도 할 수 없다는 답변만을 받았습니다.

뮐렌스테트(Muehlensteth)[15] 씨에게까지 문의하며 24시간의 숙고 끝에 그제야, 전화선이 끊어졌고, 마지막 두 마디는 "homme cheval"일 거라고 알려왔습니다. 그러나 "사람(homme)"과 "말(馬, cheval)"이 여기서 상황을 밝히는 말은 아닙니다. 다른 방법이 없었으므로 로셰 씨가 전보의 내용을 와그너(Wagner) 씨에게 보내 도쿄로 전달하도록 했습니다.

무엇이든 짐작해 볼 수 있는 것으로 한번 상상해 보십시오. "Charac"이 무엇일까요? 기사(chevalier)를 말하는 겁니까? 임무를 띤(chargé)입니까? 칠리(Chili)? 시라즈(Chiraz)? 가장 분명한 점은 우리가 아무것도 모른다는 것입니다. 공사님께서 새로이 임지를 바꾸시는 건 아니기를 바랍니다. 아마 공사님께서도 오신 지 얼마 되지 않아 곧바로 도쿄를 떠나셔야 한다면 기분이 그다지 좋지 않으실 것입니다.

그렇지만 만약 그게 그런 것이고 공사님께서 남아메리카나 오스트랄라시아 혹은 페르시아에 가셔야만 한다면, 다양한 서지학적 해제와

---

15 뮐렌스데트[I. J. Muehlensteth, 彌綸斯] : 1885년 9월 청나라를 위해 서울-인천 간 전선을 개설하였고, 1901년 12월 4일 韓國外部代理顧問을 역임했다.

주석과 지시사항, 완료된 것과 해야 할 것 등 한마디로 이 문제와 관련된 자료들을 제게 다시 보내시는 것이 좋지 않을까요? 그것들을 가지고 일본이나 유럽이 아닌 다른 어디로든 또다시 긴 여행을 하는 것은 정말로 부질없는 일일 것이고, 공사님은 어떤 정보도 얻어낼 수 없을 것입니다. 일본에서는 상하이를 통해 이런 것들을 제게 쉽게 보내실 수 있지만, 긴 여행이라면 시간의 낭비가 될 터이고, 안전 또한 보장받지 못할 것입니다. 그리고 힘들게 모은 이 자료의 일부를 잃어버리기라도 한다면 정말 유감스러운 일이 될 것입니다.

게다가 대략 두 달 후 제가 만든 해제와 함께 분류하려면 이 해제들이 필요합니다. 그래서 제 생각으로는 만약 공사님께서 일본을 떠나시게 된다면 그 전부를 그대로 제게 보내주시는 편이 최선일 것입니다. 저는 끝내야 할 일들을 마무리할 것이고, 그런 후에 공사님께 사본을 보내드리겠습니다. 공사님도 전체 내용을 보시고 적절하다고 판단하신 것으로 수정할 수 있도록 말입니다.

저는 동양어학교에서 펴낼 저작에 관해서는 어떠한 소식도 듣지 못했습니다. 그런데 공사님께서 도쿄를 떠나신다면 그 일은 어떻게 될까요? 제겐 어떤 해결방안도 떠오르지 않습니다. 어쨌든 이 모든 것이 괜한 걱정이기를 바라며, 따라서 공사님 기분을 언짢게 할 수 있을 염원은 하지 않겠습니다.

공사님께서 도쿄를 떠나시든 그렇지 않든 간에 아무튼 가능하실 때, 대략적으로 정했던 대로 전반적인 저술 계획을 보내주신다면 무척 기쁘겠습니다. 그것으로 지금부터라도 명목상의 순서를 상정할 수 있을 것입니다. 최근에 제가 하는 일에 약간의 진척이 있었습니다. 제게 남겨두고 가신 공사님의 책은 이제 시작하려는 불교 서책 외에는 거의 다 살펴보았습니다.

이곳에는 아무런 흥미로운 일이 없습니다. 제물포 면회(面會)위원이 사임을 하겠다고 으름장을 놓고 있습니다. 수리 작업은 더디게 진행되고 있고 장마가 막 시작되었습니다. 이 같은 것들은 다 "명예로운 임명"과 걸맞지 않습니다.

이상으로, 경의와 충심을 믿어주시기 바라며

모리스 쿠랑[서명]

1891년 8월 14일, 서울
콜랭 드 플랑시 공사님

이상한 전보로 염려했던 것이 임지 변동이 아니라, 공사님의 기사임명을 축하드리는 것이 저는 더 좋습니다. 가장 진심어린 축하를 보내드리며 청컨대 오롯이 이 축하를 받아주시기 바랍니다. 이틀 전부터 이 기쁜 소식이 공사님을 기다리고 있었군요. 공사님께서 한동안 도쿄에 계심을 알게 되고 앞으로도 이렇게 공사님께보다도 제게 더욱 기쁨이 될 서신 교환을 계속할 수 있어서 저는 매우 만족스럽습니다.

이곳은 늘 그렇듯 별로 행사가 잦지 않습니다. 음력 6월 28일 중국식 만찬에 많은 희극 공연과 불꽃놀이 등이 있었고, 공사님께서도 아시는 분으로 생각합니다만, 드미트레프스키(Dmitrevsky)[16]가 도착했습니다. 베베르(Waeber)[17]는 아직 이곳에 있으나 다시 올 의향이 없이 떠나고, 드미트레프스키가 공사로 임명될 거라고들 합니다. 오락이랄까, 소위 그러한 놀이라는 것은 관아의 관리들에서 근처의 절에 이르기까지 모두 끔직스럽게 취하고 서로 싸우고 하는 것들일 뿐입니다. 이 진사는 그곳에 가는 것 말고는 달리 일이 없더니, 병이 들어 돌아와서는 자기 동료들이 품팔이 일꾼들보다 더 어리석다고 말하고 있답니다. 유럽에서도, 중국에서도 흥미로운 소식은 아무것도 없습니다.

---

16 드미트레프스키[P. Dmetrevsky, 德密特] : 한커우[漢口] 주재 총 공사를 역임했던 인물로, 베베르의 후임으로 1891년 5월부터 1893년 11월까지, 1899년 4월부터 8월까지 주한 러시아공사관 임시 공사대리 겸 총 공사로 재직했다.

17 베베르[Karl Waeber, 韋貝] : 1884년 6월 러시아 전권공사로 내한하여, 7월 조선대표 김윤식(金允植)과 韓露修好通商條約을 調印하였다. 1885년 10월 다시 내한하여 1897년 8월까지 駐韓顧問代理公使 겸 총 공사로 재임했다.

보름 전부터 아니 그 이상으로 줄기차게 비가 내리고 있습니다. 그 때문에 도시의 집들 담벼락이 모두 무너져 버렸습니다. 로세 씨는 지붕을 새로 손보게 하는 일과 일꾼들에게 불평을 늘어놓는 일로 그의 시간을 보내고 있습니다. 사실 누가 무엇인가를 제대로 짓게 하려면 일주일 만에 그 사람의 화가 폭발할 거라고 생각하게 됩니다. 로세 씨는 바보가 되는 쪽을 택했습니다. 화를 내든 바보처럼 굴든, 그것은 기질의 문제입니다. 저는 이렇게 건축 관련 동업조합의 뛰어난 선발자들과 거의 관계할 일이 없는 점에 대해 신들에게 매일 감사드립니다. 저는 제가 살 미래의 집에 꼭 필요한 경우에만 들리고, 나머지 시간에는 조선의 금석문들과 책을 읽는 즐거움에 몰입합니다.

한편 국왕에게서 하사 받은 책들은 대통령이 아닌 외무부에 부칠 것이고, 편지에는 이 책들이 동양어학교에 아주 특별한 관심사가 될 것이라는 언급을 덧붙일 것입니다. 해제들은 이미 각각의 위치에 넣어져 있습니다.— 저는 제가 가지고 있는 공사님의 모든 책에 관한 검토와 상세한 입문을 방금 마쳤습니다. 저는 이 책들을 파리로 부치기 전에 조금 더 시간을 들여 동양어학교를 위해 자료를 더 구입해서 함께 부치려고 합니다. 최근에는 동양어학교 도서관을 위해『대전회통(大典會通)』과 귀한『오륜전비(五倫全備)』를 구입했습니다.[18]

제가 확인한 바로는 이미 작성된 해제 카드들의 두께가 6센티미터에

---

18 『大典會通』은 1865년(고종 2년)에 영의정 조두순(趙斗淳), 좌의정 김병학(金炳學) 등이 편찬한 조선시대 마지막 법전이다.『五倫全備』는 쿠랑의『한국서지』속 해당 해제내용을 감안할 때, 한국에 유입된 중국 명나라 구준(丘濬)이 지은 희곡작품『五倫全備記』와 1721년(경종 1년) 사역원에서 이를 언해하여 간행한 중국어학습서『五倫全備諺解』를 함께 지칭하는 것으로 보인다. 이들 서적들에 대한『한국서지』의 정보는 1461번『大典會通』(6권 5책), 94번『新編勸化風俗南北雅曲五倫全備記』(4권 4책), 95번『五倫全備諺解』(8책) 항목을 통해 알 수 있다.

달하며, 아직 해야 할 것이 21센티미터 남았습니다. 하지만 책 수로만 보면 제 손에는 3권밖에 남지 않았습니다. 그래서 이 작업은 비교적 길게 걸리지 않을 것입니다.

점점 더 모든 해제들을 동시에 지닐 필요성을 느끼는데, 그것들을 정돈하고, 이리저리 자료를 찾아보거나 변경, 혹은 수정을 하기 위해서입니다. 요즘 저에겐 도교 관련 자료가 부족합니다. 공사님께서는 땅 다지기 농요의 번역본[19]도 어딘가에 갖고 계시지 않습니까? 작성하실 것을 마저 다 끝내시면 곧장 그 자료들을 전부 저에게 부쳐주셨으면 합니다. 저도 일을 빨리 진행하여 총체적으로 파악하고 순서대로 정리하여 실제로 전체(제 생각입니다만 여기에는 같이 보내주실 서문도 포함되어 있습니다)를 다 갖추어 빠른 시일 내에 완성된 작품을 위한 완비된 원고를 공사님께 다시 보내드릴 수 있도록 하겠습니다. 저는 르루(Leroux) 출판사와 동양어학교의 협정 문제에 대해서 람브레히트(Lambrecht)[20] 씨로부터 아직 어떠한 답변도 받지 못했습니다.

공사님께서 기회가 닿으면 행정과 의례에 관한 1868년 이전의 일본 저작물(『大明會典』, 『大淸會典』, 『大典條例』, 『大典會通』, 『国禮便覧』, 『五禮儀』, 『五服名義』 등과 유사한 저작물)에 대해 알아보겠다고 흔쾌히 약속하셨지요. 이 점을 상기해주셨으면 합니다. 이 작품들 중 해서체로 된 것들을 보시면, 히라가나나 가타카나가 병기되어 있든 없든, 그리고 적당한 가격이라면 구입해주시길 간곡하게 부탁드립니다. 이런 종류의 책이 없다면 좀 더 최신작이어도 진지한 것들로 이런 여러 문제를 다룬 일본인의 연구

---

19 후일 『한국서지』 427번으로 수록될 「원달고가」을 지칭하는 것으로 보인다.
20 동양어학교 도서관의 사서로 근무한 인물이다.

자료가 있을 것인지요? 공사님께서도 베이징의 조정(朝廷)에 대한 저의 논문을 읽으셨습니다만 제가 일본에 관한 자료를 얻고자 하는 이유는 이 논문을 보충하고 확장시키기 위함입니다.

7월 15일과 24일자의 공사님 편지를 잘 받아보았습니다.

이제 마지막 남은 부분에, 경의와 충심을 표하며

모리스 쿠랑[서명]

　합당한 예우를 서열에 맞게끔 해야겠기에 — 무엇보다 먼저 책에 대해서 말씀 드립니다. 저는 동양어학교를 위해 『진찬의궤(進饌儀軌)』라는 제명의 책 4권을 구입했는데, 1887년 80세 탄생일을 맞이한 조 대비를 위한 연회 의례를 기술한 책입니다.[21] 그 책과 함께 서적상은 『노걸대(老乞大)』한 권과 『박통사(朴通事)』한 권도 가지고 왔는데, 두 권 중 첫 번째 책이 공사님께서 이미 파리로 부치신 것과 동일한 것인지를 확실히 알수가 없었고, 그 책에 대한 해제가 제 손에 없음을 이 기회에 애석하게 생각했습니다.[22] 그렇게 미심쩍었기에 삼가지 않고 저는 두권을 모두 구입했습니다. — 지리학적 업적이 있는 헐버트(Hulbert)[23] 선교사가 우주

21　『進饌儀軌』는 조선 후기 왕, 왕비, 왕대비 등에게 進饌한 내용을 기록한 서적으로 총 7종이 있다. 이 중에서 쿠랑이 구입한 서적은 1887년 1월 27일부터 29일까지 신정왕후(神貞王后) 조씨(趙氏, 조대비)의 팔순을 축하하기 위하여 베푼 진찬의절에 대한 기록으로, 3권 권수 합 4책이며 신활자본으로 된 책을 지칭한다. 『한국서지』 1305 ~ 1307 항목을 보면, 쿠랑은 이외에도 1848년(헌종 14년) 순원왕후 김씨(純元王后金氏)의 육순을 축하하기 위하여 베푼 진찬의절을 기록한 책, 1877년 12월 6일 신정왕후 조씨의 칠순을 축하하기 위하여 베푼 진찬의절을 기록한 책을 함께 검토했음을 알 수 있다.

22　『老乞大』, 『朴通事』 모두 조선시대에 역관(譯官)들의 외국어 학습 및 역과시(譯科試)용으로 사역원에서 간행한 중국어 학습서이다. 이 중에서 『老乞大』에 관하여 쿠랑은 그가 입수한 서적이 동양어학교 도서관에 보낸 것과 동일한 것인지를 확신하지 못했다. 『한국서지』를 보면, 『老乞大』와 관련된 서목은 83번 『老乞大』, 85번 『重刊老乞大』, 86번 『重刊老乞大諺解』, 87번 『老乞大諺解』, 88번 『新譯老乞大』, 89번 『新譯老乞大諺解』, 112번 『新譯老乞大』, 113번 『老乞大』, 114번 『新譯淸語老乞大』가 있다. 여기서 84, 87, 112, 113번 서적은 쿠랑이 실제로 해당 서적에 대한 검토가 아닌 『통문관지』의 기록을 통해 서목에 추가한 것이다. 동양어학교를 소장처로 제시한 서적이 85, 86번인데, 쿠랑이 이와 동일한 것인지 여부를 고민했던 것으로 보인다. 『朴通事』와 관련된 서적은 『한국서지』 90번 『朴通事』, 91번 『朴通事諺解』, 92번 『新譯朴通事』, 93번 『新譯朴通事諺解』이다. 한국의 기록을 통해 유추한 서목이 아니라, 쿠랑이 실제로 조사, 검토했던 서적은 91 ~ 93번이며 동양어학교로 보낸 서적이 92번이다.

23　헐버트[H. B. Hulbert, 訖法] : 1886년 내한하여 1891년까지 육영공원 교사생활을 했다. 1893

형상지와 지리에 관한 책[24]을 조선어로 막 출판했습니다. "이 책은 태양계에서의 지구의 위치를 표시하고 있고, 지구의 기원에 관한 가장 그럴듯한 가설을 내놓고 있다. 등등". 이 책에 대한 광고는 10줄 이상 이런 어조로 지속됩니다. 조선 사람들이 이 책을 읽게 될 때에는 그들도 모든 학술원 사람들처럼 박식해지겠죠. 저는 이 흥미로운 책자를 구입해서 파리로 부칠 생각입니다.

최근에 만나 본 스콧(Scott)[25]은 그가 편찬한 사전의 인쇄를 하고 있는 중입니다. 그는 진지한 내용의 조선어 서적들을 상당수 지니고 있고, 흥미로운 정보도 가지고 있습니다. 그 중에서 가장 중요한 책들을 서울로 보내겠다고 약속했습니다. 저는 두 번이나 그 약속을 상기시켰지만 아직까지 아무 것도 받지 못했습니다.

일본에서는 무언가 좀 찾을 수 있으신지요?

저는 불교 서적의 해제 작업을 끝마쳤습니다. 그래서 공사님의 책은 모두 동양어학교로 보낼 수 있게 되었고, 그러기 위해 공사님의 지시만을 기다리고 있습니다. 이 책들을 당장 일반인에게 공개하지는 않았으면 하는 공사님의 뜻을 람브레히트 씨에게 전해야 할까요? 아니면 이 문제에 관해서 직접 편지를 쓰시겠는지요? 저는 물론 지금 쓰고 있는 원고

년 미국 감리회선교사로 다시 내한하여, 당시의 대표적인 영미 정기간행물 *The Korean Repository* (1892, 1895~1899)의 인쇄와 운영을 맡았고 *The Korea Review* (1901~1906)를 창간했으며, 다수의 한국학 저술을 남겼다.

24 『士民必知』(1891) : 헐버트(Hulbert)가 육영공원의 교과서로 저술한 세계지리서이다. 한글본 목차는 제1~5장은 지구, 유럽주, 아시아주, 아메리카주, 아프리카주로 구성되어 있고, 총론에서 태양계와 그 현상, 지구의 모습 등의 내용을 담고 있다.

25 제임스 스콧(J. Scott) : 조선 임시 총 공사로 임명된 애스턴(W. G. Aston)의 보좌관으로 1884년 4월에 내한했다. 6월 인천주재 영국 임시 부공사로 임명, 1885년 6월까지 주재했다. 그 후 1887년 5월 영국 인천부 공사대리로 차임하여 1892년 4월~1892년 9월 26일까지 재임했다. 한국어문법서, 영한사전을 편찬한 인물이기도 하다.

를 완료해서 공사님께 보내드리기까지 꼭 필요한 왕립도서관의 서적목록 및 세 권의 지리학 서적을 보관하고 있습니다. 이 서지에 대해서는 랭도르프(Raindorff)의 책들과, 스콧의 책들을 보는 것, 샤미스키(Chamisky)의 자료들과, 가능하다면 대영박물관이 소장하고 있는 자료들을 구해보는 일이 남았습니다.

좀 전에 말씀드린 문제보다는 공사님과 관련이 적은 일이긴 하지만 덧붙여 말씀드립니다. 2주 정도 후면 제가 갖고 있는 모든 비문의 내용을 주사와 함께 자세히 읽어보는 작업이 끝날 것 같습니다. 게다가 이제는 서울의 세 곳과 여기서 멀지 않은 묘지의 비문만 탁본하면 됩니다. 그러면 이 일을 접어두었다가 서울에서처럼 베이징이나 파리에서도 계속해나갈 수 있을 것입니다.

한 열흘 전부터 외무부 경연대회에 보낼 조선의 행정에 대한 논문을 열심히 작성하고 있습니다.[26] 이 일은 오래 걸리지는 않을 것입니다. 저는 근위대와 관련한 아주 흥미로운 사실을 발견해 내었는데 이는 주사도 경악하게 만들었습니다.

이 작업들을 제외하고 제게 흥미로운 일은 아무 것도 없습니다. 왜냐하면 이 편지와 같은 배편으로 항해하게 될 베베르(Waeber)의 출발을 흥미롭다고 할 것은 아니니까요. 로세 씨 댁의 공사와 제가 머물 관저의 공사는 점잖은 속도로 진행되고 있습니다. 남의 집에서 두 달간 휴양을 하고 대접을 받았으니 이젠 한시 바삐 저의 집에 들어 갈 수 있기를 바

---

26 쿠랑이 집필한 미출간 간행물인 『한국역대관직총람』(*Répetoire historique de l'administration coréenne*)을 지칭한다. 뮈텔 주교의 1891년 12월 27일 일기를 보면, 쿠랑은 이날 저녁식사 자리에서 이 저술의 서문을 읽어 주었다고 기록되어 있다.

랄 뿐입니다. 8월 15일부터 날씨가 매우 덥습니다.

16일에는 비시에르27씨로부터 긴 편지를 받았는데 베이징을 떠날 것을 단념하지 않으면서도 高양쯔(한커우[漢口], 이창, 충칭)의 공사직을 구하고 있었습니다. 자리를 만들어내는 것이 문제이고, 비시에르 씨는 한커우에 정착해서 일에 따라 이동을 하려는 것 같습니다. 한커우에서 충칭까지는 꽤 먼 거리입니다.

공사님께서도 아시듯이, 미라벨(Mirabel)이 7월 14일 해군성으로부터 기사로 임명되었습니다.

정무 공문에 대한 작업은 거의 진척되지 않았습니다. 로세 씨가 읽어보려 장부를 요청해 가져갔다가 며칠 전에서야 돌려주었기 때문입니다.

그럼 끝으로, 경의와 충심을 받아주시기 바라며

모리스 쿠랑[서명]

---

27 비시에르(Arnold Vissière) : 프랑스의 극동연구소 설립자 중 한 사람으로 베이징 프랑스공관의 1급 통역관이었다. 상하이 총 영사와 중국의 전권대사로 일했으며 이후 국립도서관의 중국서 소장 자료 목록에도 관여했다.

저의 새 보금자리에서 공사님께 편지를 띄웁니다. 지난 토요일 제 집 무실을 얻었습니다. 창이 서쪽에 두 개 북쪽에 두 개 있고, 도시의 성문과 중국으로 넘어가는 길목, 북쪽의 산들이 보입니다. 천장 높이는 3미터가 넘고, 가로가 다섯 보 이상에 세로가 여섯 보 이상 됩니다. 저는 전적으로 만족합니다. 그리고 제가 지시한 대비책으로 이 관저가 첫 비에 무너져 내리지 않기를 바라고 있습니다.

지난번 비가 침실로 쓰려고 했던 방에 난처한 결과를 가져왔지요. 벽이 가로누워 바닥에 수평으로 잠자리를 만든 것입니다. 이것이 제가 아직도 "외국인 숙소"에서 밤을 보내는 이유입니다.

저는 두 달도 넘게 누릴 수 없었던 독립을 되찾은 것에 무척이나 만족해하고 있습니다. 로셰 씨 가정에 세들어 살아도 되었겠지요. 그러나 그 분들과 저 사이에 너무도 본 것과 배운 것이 달라서 그 댁에 머무는 일은 신경이 쓰였습니다.

사무국에서는 도저히 이해할 수 없을 정도로 많은 하급 고용인들의 교체가 있었습니다. 거의 대부분의 기사가 품팔이, 짐꾼, 토담장이, 채마지기, 가마꾼, 기껏해야 기수들일 사람들로 바뀌었습니다. 결국, 저는 외출할 때 저를 동행해서 보조할 조선인 한 명을 고용할 수밖에 없을 것 같습니다.

아직 사무직 고용인들은 타격을 받지 않았습니다. 교체의 물결을 막기 위해 할 일이 많았습니다만 제가 얼마나 해결했는지는 모르겠습니다.

공사님께서 부쳐주신 「조선참고문헌일람(表)」의 초안 복사본을 받았습니다. 텍스트에서 두 곳 정도는 부차적인 수정이 필요할 것이라 생각합니다.

저는『大典』과『大典』에서 다른 두 개의 서책 목록을 발견했습니다.[28]

드디어 스콧이 그의 책을 보여주었는데 다른 것들은 이미 알려진 것이기 때문에 흥미를 끌 만한 것들만 보여준 것 같습니다. 1777년에 나온 산스크리트어, 중국어, 조선어로 된 책인데 흥미로운 여러 정보와 함께 잘 새겨진 산스크리트 전체 음절표가 들어있었습니다.[29]

위아르(Huart)가『프랑스인을 위한 조선어 교본(Manuel de la langue coréenne à l'usage des Français)』을[30] 펴냈습니다! 르루 출판사의 출판목록에서 이 책의 정보를 발견했습니다. 그가 조선어에 대해 무엇을 압니까? 과연 그가 조선어 교본에 대한 필요성을 절실히 느꼈다는 말입니까?

머지않아 공사님께 정무서류의 원본을 되돌려 보낼 수 있을 것 같습니다. 그 때 ○○[31]의 불교경전과 공사님께서 이미 동양어학교에 보내셨던, 조선 국왕이 하사하신 사전 세 권을 동봉할 생각입니다.

세 명의 조선 선비에게 공사님의 용무를 전했습니다. 그들은 장황하게 감사의 인사를 되풀이 했고, 공사님께서 그들에게 무언가를 보내시

---

28 쿠랑이 자신의 저술을 위해 참조한 문헌들을 밝힌 내용에 따르면 이 두 책은『大典會通』과 『大典條例』을 지칭한다.(모리스 쿠랑, 이희재 역,『한국서지』, 일조각, 1994, 4~6쪽).
29 스콧이 쿠랑에게 보내준 자료는 만연사본(萬淵寺本)『眞言集』을 지칭한다. 이 자료에 대한 해제는『한국서지』의 162번에 수록되어 있다. 또한 스콧은 이 자료를 다음 2편의 논문을 통해 소개한 바 있다. J. Scott, "Stray Notes on Korean History and Literature", *The China Branch Royal Asiatic Society* XXVIII, 1894; J. Scott, "Sanskrit in Korea", *The Korean Repository* IV, 1897.
30 C. Imbault-Huart, *Manuel de la langue coréenne parlée à l'usage des Français*, Paris, Imprimerie nationale, 1889.
31 원문에는 "Eitsa"로 되어 있으나 의미를 파악하기는 어렵다.

는 것은 부질없는 일이라고 말했습니다만 이윽고 이 씨와 김 씨는 각각 회중시계로 결정했습니다. 주사는 오랜 주저 끝에 권총 한 자루를 요청하길 원했습니다. 제가 보기에 그 청은 신중하지 못한 것이었으나 그가 생각을 바꾸도록 설득할 수 없었습니다. 그는 심지어, 필요하다면 나중에 다른 것을 일러주겠노라고 하면서도 공사님께서 이 살인 무기를 보내지 못할 경우를 위해 다른 물건을 지정하는 것은 꺼렸습니다.

경의와 충심을 믿어주시기 바라며

모리스 쿠랑[서명]

1891년 10월 10일, 서울
콜랭 드 플랑시 공사님

공사님의 9월 20일자 편지에 감사드립니다.

도쿄에서 보내시는 일상의 양식을 묘사한 공사님의 말씀이 조금도 제 마음에 와 닿지 않습니다. 일본에서의 외교방문도 서울에서만큼이나 지루할 것 같습니다.

저는 오로지 은둔자처럼 살면서 하루에 반시간 정도는 로셰 씨를, 그리고 이따금 주교님을 만날 뿐입니다. 저는 온종일 일을 하면서 시간을 보냅니다. 게다가 행정에 관한 제 논문을 유효기간 내에 보내려면 할일이 매우 많습니다. 그러나 늘 일만하는 것은 조금 피로한 일이고, 그 무엇도 점심과 저녁 식사 후 공사님과 나누었던 좋은 대화의 시간을 대신하지 못합니다. 제가 로셰 씨를 더 자주 볼 수 있겠지요. 그러나 실례가 될까 염려스럽기도 하고, 저는 정원 일이나 길 내기 도면 문제, 사냥 혹은 토지 등에는 그다지 관심이 없습니다. 윈난성[雲南省]은 무시할 수 없는 자원이지만 항상 윈난성에 대해서만 말할 수도 없습니다.

왜 외국인들이 공사님의 후임자를 좋아하는지 알 수 없지만 그는 조선인들과는 그다지 잘 지내는 것 같지는 않습니다. 이미 그는 사무국의 늙은 문지기를 이유 없이 해고하면서 독판(督辦)의 심기를 불편하게 했습니다. 그리고 설명하기에는 매우 긴 여러 이유로 민찬보는 그를 호의적으로 보고 있지 않습니다. 나무랄 것이 없음에도 해고되었던 사무국의 하인 중 일곱 명은 당연히 그 불만을 품고 그들의 모든 친구들에게 불만을 토로했습니다. 요컨대 사소한 일이지만, 어떻게든 난처한 일이 될 수 있습니다.

좀 더 중요한 사건으로는 러젠드르 장군[32]이 계류된 문제를 해결하기 위해 곧 일본으로 떠난다는 것과, 위안[33]이 두 달의 휴가를 떠난다는 것(공문 내용대로입니다), 그리고 하야시[34]도 휴가를 떠난다는 소식을 들 수 있겠습니다.

3일 전에 공사님께서 라포르트 씨[35]에게 보내신 돈을 받았습니다. 그보다 앞서 이미 와일즈 박사에게 10불을 건네주었습니다.

다음 달에는 동양어학교로 책을 보낼 생각입니다. 이와 함께 예정대로 람브레히트 씨에게도 편지를 쓸 것입니다. — 공사님께 제가 부탁드린 책에 대해 조사를 해주셔서 대단히 감사합니다. — 조선에 대해 흥미로운 것을 발견할 수 있으리라 생각하시는지요? 남은 해제는 언제쯤 끝내서 제게 보내주실 수 있겠습니까? 도가사상에 관한 것과 몽고와 만주 서적 등을 제외하고는 공사님께 남은 작업 양이나 그 작업 내용이 어떤 것인지 저는 모르고 있습니다.

제가 할 몫은 음력 연말까지는 완전히 끝내려고 합니다. 이때쯤이면 공사님께서도 준비를 마칠 수 있겠습니까? 인쇄 문제에 대해서는 아직

---

32 러젠드르[C. W. Legendre, 李仙得] : 1891년 10월 통상조약과 어업협정에 관한 개정을 일본 정보와 협상하기 위해 일본으로 파견간 러젠드르 장군을 지칭하는 것으로 보인다. 러젠드르는 1890~1899년 사이 대한제국의 내부부와 궁내부 고문을 역임한 인물이다.
33 위안 스카이[Yuen, 袁世凱] : 1882년 일본의 조선침략을 막기 위해 조선에 파견되었으며 1885년 조선 주재 總理交涉通商事宜로 임명되었다. 로셰는 위안 스카이가 모친의 병세 위독으로 인해 조선을 떠났고, 그의 모친 사망 시 2년간 모친상을 치러야 하기에 그의 복귀여부는 불확실하다고 보고했다.
34 하야시 곤스케[杉村濬] : 1887년 10월부터 지부(芝罘) 부영사, 1888년 11월부터 인천 영사, 1892년 3월부터 상해(上海) 주재 영사를 거쳐 1896년 9월 영국공사관 1등서기관, 1898년 1월 청국공사관 1등서기관으로 부임한 인물이다.
35 라포르트(Laporte) : 1883년 봄 묄렌도르프 및 보좌관들과 세무사들이 조선에 입국할 때 일반관리로서 함께 입국했으며, 1898년 7월부터 監察官代理로서 부산 세관에 근무했다.

람브레히트 씨의 답장이 없는데 제가 다시 한 번 그에게 편지를 띄울까요? 아니면 공사님께서 직접 르루 출판사로 편지를 쓰는 것이 더 낫지 않을까요? 공사님께서 도쿄에 계시며 일을 지켜보실 수 있는 내년 중에 인쇄를 할 수 있다면 바람직할 거라고 생각하시진 않으시는지요?

리스텔위베르(Ristelhueber) 씨는 유럽으로 돌아갈 수 있는 휴가를 얻었는데 아마 지금쯤 이미 떠났거나 떠나려고 할 것입니다. 비시에르 씨는 아마도 이 겨울을 아직 베이징에서 나야할 것으로 생각하면서도 체념하기가 어려운 모양입니다.

기타 사항 : 지파르(Giffard)가 총으로 검정고양이를 죽였습니다. 제 고양이와 공사님의 암고양이를 죽인 것도 그의 짓이라는 것을 거의 이젠 확신합니다. 저는 그의 닭과 비둘기, 그리고 그가 기를 수 있는 모든 동물들이 그에게서 벗어날 방도를 찾을 겁니다.

콜랭 드 플랑시 공사님께, 경의와 충심을 받아주시기 바라며
모리스 쿠랑[서명]

1891년 11월 6일, 서울
콜랭 드 플랑시 공사님

10월 5일자 공사님의 편지를 잘 받았다는 확인을 제가 보냈던 것으로 기억합니다.

서울에는 재미있는 일이 전혀 없습니다. 사무국에는 하인들과 학식 있는 고용인들의 불안정이 줄어들 기미를 보이지 않고, 이런 분위기로 모두에게 불쾌하고 그들 자신도 안심하기 어려운 상황이 되어갑니다. 그러나 변화는 구름 속에 모여들고 거기 머물러 있다가, 갑자기 벼락처럼 튀어나옵니다. 단순한 인간의 지성으로는 아무것도 이해할 수 없을 테지요. 지금까지는 글을 아는 고용인들에게 영향이 미치지 않았지만 폭풍우가 올라오고 있음을 짐작하게 하는 몇 가지 징후들이 있습니다.

제물포에서는 거의 소식이 없습니다. 라포르트 씨가 9월 말경에 며칠 머무르기 위해 왔었고 내년 봄으로 휴가를 조정했습니다.

베이징에 있는 비시에르 씨로부터 좋은 소식을 받았습니다. 리스텔 위베르 씨가 떠났다고 합니다. 비시에르 씨의 말로는 파리에서 저를 통역생으로 베이징에 보내는 것이 관건이었다고 하는군요. 제겐 그다지 좋은 전망이 아닙니다. 89년에 제가 베이징에 갔을 때와 같은 상황으로 91년 혹은 92년에 다시 베이징으로 돌아가는 것이라면 퇴보하는 것과 마찬가지입니다. 그렇다면 저는 곧 동양어학교로 돌아갈 것입니다. 그러나 솔직히 말씀드려 저는 베이징으로 돌아가는 것이 매우 기쁠 것이지만, 그것은 명확한 상황에서 어떤 직책이든, 설령 정식 발령이 아닐 지라도, 임무가 맡겨질 때입니다. 그렇지 않고서는 서울에 있는 편이 훨씬 더 좋습니다. 이제 저는 3년차 급이 넘습니다. 이젠 3등급으로 임명되어야 할 것입니다. 공사님께서 작년에 친절하게도 리스텔위베르 씨께 저에 대한 말씀을 해주셨습니다. 저는 그분이 저를 도우실 의향이 있는 것으로 믿고 있습니다. 제 요청이 너무 무례한 것이 아니기를 바랍니다만, 공사님께서 리스텔위베르 씨께 외무부 내에서 제 입장을 옹호하도록 부탁하는 편지를 한 통 써주실 수 있으신지요? 제가 원하는 것은 여전히 베이징에서 1등급 아니면 2등급 통역사가 되는 것입니다. 그러나 먼저 저는 직무를 받는 것부터 시작해야 한다고 생각합니다. 공사님과 리스텔위베르 씨의 지지가 있다면 저의 소망이 이루어질 가능성이 훨씬 커질 것입니다.

또 다른 소식은 르뒥(Leduc)이 병이 들어 휴가 중인데 몽찍[中國雲南蒙自縣]로 결코 돌아가지 않겠다고 선언한 것과 랄르망(Lallemant)의 건강이 좋지 않은 것입니다.

9월에는 서울과 그 주변의 유적들을 대상으로 착수했던 조사 계획의 마무리 차 강화도로 견학을 갔습니다. 그곳에서 저는 지금까지 보아온 조선인 중에서 가장 친절한 사람을 만났습니다. 강화 군수인 그는 아전들이 저를 맞이하게끔 하였고, 온 힘을 다해 제게 집과 하인을 하사하려고 했으며, 저를 위해 탁본을 뜨도록 했습니다. 그 이후에 그가 서울에 왔을 때 그는 저를 보러 왔고 저는 그를 점심 식사에 초대했습니다.[36]

행정에 관한 논문을 제가 계속해나가고 있다는 점은 말씀 드릴 필요

---

36 뮈텔 주교의 10월 20일자 일기에 따르면, 19일 그가 쿠랑의 거처를 방문했을 때 강화의 부유수(副留守) 최석원(崔錫遠)과 만났음을 술회하고 있는데, 여기서 쿠랑이 말한 인물과 동일인으로 보인다.

가 없겠지요. 분량이 대단히 늘어나고 있습니다.

동양어학교를 위해 4절판으로 된 총15권의 훌륭한 조─한─만(朝─漢─灣)사전을 구입한 것을 말씀드리지 못했습니다.[37] 이 저작물은 『통문관지(通文館志)』 목록에는 들어있지 않습니다. 또한 동양어학교를 위해 또 다른 사역원의 연보를 샀습니다. 그리고 신라, 백제, 그리고 고구려 왕국의 역사를 위해 시장터에 나가 있습니다.

이렇게 다양한 사실들을 공사님께 모두 알려드리면서
공사님에 대한 저의 경의와 충심을 믿어주시기를 바라며
모리스 쿠랑[서명]

9월 7일

추신 : 『한국서지』를 준비하며 흥미로운 발견을 했기에, 지체하지 않고 이 사실을 공사님께 알려드립니다. 한글의 발명 날짜가 기입된 문헌비고(文獻備考)의 한 대목[38]에 세종대왕의 저서 본문이 있고, 조선어는 그때까지 절대 글로 쓰이지 않았던 것을 표명하며, 승려 설총(신라 시대)의 발명이 무엇인지도 알려주고 있습니다.

---

37 쿠랑은 1891년 12월 17일 콜랭 드 플랑시에게 보낸 서한에서 이 책의 제명을 『漢淸文鑑』으로 밝혔다. 『漢淸文鑑』은 조선 정조 3년(1779) 이담(李湛), 김진하(金振夏) 등이 펴낸 15권 15책의 중국어와 만주어 사전이다. 쿠랑의 『한국서지』 119번 항목에 그 해제가 수록되어 있는데, 15책으로 서지사항을 적었다. 왜 서한에서 쿠랑이 15권 4책으로 적었는지 그 이유는 분명히 알 수 없다.

38 모리스 쿠랑, 이희재 역, 『한국서지』, 일조각, 1994, 29쪽을 보면, 쿠랑이 참조한 대목은 『동국문헌비고』 권51, 「악고」에 수록된 '훈민정음 창제 관련 기사'이다. 이 기록물에는 『훈민정음』(해례본)의 일부분이 수록되어 있었기에, 쿠랑의 발견은 이 시기로 본다면 매우 큰 의미를 지닌 것이다.

친애하는 콜랭 드 플랑시 공사님, 11월에 제가 편지를 보내드린 후에 큰 행사가 있었습니다. 12월 6일, 이 기회를 맞아 모인 프랑스인들 앞에서 공관 건물에 깃대가 세워지고 프랑스 국기가 자랑스럽게 펄럭였습니다.

서울은 이 장중함에는 전혀 동요되지 않은 듯 보입니다. 오히려 조선의 화폐가 대단한 화제가 되고 있습니다. 25냥(二十五兩)이 새겨진 은전을 주조할 예정이거나 아니면 이미 주조했을 것입니다. 이 은화 꾸러미는 실제로 크고 작음을 떠나 100개의 엽전으로 되어 있으며, 이러한 조치는 이론의 여지가 있는 상황으로 보입니다. — 또한, 재리[在理敎, Zaili jiao] 사건에 대해서도 말들을 많이 합니다. 이것은 5천여 명의 반도(叛徒)들이 열하(熱河, Rehe, Jehol)에서 일으킨 반란인데 어떤 이들은 5만 명에 이른다고도 합니다. 높은 관리들이 살해당하고, 다른 이들은 패주했으며 베이징과 톈진이 짓밟혔다고 합니다. 어떤 이들은 그 폭도들이 명나라의 후손을 왕위에 세우려고 했다는 말을 하고, 또 다른 이들은 동치제(同治帝)의 아들과 관계되는 것이라고 합니다. 또한 300여 명의 중국 기독교도들이 학살당했다는 말도 있습니다.[39] 그러나 이 모든 정보

---

39 뮈텔의 12월 19일자 일기를 보면, 쿠랑이 다음과 같은 소식을 전했음을 기록했다. "만주에서 폭동이 발생하였으며, 몽고 동부 및 제올에서도 반란이 일어났다고 한다. 그 지역의 관장은

가 히아(Hia)의 말인지라, 무엇을 믿어야 할지요?

　파리에서 보내온 편지들에 의하면 서울의 정식 임용자는 더 이상 남쪽 지역에 머무르지 않고 곧 이곳을 맡으러 올 것이라고 합니다. 그러나 파리에서는 온갖 것을 써 보내기에 저는 이제 아무것도 믿지 않습니다.

　이번에는 다른 류의 편지들로, 좀 더 구체적인 사실을 담고 있습니다. 세페르 씨[40]가 공사님과의 공동 서지 작업을 흔쾌히 받아들인다는 확약을 공사님께 보냈다고 제게 편지를 보냈습니다. ─ 동시에 람브레히트 씨도 다음과 같은 편지를 보내왔습니다. "인쇄비는 르루 출판사가 책임지기로 했습니다. 저자는 인쇄 전지 한 장당 50프랑을 받게 될 것이며, 자신의 저작물 10권을 받을 권리가 있습니다. 만약 인쇄를 프랑스에서 한다면 정음(正音) 활자를 구할 수 있겠습니까?"(세페르 씨는 제게 [프랑스] 국립 인쇄소에 있다고 말씀하십니다) "교정쇄는 조선과 일본으로 보내야 합니까? ─ 만약 반대로 공사님께서 일본에서 해당 도서를 인쇄하려고 하신다면 먼저 세페르 씨의 허락이 필요합니다. 그런 다음 르루 출판사와 그가 지급해야 할 인쇄비에 대해 합의를 해야 하며, 전집의 다른 책들과 판 규격이 같은 종이를 구해야 합니다. 그리고 동양어학교에서는 국외에서의 학교 출판물 인쇄를 금하고 있음을 아울러 말씀드립니다. 예외를 허용하는 경우는 달리 방도가 없을 때입니다. 그러나 가능합니다." ─ 따라서 요점은, 람브레히트 씨에 의하면, 공사님과 제가 인쇄 장소에 대해 의견 일치를 보는 것입니다. 그런 다음 곧바로 세페

─────────

자신과 이방인의 목숨을 구해주는 조건으로 폭도들에 투항하였다는 소문이다. 하지만 그는 아이들의 배를 갈라 죽이고 불에 태워죽였다거나 학살당한 선교사들의 얘기 등, 가증스러운 악행들을 저질렀다는 소식이 사람들의 입에 오르내리고 있다."

40　샤를 세페르(Charles Schefer) : 동양어학교의 총장이자 후일 쿠랑의 장인이다.

르 씨에게 편지를 써야 할 것입니다.

이후 밟아야 할 절차는 현재로서는 매우 분명합니다. 즉 어디서 책이 인쇄되길 원하느냐 입니다. 제게 중요해 보이는 문제는 단 한 가지로, 교정쇄를 수정하는 부분입니다. 교정쇄는 공사님이나 제가 검토를 해야 할 것이고, 두 사람이 다 검토를 하면 더욱 좋을 것입니다. 이 필수적인 조건 외에 나머지는 제게 상관없습니다. 저도 조판에 대해서는 아는 것이 없기에 달리 의견이 없습니다. 따라서 우리 중 어느 한 사람이 교정을 볼 수 있다면 나머지 문제에 대해서는 공사님께서 좋으신 대로 준비해주십시오. 공사님께서 하시는 일은 아주 잘 될 것임을 저는 미리 알고 있습니다. ― 결정에 필요한 사항은 공사님께 있으시니 이젠 세페르 씨께 편지만 쓰시면 될 것입니다. ―5, 6월까지는 공사님과 제가 이런 편지를 주고받겠지요. 예기치 못한 일만 없다면 책도 그때쯤 완성될 것입니다.

저는 행정 논문 정서에 집중하느라 10월 1일 이후로는 일을 진행하지 못했습니다. 제 생각에 정체(正體)로 가늘게 빈틈없이 쓰면 150내지 200쪽 정도 될 것 같습니다. 1월 15일경 원고를 부치고 곧바로 "서지" 작업에 다시 착수하겠습니다.

공사님께 또 한 가지 알려드려야 할 것은 베이징 조정(朝廷)에 관한 저의 논문이 교육부 관보에 인쇄되거나 아니면 이미 인쇄되었다는 것입니다. 아시다시피 이 논문은 제가 쓰고자 하는 책의 초안으로 여기고 있는 터라, 이 초안을 발표할 의도는 없었습니다. 인쇄는 제가 모르는 사이에 결정되어졌고, 누가 그것을 편지로 제게 알려주었을 때 항의할 수도 있었을 것입니다. 그러나 그렇게 하지 않는 편이 낫겠다고 생각했습니다.

겨울입니다. 따라서 저희는 일본에서도 상하이와 텐진에서도 편지를 받지 못합니다. 또 언제 받게 될지도 모릅니다. 제가 자주 연락하는 분들께 보내는 편지에 번호를 매기기로 했습니다. 이 편지를 1번으로 시작합니다.

공사님께서 저의 경의와 깊은 충심을 받아주시기 바라며
모리스 쿠랑[서명]

추신 1 : 제 편지는 아마도 연초에나 공사님께 도착하겠지요. 그러므로 이 편지에 저의 모든 진심어린 새해 염원을 담아 보냅니다.

모클리(Mauclay) 제독께 편지로, 탁본은 라포르트 씨 댁에 있고 다음 중국 선편으로 보낼 것이라고 하였습니다.

올링거(Ohlinger)[41] 선교사께 편지를 썼습니다. 그가 공사님께 『코리안 리포지터리(*The Korean Repository*)』를 보낼 것입니다.

추신 2 : 공사님의 11월 25일 자 편지를 방금 받았습니다. 감사드립니다. 오늘 편지와 지난번 편지가 이미 공사님의 질문에 대한 답변이 되겠습니다. 조선-만주-중국어책의 제목은 『한청문감(漢淸文鑑)』입니다.

---

41 올링거(F. Ohlinger, 茂林吉) : 1887년 1월 아펜젤러의 요청으로 미감리회선교사로 내한하였다. 그는 배재학당 내에서 삼문출판사를 창설하고 초대 사장에 취임한 바 있다. 또한, 1890년 조선성교문서회를 조직하여 초대회장에 취임, 기독교 서적들을 출판했으며, 그 연장선에서 영미정기간행물 『코리안 리포지터리(*The Korean Repository*)』(1892, 1895~1899)를 창간했다.

　11월 25일 자 공사님의 편지를 받았을 때, 이미 보낼 준비가 다 된 저의 편지에다 간신이 추신만 덧붙였습니다. 그렇지만 추신으로는 리스텔위베르 씨에게 말씀을 잘 해주셨던 점과 또한 캄보디아의 십자 훈장을 위해 애써주신 점, 이 두 가지 모두에 대해 제가 마땅히 해야 하고 또 하고 싶은 감사를 표현하기에는 충분하지 못한 법입니다. 그토록 깊은 호의로 저를 배려해주셔서, 저는 안심하고 푹 자고 있으면 되겠습니다. 그러면 행운은 뜻하지 않게 오겠지요.

　저는 다음번 외교행낭으로 프랑스 우편물이라고만 기재하여 공사님께 전달되어야 할 세 개의 소포를 ○○○○에게 부치겠습니다. 거기에는 국왕이 하사한 책 세 권과, 그 세 권은 동양어학교가 이미 소장하고 있는 것입니다. 공사님께서 저에게 맡기셨던 공문들이 들어 있습니다. 마침내 그 골치 아픈 공문들의 사본을 만들었습니다! 그 일에 제가 시간을 많이 끌었지요, 아니 그렇습니까? 제가 옮겨 쓰는 것을 얼마나 싫어하는지 잘 아시지요. 게다가 공사님이 떠나신 이후로 잠시도 시간적 여유가 없었습니다. 서지와 비문 작업이 9월 말까지였던 데다 그 후로 행정 논문 준비로 숨 돌릴 시간조차 없었습니다.

　최근 바라(Varat)[42] 씨로부터 편지를 받았는데, 그는 제가 용주사에서

42　바라(Varat) : 샤를 바라를 말한다. 그는 1888~1889년 사이 한국의 남단을 횡단한 탐험가이자 전문적인 여행가이다. 당시 한국방문의 기록은 그의 저술("Voyage en Corée; 1888~1889", dans Le Tour du monde, Nouveau Journal des Voyages, livraison 1635 (7mai 1892), Paris[샤를 바라, 성귀수 역, 「조선종단기 1888~1889」, 『조선기행』, 눈빛, 2001])에 남겨져

공사님께 가져다 드린 승모에 대해 감사해했습니다. 그 물품은 공사님께서 특별히 언급할 대상이 되기에는 그다지 중요한 것이 아니었습니다. 바라 씨는 그 편지와 함께 제게, 족히 모자의 20배 값어치는 나갈 압착 세공이 된 작고 아주 예쁜 은쟁반을 하나 보내주셨습니다. 덧붙여 그는 제게 살라벨(Salabelle) 씨에게 넥타이핀을 전달해달라고 해왔는데, 저는 그것을 그에게 반송하지 않을 수 없게 되었습니다.

서울에서는 재미있는 일이 없습니다. 연보에 대해서는 말씀드렸지만, 프랑댕(Frandin)[43] 공사에 관해서는 아무런 언급이 없습니다. 소문에 군졸들이 대여섯 명씩 무리를 지어 모여 매일 밤 서울 주민들에게서 돈을 약탈해간다고들 합니다. 저의 관점에서 보자면 이 도시는 파리 국립도서관의 대 열람실과도 같이 고요합니다. 저는 온종일 행정 논문을 옮겨 쓰고 있습니다. 청명한 하늘과 인왕산에 걸려 늦장을 부리고 있는 태양을 보러 나가지 않는 한 말입니다.

공사님께 저의 경의와 충심을 받아주시기 바라며

모리스 쿠랑[서명]

있으며, 그가 한국에서 수집한 古書와 예술품은 파리 기메(Guimet)박물관에 소장되어 있다.
43 프랑댕(H. Frandin, 法蘭亭) : 1892년 4월부터 프랑스 공사 겸 총공사로 부임하여 1894년 2월까지 재임하였다.

1892년 1월 21일, 서울
콜랭 드 플랑시 공사님

토요일에 도착한 두 통의 게랭 씨의 편지로 그가 곧 복귀할 것임을 알게 되었습니다. 길리앙(Guillien) 씨가 상하이로 돌아갔으니 게랭 씨가 직무를 잇기 위해 이곳으로 온다는 내용이었고, 2월 5일에 제물포에 도착할 것으로 예상했습니다. 저는 2월 말이나 3월 초가 되어서나 서울을 떠나려고 합니다. 저는 베이징으로 소환되었습니다. 따라서 만약 제가 좀 더 일찍 떠난다면 육로로 가야 할 것이고 그다지 시간을 절약할 수 없을 것입니다. 저는 해빙기까지 기다렸으면 하는데, 그러면 비문을 완전하게 정리할 수 있을 것입니다. 공사님께서는 제가 말씀드린 시기를 보시고 원고를 저에게 베이징으로 보낼지 또는 이곳으로 보낼지를 판단해 주십시오.

이렇게 해서 제 서울에서의 체류를 마쳤습니다. 처음엔 제가 아주 부정적으로 보았던 체류였습니다. 처음 석 달 동안은 지내기가 괴로웠습니다. 공사님께서는 알고 계셨을 테지만 제가 뭔가를 느끼지 못하도록 사려 깊은 태도로 맞아주셨고, 그렇게 대해주신 사려 깊은 마음에 무한한 감사를 드립니다. 그 당시 저의 정신 상태로는, 극히 사소한 일에도 조선에 대해 혐오감을 느끼고 빠져나갈 궁리만 하였을 것입니다.

공사님 덕분에 우선 이 나라가 제게 견딜 만해졌고, 이 나라에 매우 흥미를 갖게 되었습니다. 오로지 공사님 덕분에 서울에서의 단조로운 삶이 힘든 것이 아니라 유쾌한 것이 되었습니다. 공사님의 늘 일치된 활동과 고결한 의지의 모습 덕택에 저는 강해졌고, 저 자신을 스스로가 확신하도록 도울 수 있었습니다. 적어도 제게는 그러합니다. 이러한 단정이 주제넘어 보일 수 있을지라도 말입니다. 설령 그 모범을 제가 유익하게 따르지 못했다 하더라도 저는 그 본보기를 분명히 보았으며 또한 마음에 생생히 새기고 있습니다.

이제 제가 조선에서 보낸 시간을 회상하니 이러한 생각들이 듭니다. 아마도 공사님께는 그리 중요한 것이 아니지요. 그러나 저의 진심을 보시고, 다소 주저 없이 말씀드리는 저의 허심탄회함을 너그럽게 용서해 주시길 바랍니다.

로셰 대리공사가 몽쯔현[蒙自縣]으로 갈 것을 단호하게 명하는 전보를 자초했습니다. 그래서 저는 그와 거의 동시에 서울을 떠날 것입니다. 사무직 고용인들은 이 모든 변화에 많이 놀라고 있습니다.

이제 와서 조선을 떠나는 것을 기뻐해야 할까요? 이곳에서 장래를 걱정하고 있었으니 그렇기는 합니다. 기쁜 마음으로 베이징에 가야 할까요? 일과 건강 등 어떤 이유를 보더라도 그렇습니다. 그곳에 가는 것을 유감으로 여겨야 할까요? 그것도 그렇습니다. 늘 기대를 하지만 안정된 것은 아무것도 없이 그곳으로 돌아가니까요. 이러니 어떤 감정이 우세해야 할까요? 잘 모르겠습니다.

공사님께 경의와 충심을 표하며
모리스 쿠랑[서명]

〈상하이 프랑스 총공사관에 종사했던 이들의 사진(1884년)〉
첫줄 왼쪽부터 : 길리앙, 엥보위아르
두 번째 줄 왼쪽부터 : 드 로벨말비, 비시에르, 콜랭 드 플랑시, 프랑댕, 미라벨,
세 번째 줄 왼쪽부터 : 드 벨라브르, 루이 파트노트르, 엑쿠아르 (사진 : 스즈키)

18일에 도착한 이달 3일 자 공사님의 편지에 조금 더 일찍 답장을 드리고 싶었습니다. 그러나 이번에 일본 우편국이 다음 우편물 발송을 저희에게 알리지 않았고 저는 그 사실을 너무 늦게 알았습니다.

이왕에 공사님께(늘 솔직하게는 말씀드렸지만) 숨김없이 말씀드리기 시작했으니, 공사님의 2월 3일자 편지의 첫 부분이 저에게 얼마나 묘하고 귀한 기쁨을 일으켰는지도 말씀드리게 해주십시오. 저는 한국의 문헌에 대한 연구가, 처음 착상에서부터 공사님께서, 저를 돌보고 저의 서울 생활을 용이하게 할 용도였을 것이라는 데는 조금도 생각이 미치지 못했습니다. 저는 그것이 공사님께서 이미 구상하셨고, 실현될 적절한 상황만을 기다리고 있던 계획이라고 생각했습니다. 그리고 제가 서울에 도착한 일이 단지 그런 상황 중에 포함될 수도 있다고 생각했습니다. 그런데 공사님께서는 특별히 저를 위해 이 계획을 구상하셨다고 알려주십니다. 저는 제가 어떻게 공사님의 관심과 염려의 대상이 될 자격이 되었는지 영문도 모르는 채, 그저 당황스럽습니다. 바로 여기에서 저에 대한 공사님의 호의적인 의견을 보는 것 같아 정말 행복합니다.

제가 타인의 견해를 중시하는 경우가 대체로 드문 편이라면, 공사님을 포함한 몇 안 되는 분들의 의견은 제게 대단히 소중합니다. 그리고 이렇게 민감하게 생각하는 것을 멀리서 불러온 것으로 여기지는 마십시오. 민감함은 천성과 교육에 의한 것이고 제 감성의 자연스러운 모습이기 때문입니다. 1월의 편지에서처럼 이번 편지에서도 저는 단지 제 내면에서 일어나는 일을 아주 진솔하게 분석해보려고 애쓰는 것입니다.

제가 지금 답신을 드리는 이 편지에 앞서 서지 해제들이 든 소포를 받았습니다. — 베이징으로 떠나기 전에 저는 바라(Varat) 수집품을 위한 서류들을 살펴보겠습니다. 그런데 한국문헌일람에 대해 제게 말씀하시는 것은 받아들일 수가 없습니다. 정말 이상한 방법으로 공사님께서는 하신 일을 과소평가하고 축소하기를 좋아하십니다.

이 작품을 만드는데 아무것도 한 일이 없다시니요! 제게 보내주신 해제 꾸러미는 그런 공사님의 말씀을 부인하고 있습니다. 그것만으로도 이 책의 상당한 부분을 구성하며, 또한 중요하고도 필수적인 문제를 세밀하게 다루고 있습니다. 어디 그뿐입니까?

설령 이 해제들이 없다고 하더라도, 이 한국서지에 아주 중대한, 핵심이 되는 큰 기여를 하신 터이지요. 죄송하지만 이 일의 착상은 누가 하셨습니까? 조선의 서적들을 들여다보고 조사하며, 서적상의 매대를 찾아볼 생각을 가졌던 사람이 저입니까? 제가 반대했던 일이 기억나지 않으십니까? 이 일을 함께하도록 몇 달 동안이나 저를 설득하셨고, 따라서 이 일을 시작했을 때는 오로지 공사님을 만족하게 해드리려 했던 것이고, 이 일 자체에 관심을 두게 된 것은 다만 그 이후였습니다. 또한, 제가 이 일을 어떻게 이해하고 있었던가요? 저는 묄렌도르프(Möllendorff)식의, 아주 간략하고 무미건조한, 간단한 해제[44]를 작성하려고 생각했습니다. 그 뼈대가 되는 기초 작업에 누가 생명을 주었고, 누가 설

---

44 P.G. von Möllendorf, *Manual of Chinese Bibliography, being a list of works and essays relating to China*, by P.G. & O.F. von Möllendorf, interpreters to H.I.G. Majesty's Consulates at Shanghai & Tientsin, Shanghai, Celest. Empire Office, 1876, VII 378p, in-8.

명과 분석을 더하여 활기를 불어넣은 사람은 누구입니까? 조언을 주시고 본보기를 보인 분이 공사님이 아니면 누구입니까? 게다가 누가 이 작품 초안을 구상하셨습니까? 누가 그 모든 것을 서양 서적에서 조사했습니까? 누가 제게 이러한 접근 방식에 대한 흥미와 필요성을 제시해 주었습니까?

공사님께서 아무 일도 하지 않으셨다니요! 최초의 착상과 실행 방법 초안, 진행 방식과 작성 양식 서지학적 접근, 대여섯 장(章)에 이르는 해제 집필로 결국 전체 저작의 삼분의 일 이상에 해당하는, 책 한 권 분량을 집필하셨습니다. 이것이 바로 공사님께서 하신 일입니다. 그래도 아무 것도 하지 않으셨습니까? 진정 저 자신이 한 것이 무엇입니까? 저는 단지 공사님의 충고를 따르려고 노력하며 공사님의 지시에 따라 일했을 뿐입니다. 저는 번역가나 서기 역할보다는 조금 더 관여했지만 공동 저자라고는 할 수 없습니다. 만약 책 표지에 올라서는 안 될 이름이 있다면 그것은 제 이름이지 결코 공사님이 아닐 것입니다. 공사님께서 감정적으로 계속 고집하신다면, 이 책은 그야말로 저절로 만들어진 책이 되어 저자도 없는 상황에 처할 것입니다. 그러면 적어도 아주 특별한 책이 되겠지요.

왜 공사님의 작품을 부인하십니까? 왜 이 작업의 모든 부담을 제게 남기려고 하십니까! 만약 이 서지가 호평을 받는다면, 그 칭찬을 저 혼자 받을 수는 없습니다. 그리고 만약 혹평을 받게 된다면? 만약 그렇다면, 우리가 함께 책임을 져야 하겠지요. 물론 제가 저는 이 두 번째 가정에는 신경을 쓰지 않을 것이 그것은 가정일 뿐이기 때문입니다. 공사님 편지 한 구절을 공사님께 돌려 드립니다.

"자네가 적어도 나만큼의 공이 있는 이 서지에 내가 유일한 저자라고 자처하는 것이 옳겠는가?"

말씀하시는 방식을 제가 받아들인다고 한다면 이 책이 어떤 것인지, 다시 말해 우리가 공동 작업을 했다고 책에 관해 이야기해주었던 사람들에게는 이상하게 보일 것입니다. 이런 것을 공사님께서 지금 제게 제안하고 계십니다. 그러나 만약 제가 말씀에 동의한다면 훗날 공사님도 모르는 사이에 마음에서 제가 조심성이 없다고 비난하는 어떤 소리가 일지 않을까요? 바로 이점을 저는 감당하지 못할 것입니다. 그러니까 이 모든 일이 그렇게 되지는 않더라도, 공사님 홀로 초안을 구상하셨고 실행에 크게 이바지하셨음에도, 책에 제 이름만 올리는 것은 저 자신을 기만하는 일이 될 것입니다. 이렇게 말씀 올리고 저는 우리의 해제 작업을 계속하겠습니다.

콜랭 드 플랑시 공사님께 경의와 충심을 표하며

모리스 쿠랑[서명]

추신 : 저는 3월 8일에 서울을 떠나고, 10일에는 제물포를 떠납니다.

2. 중국, 일본 그리고 프랑스에서(1892.6.1~1899.12.19)

2장은 쿠랑이 1892년 3월 조선을 떠나 1896년까지 중국, 일본에서 외교관으로 근무했던 시기 그리고 1896년 이후 통역관 일을 정리하고 전문적인 학자의 길을 선택한 이후 파리에 머물던 시기, 콜랭 드 플랑시에게 보낸 서한문 10종을 엮은 것이다. 중국 베이징에서 보낸 서한을 보면, 『한국서지』의 집필이 마무리되어가고 있던 상황을 볼 수 있다. 프랑스 파리에 잠시 귀국한 이후부터 일본 도쿄로 발령된 시기의 편지를 보면, 『한국서지』의 출판 및 인쇄 작업이 진행되던 모습이 잘 묘사되어 있다. 더불어 『한국서지』의 출판배경이라고 할 수 있는 쿠랑의 개인사 혹은 한국의 근대사와 관련된 여러 풍경 또한 주목된다. 예컨대, 일본주재 공사관의 근황과 청일전쟁을 배경으로 한 긴박한 정국이 잘 드러난다. 또한 중국 텐진[天津]에서 보낸 편지는 정식통역관으로 발령받지 못했던

베이징주재 프랑스공사관

프랑스 파리 기메박물관

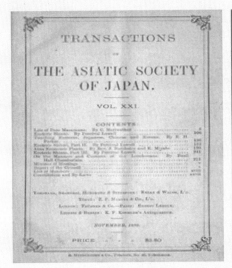

재외의 동양학 학술저널

그의 불안정한 처지와 상황이 보여, 그가 외교관이 아니라 전문적인 학자의 길을 선택하게 된 계기를 발견할 수 있다. 이 시기 쿠랑의 마지막 편지는 학자의 길을 선택했지만 결국 모교의 교수임용이 좌절되던 모습이 담겨있다.

그럼에도 그가 보낸 편지들에는 『한국서지』의 출판 및 인쇄과정과 그 이후 한국학 논문 집필의 모습과 한국학 연구를 염원했던 그의 소망이 함께 잘 새겨져 있다. 1892년에서 1895년까지의 서한을 통해 전자의 모습을, 1897년부터 1899년까지의 서한을 통해서는 후자의 모습을 발견할 수 있기 때문이다. 한국을 떠났음에도 그가 이와 같이 한국학의 성과를 내놓을 수 있었던 이유를 그의 서한을 통해서 능히 짐작해볼 수 있다. 당시 일본과 파리는 그가 다른 동양학자들과 교류하며 그의 한국학 연구성과를 공유할 수 있는 장소였다. 쿠랑이 자신의 논문을 발표할 동양학 학술지들이 있었으며, 또한 한국학 문헌과 새로운 한국학 논문을 접할 수 있는 장소였기 때문이다. 또한 그 이면에는 대한제국의 출범과 플랑시의 복귀와 같은 사건들 그리고 한국학 전문가로 성장한 쿠랑의 모습이 존재했다. 특히, 『한국서지』출간 이후 그의 한국학 논문이 집중적으로 출현한 계기가 대한제국 민종묵(閔種默)이 플랑시에게 의뢰했던 바, 쿠랑을 한국에 초빙하고자 한 계획이 관련되었던 사실을 알 수 있다.

쿠랑을 한국에 초빙하고자 했던 민종묵(閔種默)

1892년 6월 1일, 베이징
콜랭 드 플랑시 공사님

어제 아침 공사님의 편지를 받았습니다. 보시다시피 지체하지 않고 답신을 보냅니다. 말씀드린 5월 12일자 편지가 저를 무기력하고 망연자실하게 만들었습니다. 모든 것이 준비되었고 르루 출판사의 동의와 동양어학교의 인가를 얻었다는 것이 그것입니다. 공사님께서는 모든 정보를 알고자 하셨기에 말씀드립니다만, 매사 순조롭고 모든 준비가 완료되었는데, 원고만이 부진하군요. 서울에서 베이징으로의 전근으로 인해 6주가 흘러가 버렸습니다. 여기서 저는 서울에서 하던 일의 절반도 할 수가 없습니다. 일이 지체되고 있는 이유가 그것입니다. 이유야 중요하지 않습니다. 그것이 저의 의지와 무관하고, 어쨌거나 사실이기 때문입니다.

제가 참여한 행정, 의례, 불교, 도교 부분은 완성되었습니다. 불교, 도교 부분에서 저는 이주사(李主事)와 함께했던 몇 가지 오류를 바로잡았고, 찾을 수 있다고 생각되는 추가 자료들을 찾는 중입니다. 나머지 부분을 마치려면 시간이 필요할 것 같습니다. 역사 저작물에 관해서는 몇몇 긴 해제밖에는 없을 것이지만 아주 빨리 이루어질 것입니다. 왜냐하면, 제 수중에 서적 자체가 없으니, 결국 이미 만들어 놓은 목록표들을 거의 그대로 베끼는 작업만이 남았으니까요. 오히려 '集' 저자들의 전집 부분에 일이 아주 많을 것 같습니다. 알려지지 않은 저자들에 관한 여러 전기 자료들을 찾아야 하니까요. 도에 넘친 과도한 욕심을 부리지 않고 잘 연구해나가면, 두 달가량이면 마무리할 수 있을 것 같습니다. 물론 모든 것을 고치고 정서하며(제가 한 수많은 수정 때문에 다시 확인하는 과정이 필요합니다), 번호를 매기고 용어 색인 작업도 필요할 것입니다. 여전히 오랜 시간이 소요되겠지요. 상황이 그다지 좋지는 않습니다. 공사님의 사려 깊은 말씀과 격려가 필요합니다. 저는 와일리(Wylie)의 저서와 『四庫全書總目』을 참조하며 작업을 하고 있는데, 두 책이 여러 가지로 많은 정보를 제공해주어 큰 도움이 되고 있습니다.[45]

저자목록과 서적목록이 필요할 것입니다. 그러나 여기에는 한자로 만들어 부수대로 배열하는 작업이 필요할 것인데, 그것 없이는 한국어 발음을 모르는 사람들에게는 전혀 사용되지 못할 것입니다.

공사님께서 생각하고 계실 서울 지도 복제하는 건에 대해 말씀드리자면, 예컨대 김창여(金昌如)의 지도[46]나 혹은 역사적 도상 자료들은 제가 그 사본이 있습니다. 조선이 대양으로 둘러싸여 있고 해가 지거나 뜬다는 나무들이 그려진 평면구형도[47]도 신기할 것입니다. 저는 그것도 가지고 있습니다. 수원(성) 그리고 궁궐의 춤에 관한 책들의 도판을 한두 개 얻을 수도 있을 것입니다. 저는 그것의 사본들과 원본들을 가지고 있습니다.[48] 송파의 만주어와 몽골어로 된 비문과 그리고 경주에

---

45 쿠랑은 『한국서지』에서 한국에서 출판된 많은 서적과 관련하여 와일리의 저서(A. Wylie, *Notes on Chinese literature*, Shanghai : American Presbyterian Mission Press; London : Trübner & Co. 60, Peternoster Row, 1867)와 『사고전서총목』을 참고논저로 표기했다. 특히 쿠랑은 한국에서 출판된 중국문헌에 관한 많은 정보를 이 저술들에서 얻을 수 있었다.

46 『한국서지』의 2207번 항목 관련 도상자료인 「漢陽全圖」를 말한다.

47 『한국서지』 2187번 항목의 「天下諸國圖」를 말한다. 여기서 말한 나무는 각각 동쪽과 서쪽의 끝에 있어 해가 뜨거나 진다는 신화적인 부상(扶桑)과 반송(盤松)을 설명한 것이다.

48 궁중연회와 관련된 것은 『한국서지』 1306번 항목 『珍饌儀軌』와 관련하여 수록된 그림(〈通明殿꽂日會酌圖〉, (참고자료 2))을 지칭하며, 수원과 관련된 것은 정조의 사도세자 능행관련 문헌들을 지칭한다. 도상자료의 출처로 제시된 문헌을 정리해보면, 1398번 항목 『園幸乙卯整理儀軌』 소재 1편, 1299번 『華城城役儀軌』 소재 4편이다.

서 나온 밀물을 막기 위한 내용이 쓰인 비문을 베낄 수도 있을 것입니다. 저는 둘 다 가지고 있습니다. 이제야 쓸 만한 몽골어와 만주어 서적의 두 개 연판을 보유하게 된 셈입니다.[49] 책들의 제목에 관해서 공사님께서는 비교적 잘 쓴 한문일 뿐이라는 것을 알고 계시지요. 가장 오래된 서적들은 특별한 제목을 가지고 있지 않습니다. 견본으로서 제목을 부여할 수도 있을 것입니다. 지시할 일에 대해 생각나시는 것이 있으면 제게 말씀해 주십시오. 저는 공사님께서 말씀하시는 대로 모사와 사진 작업을 진행하겠습니다. 서울을 떠나기 전에, 저는 공사님께서 동양어 학교에 건네준 사전들 가운데 한 권에 따라 한글 자모의 각인을 만들도록 했습니다. 이는 이 사전과 관련된 해제에 포함된 목록을 위해 쓰일 것입니다.

한국에 관한 유럽 논저들에 대한 주석을 「서론」 안에 넣기로 합의한 것을 기억하실 것입니다. 저는 이 주석을 위한 자료를 가지고 있지 않습니다. 이와 관련된 저작물들을 갖고 있지도 않고, 다만 이와 관련된 약간의 카드만이 있을 뿐입니다. 게다가 「서론」은 당연히 공사님이 쓰셔야 합니다. 아마도 공사님께서는 그 「서론」을 준비하시고, 제게 보내주신다면 제가 가진 자료로 「서론」을 보완하도록 하겠습니다. 공사님께서 기꺼이 이 점을 받아주신다면 제가 「서론」을 쓰는 것보다 좀 더 빨리 인쇄에 착수할 수 있을 것입니다. 「서론」에 대해서는 공사님께서 저보다 더 무한한 역량이 있으시다는 것을 강조하여 말씀드립니다. 필요하거나 유익할 것으로 생각되는 주제에 관해 통찰력을 갖추셨고 또

---

49 『한국서지』 114번 항목 『新譯淸語老乞大』와 128번 『蒙語老乞大』를 지칭한다.

한, 공사님께서는 일본과의 흥미로운 비교도 하실 수 있기 때문이죠. 반면에 저는 세부사항들과 문헌들 속에서 갈피를 잡지 못할 거고요.

저는 또 비시에르 씨와 인쇄상의 배열에 관해 이야기를 나누었고, 그에게 향후의 원고 규모를 어느 정도 가늠할 수 있게 하는 현재의 원고 상태를 보여주었습니다. 그는 우리에게 2단의 그리고 다음과 같은 분할 방식의 배열을 더 추천한답니다.

(순번) (볼드체)

1778. 鑄字事實. 주자사실.

-동판으로 된 이동식 활자들의 역사

-1권. 첩본.

-B. R.

(더 세밀한 서체로) 1403년(太宗立年癸未), 왕이 법령을 내렸다 등등.

그렇게 함으로서 그는 이 책이 『중국서지(Bibliotheca sinica)』[50]의 첫 부분보다는 덜 두꺼울 것이고 아주 분명할 것이라고 말했습니다.

교정쇄의 교정이 남았네요. 비시에르 씨는 5일 상하이로 떠납니다. 지난번 편지로 알려드린 바대로, 저는 어쩔 수 없이 10월 휴가를 떠나야 합니다. 공사님, 일본에서 얼마나 더 머무시는지요? 만약 인쇄가 9월에 시작된다면, 제가 보기에는 더 빨리 시작하기는 매우 어려울 것 같은데, 교정은 어떻게 이뤄질까요? 공사님께서 제게 전해준 계획은

50　H. Cordier, *Bibliotheca sinica. Dictionnaire bibliographique des ouvrages relatifs à l'Empire chinois.* Tome 1, E. Leroux (Paris), 1878~1895.

탁월합니다만 이런 상황이라면 계획대로 진행되지는 못할 것입니다. 저는 교정의 어려움을 이해하고 있습니다. 드베리아(Devéria) 씨께서 기꺼이 훑어봐 주셨음에도 불구하고, 베이징 왕실에 관한 제 논문은 여전히 오류투성이입니다. 게다가 저는 그것을 아직 받아보지 못했고, 드브란트(de Brandt) 씨가 빌려준 사본만을 보았습니다. 그렇게 인쇄할 바에는 하지 않는 편이 더 좋겠습니다. 그러니 어떻게 할까요? 좋은 생각이 있으신지요?

보시다시피 문제가 녹록지 않습니다. 또한, 4월 24일 자 편지 이후, 20일에 제가 사진과 함께 부친 편지를 받아보셨으리라 생각됩니다. 현재 100명이 구독 신청한 『르뷔 뒤 자퐁(Revue du Japon)』이 순탄하고 오래 이어지기를. 저는 1호를 능가하는 2호와 3호를 잘 받았습니다. 요청하신 화폐에 관한 연구[51]에 관해 말씀드린다면, 제가 『한국서지』를 잠시라도 놓을 수 없으므로 그 일을 담당할 수 있을지 잘 모르겠습니다. 더구나 저희는 과중한 업무에 매여 있습니다.

공사님께 경의와 충심을 표하며

모리스 쿠랑[서명]

---

51 쿠랑이 쓴 한국화폐와 관련된 논문("Note historique sur les diverses espèces de monnaie qui ont été usitées en Corée", *Journal Asiatique* 9(2), 1893)은 본래 콜랭 드 플랑시로부터의 요청이 있어 작성된 것으로 보인다.

1893년 9월 14일, 라 크루아(La Croix)
콜랭 드 플랑시 공사님[52]

공사님께서 제게 편지를 쓰시고 실제로도 수차례 말씀하셨던 것처럼, 공사님께서는 『한국서지』에 대한 공사님의 공동 작업이 충분하지 않다고 생각하시면서, 공사님의 성함이 저자명으로 실리는 것을 바라지 않으십니다. 그래서 저는 이제부터는 홀로 인쇄 작업에 전념하면서, 제가 도쿄에 도착한 후에 가능하면 가장 빨리 시작하도록 하겠습니다. 그 일에 관련해서 원고에 대한 동양어학교장의 승인을 받아야만 했습니다.

한편 이 저작물을 일본에서 인쇄할 수 있는 인가 요청이 받아들여진 것은 공사님과 제가 공동 저자로 표기된 상태에서입니다. 상황을 정리하기 위해서는 공사님께서 제 장인어른께 이 저작물에 협력하시는 것을 그만두었다는 것과 저 혼자서 이 작업을 계속하고 출판한다는 것을 밝히는 편지를 쓰실 필요가 있을 것입니다. 공사님께서 공식적으로, 감히 말씀드리자면, 이런 입장을 정하는 메시지를 기꺼이 편지로 써주시기를 바랍니다.

저는 22일이면 파리에 있고 한 열흘쯤 머물 생각입니다. 그중 며칠 동안은 국립도서관의 한국어책을 검토할 계획입니다. 이 무렵에 파리에서 공사님을 뵐 수 있기를 고대하고 있습니다.

---

52 이 편지는 쿠랑이 중국 베이징을 떠나 프랑스에서 작성한 글이다. 그는 1892년 10월 중국을 떠나 귀국하였다. 1893년 1월 동양어학교장의 딸 엘렌 세페르(Hélène Schefer)와 결혼하고 약 반년을 파리에서 보냈다. 7월 본래 중국 베이징으로 다시 배치될 예정이었지만, 일본 도쿄로 그의 근무지가 변경되게 된다. 이 서한에는 이러한 쿠랑의 정황이 반영되어 있다.

오랫동안 건강이 좋지 않았는데 잘 회복되었습니다. 여기에서 반시간 거리에 있는 샬(Challes) 온천에서 받는 치료가 이제 거의 끝나갑니다.

공사님께 온전한 충심을 전하며

모리스 쿠랑[서명]

1894년 3월 23일, 도쿄
콜랭 드 플랑시 공사님

저희는 월초에 일본 천황의 은혼식 축제를 경험했는데, 이는 무척 흥미로웠고 평생에 몇 번 볼 수 없는 드문 광경들 중의 하나였습니다. 저녁 때, 궁궐에서 공연되었던 춤은 무척 신기했고 예술적이었습니다. 그 춤은 한국과 중국 춤들의 묘사를 가시적으로 재현하는 듯해 또한 저의 관심을 끌었습니다. 공사님께서는 제가 의례에 관심이 많은 것을 아십니다. 신키위츠(Sinkiewicz) 씨가 축하연에 대한 보고서를 작성하도록 했고 이것은 오늘 공문 양식으로 외무부로 송부되었습니다. 공사님도 보시면 관심이 생기실 것입니다. 공사님의 아주 솔직한 견해를 전해주십시오.

저는 여기에서 필요한 사람이 되도록 애쓰고 있고, 최근에는 신문에 게재된 이토 미요지(伊東巳代治) 백작의 긴 편지를 번역했습니다. 아시겠지만 평소에 외무부하고는 그다지 교신이 활발하지 않습니다(흥미로운 교신을 말씀드리는 것입니다). 카즈나브(Casenave)가 떠난 것으로 인해 전권대사가 약간 당황하고 있습니다. 그가 여러 가지 방면에서 저에게 상의를 해올 것이라고 제가 희망하는 것에는 그럴 만한 이유가 있고, 또 그가 그렇게 할 것이라고 믿고 싶습니다. 현재 그는 너무나 업무에 몰두해 있어서 (사실은 오늘 이 편지로 공사님께 그 사실을 알리는 셈인데), 사적인 문제로 그에게 말을 거는 것은 어렵게만 느껴집니다. 다름이 아니라, 그가 파리에 편지를 보내 저를 1급 통역관으로서 확정을 요청하게끔 하는 것이지요. 적절하지 않은 순간에 그에게 말을 걸어 일을 그르칠까 두렵습니다.

저는 하루에 여러 시간 전념하는 일본어 공부 외에 『한국서지』인쇄로 무척 바쁩니다. 주키지(築地)인쇄에 부탁하여 인쇄를 진행 중에 있습니다만, 아직 질 좋은 종이를 구할 수가 없었습니다. 저작물 분량이 상당한지라 아마도 1,000페이지는 족히 될 것입니다. 저는 여기에서 도쿄 시바[芝]에 있는 그 유명한 고려 대장경 영인을 도판으로 삼으려고 애쓰고 있습니다.[53] 프랑스어로 된 교정본을 위해서는 어려움이 꽤 있습니다. 중국어와 조선어는 괜찮은데, 인쇄공들이 이 언어들에게는 없는 순수한 조선식 한자의 활자들을 곧잘 주조합니다. 공사님께 이런 상세한 사항들을 전해 드리는 이유는, 공사님께서 이 저작물을 위해 아버지와 같은 깊은 마음을 지니셨고, 서울에서의 공동 자료 수집을 잊지 않으셨다고 생각하기 때문입니다.

이 편지에 은혼식 기념우표 견본들을 동봉합니다.

이곳에서 구입하시는 두 종류의 간행물 『풍속화보(風俗畵報)』와 『유신사료(維新史料)』는 어떡하실 생각입니까? 내년에도 계속 하시겠습니까? 기회가 되는대로 공사님께 도착한 것들을 보내드리겠습니다. 지시해 주시기 바랍니다.

---

53 쿠랑이 말하는 것은 도쿄 시바의 增上寺院에서 15세기에 일본으로 가져온 한국 대장경의 뛰어난 사본이다. 이에 관한 쿠랑은 『한국서지』「서론」에서 "11C初에 雕板되고 15C에 印刷된 『大藏經』(no.2624) 한 部를 현재 도쿄에서 볼 수 있는데 이는 별도로 취급될 만하다. 그것은 大2절판으로 字體는 그 후의 불서들과 아주 같지만 후에 폐지된 몇몇 古體를 사용하고 특별히 훨씬 한국적이라고 할 수 있는 또 다른 형태를 갖고 있다. 그곳에는 각張마다 테두리를 두르는 四周 및 界線이 없다."고 말했다. 쿠랑은 『한국서지』 2624번 『대장경』에서 노교 증상사에서 발견한 이 판본이 당시 일본에 존재하는 대장경 중에서 가장 좋고 오래된 것이라 말했다. 고려 성종의 어명에 따라 11세기 초에 간행된 이 판본은 "文明年間(1469~1486) 榮弘이라는 승려가 일본으로 갖고 들어온 것인데 그 승려는 이 책을 大和지방의 圓成 寺라고 불리는 자신의 僧院에 갖다 놓"은 것이라고 말했다.

3월 30일

공사님께서 아시아로 소환한 공사님의 피보호자 홍종우에 의해 김옥균이 상하이에서 암살당했습니다. 신문들이 온통 그 사건을 다루고 있습니다.

공사님께, 제 충심을 믿으시길 바라며 그럼 안녕히 계십시오.

모리스 쿠랑[서명]

1894년 7월 10일, 도쿄
콜랭 드 플랑시 공사님

공사님께 편지를 쓰기 위해 아주 잠깐의 여유를 냅니다. 방도가 있다면 충분한 시간을 갖고 싶습니다. 일본에 도착한 이후로 별로 시간이 없었고 마음의 휴식도 거의 갖지 못했기에, 저는 지금 이 순간을 이용해 조금 한숨을 돌리고 침착함을 되찾고 있습니다. 뒤바이(Dubail) 공사처럼 간결한 시간 관리를 통해 아주 자연스럽게 모든 중요한 사건들을 멀리하게 되고, 또한 대통령의 사망과 조선에서의 사건들이 없었다면, 저희는 6주 동안 아주 조용한 시간을 가졌을 것입니다. 새로운 공사의 도착과 더불어 분명 불꽃 튀게 바쁠 것입니다. 그렇지만 모든 일들이 질서 정연하게 자리 잡히길 바라고, 그러면 모든 것이 잘 될 것입니다.

○○○○ 씨께 저를 추천해 주시고 항상 저를 염려해 주신 것에 어떻게 감사를 드려야 할지 모르겠습니다. 프랑스에서의 편지들을 통해 공사님께서 그렇게 하신 것을 알게 되었습니다. 저로서는 무엇보다 적절하고 안정된 위치에서 이곳에 남아 체류하는 데에는 많은 뒷받침이 필요합니다. 적절하고 안정된 위치란 2급 통역관으로 임명되는 것인데, 저는 이에 대해 더 이상 요구하지 않고 있습니다. 도트르메르(Dautremer) 씨(그의 귀환소식은 공사님께서도 놀라셨겠지요)는 떠나기만을 바라고 있기 때문에, 도트르메르(Dautremer) 씨가 자리를 넘겨주기를 원한다면 1급 자리는 아당 씨의 것이 될 것입니다.

○○○○ 씨와 더불어 각각의 일과 사람들이 자기 자리로 돌아갔으면 합니다. 신키위츠 씨의 방식에 결함이 있어서 이따금 유감스러운 결

과들이 생기고, 사람들을 난처한 처지에 놓이게 하곤 하였습니다. 그가 늘 공사님께 보여준 친절 때문에 그를 원망하는 것이 어려웠지만, 그로 인한 결과가 없었던 것은 아니었습니다. 예를 들면 제가 도착했을 때 저는 그 사람이 항상 일본에 관련된 모든 업무, 공문, 신문, 정보에 관해 스기타나 기베르를 직접 상대한다는 것을 알았습니다. 이런 것을 어느 정도 바꾸거나, 저의 일이라고 판단되는 일에 대한 조치를 하는 것조차도 불가능했습니다. 그는 일본 사람들과 대화를 하거나 만날 때 단 한 번도 저를 부르지 않았습니다. 언제나 기베르였고, 이삼 일 지나서야, 그것도 우연히 사태를 알게 되는 것이었습니다. 그는 한 번도 저를 쓰려고 하지 않았기 때문에 제가 공문을 위한 업무에 충분한 능력이 있는지 아닌지를 모르고 있고, 그런 업무를 스기타나 기베르에게 일임하면 그들은 그럭저럭 번역하며(특히 기베르에 대해 하는 말입니다) 될 대로 되라는 식이었습니다. 그는 지난해의 기록물들 중의 하나 이상을 잘못 처리하기도 했습니다. 결국 베이징에서처럼 모든 연락이 도착하자마자 저에게 먼저 넘겨지도록 하는 상황을 힘들게 얻어냈습니다. 그리고 기회를 노려 공사를 위해 두세 개의 번역을 하거나 일본 신문을 기초로 한 보고서를 쓸 수 있었습니다. ― 그러는 동안 비서처럼 고용돼 사본을 만들고 자료 수집 및 활자 작업을 하기도 했습니다. 그런 건 좋습니다. 그러나 적어도 제 직무를 다하도록 저를 내버려두는 것이 자연스럽지 않겠습니까? 왜 일이 이 지경이 되었을까요? 질서와 명확성의 부족 말고는 다른 이유를 찾아볼 수 없습니다. 이제부터는 다시 한 번 사정이 달라지기를 바라마지 않습니다.

조선의 소식이 특히 일본을 통해, 적어도 신문들을 통해서는 공사님께 전해지리라 생각합니다. 처음부터 일본 언론은 상황들을 특별히 과장해 보도했습니다. 뮈텔 주교님은 최근의 한 편지에서 서울에서는 어떤 불안도, 최소한의 변화도 없다는 것을 알려주었습니다. 지방에서는 전주에 거주하시는 신부님이 조금 떨어진 곳으로 몸을 피하셔야 했는데, 그 분을 제외하고는 그 어떤 선교사도 염려하지 않았다고 합니다. 그러나 일본은 여론을 위해 교란작전이 필요했고 조선은 완전히 표적이 되었습니다. 적어도 이 뜻밖의 일이 이들 나라를 바라던 것보다 더 먼 곳으로 몰고 가지는 않을까요? 단언하기가 어려운 일입니다.

눈에 띄는 다른 일은 없습니다. 『한국서지』는 412페이지에 달하고 소설 부분의 완성은 아직 요원합니다. 우리의 초안을 떠올려보신다면, 저작물의 삼분의 일 정도에 와 있는 것을 아실 것입니다.

원고에다 번호를 매기고 재검토하는 일은 거의 끝나갑니다. 대략 3,000번 정도가 될 것입니다. 우리가 시작할 때는 300 또는 400번까지를 예상했지요! 견본이 될 만한 몇 개의 원판을 동봉해 보내드립니다(동봉이 아니군요. 이 도판은 13일에 떠나는 외교 행낭으로 보실 수 있을 것입니다).

제 아내가 공사님께 안부를 전해달라고 합니다.

공사님께 진심을 전하며

모리스 쿠랑[서명]

정말이지 공사님께 편지 쓰는 즐거움을 누리지 못한 지 오래되었습니다. 공사님의 5월 28일 자 편지가 발송된 후, 공사님께서는 4월의 제 편지를 받으셨으리라 생각이 듭니다. 여섯 달을 지속한 이런 모든 변화의 위협과 불확실성 탓에, 저는 공사님께 편지 쓰는 일을 하지 못했습니다.

제가 무엇을 할 수 있었겠습니까? 사람들이 저를 대하는 방식, 사람들이 제게 한 모든 약속을 등한시하는 것을 한탄하는 것 외에는요. 그리고 공사님께서도 파리에 계시지 않았으니 저의 편의를 봐주실 수도 없으셨지요. 저로서는 극동에서의 근무를 한 이래로 이제는 고정된 직위를 가질 권리, 더는 이토록 임시 대리직에서 대리직으로 끌려 다니지 않을 권리가 있을 것으로 생각합니다. 만약 끈질기게 저를 광저우(廣州)로 보내려고 했다면, 저는 가족을 프랑스로 데려다주기 위해 휴가를 신청했을 것입니다. 주치의는 제가 아내와 아이들을 광저우로는 절대 데려가지 못하게 했습니다. 얼마 동안이나 저를 여기에 내버려 둘까요? 저는 아직도 임시 대리직일 뿐입니다. 저는 이제 아이들을 프랑스로 데리고 가기 위해서만 여행할 것이라고 분명히 결심했습니다. 조건으로는 최상의 계절이었지만, 아이들은 둘 다 이사와 여행으로 무척이나 고통을 겪었기에 아이들이 이처럼 떠돌아다니는 삶을 계속하는 것을 용납할 수 없습니다. 큰아이는 거의 회복이 되었지만 둘째 아이는 여독과 물갈이로 아직 많이 아픕니다.

저희는 공사관 외부에 집을 임대하여 제법 잘 정착했습니다. 공사관 사무국과 마주하고 있는 그 조그마한 집은 저희들이 들어가 살기에는 너무 작고 너무 습합니다. 저의 상관 샤일라르(Chaylard) 백작께서는 친절하고 붙임성이 많은 분이시고, 프랑스 사람들끼리의 이견은 현재 대수롭지 않습니다. 그래서 이런 점들에 대해서는 불평할 이유가 없습니다. 저는 비시에르와 자주 편지를 주고받고 있는데, 그와 그의 가족은 모두 잘 지내고 있습니다.

『한국서지』제2권은 6월 1일에 프랑스로 보냈습니다. 이 날짜는 저희가 일본을 떠난 날입니다. 3권의 158쪽까지가 이미 인쇄에 들어갔습니다. 나머지 부분은 도쿄에서 도트르메르가 먼저 수정을 볼 것인데, 뒤이어 제게 한 번이나 여러 번 보내게 될 것이어서 아주 시간이 걸릴 것입니다. 그러나 저는 가능한 한 오류를 최소한으로 줄이고 싶습니다.

공사님께서 인내심을 갖고 제게 표시해 주신 많은 교정 건에 감사를 드립니다. 저는 이것을 이용해 색인 다음에 전반적인 정오표를 넣을 것입니다. 그러나 아직은 그리 진척된 상태에 있지는 않습니다. 공사님께서 2권을 받으시고도 제가 실수로 빠뜨린 오류를 지적해주시면 정말 감사하겠습니다. 「서론」에 대해 표명해 주신 칭찬에 감사드립니다. 저는 공사님께서 군이 지적하지 않으셨으므로 거슬리는 부분은 없었던 것으로 생각하겠습니다. 다만 저는 아직도 공사님께서 성함이 표제에 들어가는 것에 동의하지 않으셨다는 것을 유감으로 생각합니다. 적어도 저는 「서문」에다 공사님께서 마땅히 받으셔야 할 것을 조금이나마 공사님께 돌려드리려고 애썼습니다.

탕헤르(Tanger)는[54] 여전히 그다지 공사님의 마음을 끌지 못하나 봅니다. 무엇이 공사님을 극동으로 돌려보내지 않을까요? 저는 만약 공사님과 합류할 수 있었다면 정말 행복할 것입니다. 그러나 그런 멋진 꿈은 쉽게 실현되지 않지요.

그런 꿈을 기대하며, 저의 충심을 항상 믿어주시기 바라는

모리스 쿠랑[서명]

추신 : 제 아내가 공사님의 안부 인사에 매우 감사의 뜻을 표합니다.

54　모로코 탕헤르주의 주도로서 아프리카 대륙의 북서단에 있는 항구도시.

1897년 2월 5일, 데보르드 발모르 38번가
콜랭 드 플랑시 공사님

공사님의 12월 7일 자 편지를 읽으며 크게 감동했습니다. 멀리 계셔도 가까이 계실 때처럼 공사님의 호의가 저를 항상 따라다니며 또 공사님께서 저를 위해 서울에다 저에게 완벽하게 맞는 자리를 주선하려 애쓰신다는 것을 알고서 말입니다.[55] 저는 그곳에서 여러 가지 유리한 조건과 고정직을 받고 일정한 기간과 적절한 봉급 그리고 특히 모든 종류의 학술적 연구와 조사에 유리한 계약을 하게 하게 되겠지요.

12월 14일 자 편지에서 저의 계획에 관해 전해드린 바 있습니다. 저는 오늘, 정확히 어제부터, 이에 대해 좀 더 명확히 말씀드릴 수 있게 되었는데, 정식으로 제가 교육부에 의해 국립도서관의 중국어와 일본어 목록 등을 제작하는 일을 담당하게 되었습니다. 제가 받을 보수는 무척 보잘것없습니다만, 몇 천 프랑은 결코 무시해서는 안 될 금액입니다. 완성된 목록은 제 이름으로 출판될 것입니다.[56] 또한 프랑스에서의 이번 체류 기간을 이용해 여러 유형의 학술논문과 저작물을 간행하고 동양학자들의 학계와 "성실한 사람들"의 세계에 저 자신을 소개하며 『르뷔 데 되 몽드(Revue des 2 Mondes)』와 『르뷔 드 파리(Revue de Paris)』 등에 몇 개의 논문이 게재되도록 노력할 것입니다. 이 목록 작업은 어림잡아도 18개월

---

55 1897년 1월 5일 외무부에 보낸 콜랭 드 플랑시의 보고서 : 1896년에 학부대신 민종묵은 콜랭 드 플랑시를 두 번 방문하여, 모리스 쿠랑을 외국고문의 자격으로 학부에서 일할 수 있도록 프랑스 정부에 요청하였다. 쿠랑이 조선의 교육제도 개편에 관한 의견을 나누고 젊은 관리양성에 참여하는 직분을 담당하도록 하는 것이다.

56 후일 쿠랑이 출판할 저술(Bibliothèque nationale, Catalogue des livres chinois, coréens et japonais, Paris, 1900~1912)과 관련된 작업을 지칭한다.

이나 2년 이내로는 완성될 수 없을 것입니다. 저는 지금 프랑스 외무부에서 저의 상황을 안정시켜야 할 처지입니다. 크게 기대하지는 않지만 따라서 이 교육부의 일을 특별 과제로 신청하고, 외무성에서 거절을 한다면 휴직을 하겠습니다. 한편, 공사님께서는 제가 동양어학교의 일본어 교수직을 목표로 삼고 있다는 것을 짐작하시겠지요. 제가 그 점을 큰소리로 얘기하진 않지만, 여기에 있는 사람들은 다 그 사실을 알고 있습니다. 제가 준비하고 있는 일본어 문법서와 다른 작업들도 바로 그런 이유에서입니다.[57]

공사님께서는 현재 저의 처지가 어떠한지, 그리고 이런 처지 때문에 제게 말씀하신 공사님의 제안에 대립되는 난점이 무엇인지 아시겠지요. 제가 난점이라고 했듯이, 불가능은 없으리라 믿고 싶습니다. 제가 국립도서관에 고용되었기 때문에, 조선행은 목록 완성 이후로 연기되어야 할 것이라고 봅니다. 저는 2년의 고용 계약을 받아들일 것이고(아주 좋은 기한으로 보입니다), 그런 다음 두 당사자가 연장하기를 바라게 될지는 두고 보아야 할 것입니다. 예컨대 일본어과에 임명되거나 중대사유가 있을 경우, 계약이 끝까지 진행되었다면 받았을 이득에 대한 한해의 보상금 권리를 포기한다면 계약 파기를 할 수 있다는 것이 합의되어야 할 것입니다(단지 생각이지만, 귀국 여행의 비용은 조선에서 2년을 체류한다면 저에게 주어져야 할 것이며, 그 반대의 경우라면 그럴 필요가 없을 것입니다). 프랑스에서 조선으로의 여행 경비는 적절한 방식으로 조절되어, 자비(自費)

---

57 Maurice Courant, "De la lecture japonaise des textes contenant uniquement ou principalement des caractères idéographiques", *Journal Asiatique*, 1897; Maurice Courant, Grammaire de la langue japonaise parlée, E. Leroux, Paris, 1899.

가 아니라, 조선 정부나 프랑스 외무부가 지불해야 할 것입니다. 저는 가능한 한 서양인 거주지와 가까운 고급 주택가의 튼튼한 집이 제공되어야 하며, 주택은 적어도 절반이 유럽식이어야 할 것입니다(적당한 크기의 창문들, 추위를 거뜬히 막을 수 있는 잠금장치 등). 그리고 어떤 통역관이, 어떤 조건 하에 제공되는지도 검토할 필요가 있을 것입니다. 이런 조건 하에(1달러당 3프랑의 환율을 기준하여) 12,000프랑이면 급여로서는 충분할 것입니다.

이것이 제가 공사님의 편지를 읽은 뒤에 들었던 생각입니다. 저에게 있어서의 가장 큰 난관은 계획을 실행하기 전에 염두에 두어야 할 2년간의 지연 기간입니다.

저의 장인께서 『한국서지』 한 부를 곧 공사님께 부치게 하실 겁니다. ─ 서울의 자리를 위해서입니다. 책이 공사님의 지시에 따라 제본되도록 신경 쓰겠습니다.

저는 어제 아침 『한국서지』의 마지막 원고가 2월 8일에 마르세이유에 도착한다는 통지를 받았습니다. 저는 트롱쿠아(Tronquois) 씨[58]가 마지막 교정쇄를 저의 지시에 따라서 공사님께 부쳐드렸기를 바랍니다.

한두 번 뵌 적이 있고, 다음 번 여객선으로 되돌아갈 르페브르 씨가 저에게 외무부 공문들이 지금은 언문과[59] 섞여 있다고 말했습니다. 공사님께서는 이 새로운 문체의 견본으로 그러한 공문 사본 두세 개를 제게 보내주실 수 있겠습니까? 몇 달 전부터 저는 그야말로 조선어 공부

---

58 Emmanuel Tronquois(1855~1918); 일본의 예술에 대한 연구를 했던 선구자로 평가되며 그가 수집한 에도시대와 메이지 시대의 일본 예술품과 자료는 국립도서관에 소장되었다.
59 한글과 한문을 혼용한 국한문 혼용체의 공문들을 지칭하는 것으로 보인다.

를 조금씩 하고 있는데 일본어가 많은 도움을 줍니다.

공사님께서 구입하신 책들이 무척 흥미롭습니다. 언젠가 그 귀중품들을 살필 기회가 제게 주어지기를 바랍니다. 저는 宣光(선광. 역자 : 북원의 연호)을 확인했습니다. 이 연호는 실제로 洪武(홍무. 역자 : 명나라의 연호) 4년에 시작됩니다. 다른 모든 고찰과 별개로 이 책은 이 연호의 사용만으로도 희귀한 책이고, 원나라에 대한 고려 왕조와의 관계를 잘 보여주고 있습니다.[60]

국립도서관 목록 작업을 제외한 저의 연구 작업들은 학술지를 위한 논문과, 동양학자학회를 위한 논문 준비들입니다.[61] 저는 일본인들이 압록강 기슭에서 발견한, 고구려왕의 묘임을 나타내는 414년의 중요한 비문(역자 : 광개토대왕비)에 주석을 달고 번역을 하여 발표할 것을 고려하고 있습니다.[62]

저희 가족들은 건강한지라 따로 말씀 드리지 않겠습니다. 제 장인 장모님과 아내는 공사님의 안부 인사에 감사하고 있습니다.

공사님께 깊은 우의를 표하며

모리스 쿠랑[서명]

---

60 콜랭 드 플랑시가 입수해서 파리국립도서관에 보낸 「직지심체요절」의 하권 간기기록(宣光七年丁巳七月 日 淸州牧外興德寺鑄字印施(고려 우왕 3년(1377)에 청주목 흥덕사에서 금속활자로 책을 인쇄하였음))에서 宣光을 쿠랑이 해석한 부분으로 보인다.

61 후일 쿠랑이 펴낼 다음 두 논문과 관련된 기획으로 보인다. "Note sur les études coréennes et japonaises", *Extrait des actes du congré des orientalistes*, 1899; "La Corée et les puissance étrangères", *Annales des Sciences Politiques*, 1904. 3.15.

62 후일 쿠랑이 펴낼 다음 논문에 관한 기획으로 보인다. "Stèle chinoise du royaume de Ko kou rye", *Journal Asiatique*, 1898.

추신 : 한 가지 점을 강조해 두겠습니다. 언젠가 조선에서의 공무가 실현되기를 간절히 바라기에 그 기회와 실현 가능한 경로를 여는 최선의 방법은 확정된 제의를 하는 것이라고 생각합니다.

1897년 4월 9일, 파리 데보르드 발모르 38번가
콜랭 드 플랑시 공사님

『한국서지』 제3권이 드디어 나왔습니다. 동양어학교는 다른 권들처럼 붉은색 비단으로 한 부를 제본하게 했습니다. 공사님께 드릴 한 권과, 공사님께서 사무국을 위해 원하시는 한 질을 동봉할 예정이며, 며칠 내로 제본되어 모두 동시에 발송될 것입니다.

공사님께 드려야 할 말씀이 있습니다. 실장 마르셀(Marcel) 씨가 공사님께서 1월 초에 쓰신 공문 하나를 제게 보여주었고, 조선 정부가 할 수 있는 제안에 관해 저의 의사를 물었습니다. 이 점에 대해 저는 여기 옮겨 써놓는 메모로 답변했습니다.

97년 4월 3일 마르셀 씨에게 넘긴 메모

모리스 쿠랑 씨(Mr. M. C.)계약 건에 관해 조선 정부가 한 제안들은, 극동에서 프랑스의 영향력을 행사할 수 있는 아주 예외적인 기회라고 할 수 있으므로 상기인은 개인적 형편이 어떠하든 간에 그러한 기회를 놓쳐서는 안 된다고 생각함.

그는 또한 이 제안이 그에게 과분한 것임을 알고 계약이 체결될 경우, 조선 정부에 실질적인 도움을 제공하며 그 나라에 대한 그의 호감을 증명할 수 있기를 바라고 있음.

Mr. M. C.는 연간 봉급으로 18,000프랑을 청구할 것임. 이 계약의 세부사항(즉 계약기간, 급여의 지불 방식, 왕복 여행 경비, 계약 만기 시 모리스 쿠랑 씨에게 지불할 수당, 숙소 등)에 관해서는 조선 정부의 확정 제의를 기다릴 것이며 이후 그의 거취를 결정할 것이다.

만약 이후 계약이 추진된다면, 콜랭 드 플랑시 씨가 Mr. M. C.가 맡을 임무에 관한 상세한 지시사항을 보내는 것이 바람직할 것임. 이것은 Mr. M. C.가 출발하기 전에 서울에서는 찾을 수 없을 필요한 책과 정보를 수집할 수 있게 하기 위해서임.

Mr. M. C.는 자신과 조선 정부의 고용 계약이 실현되면, 프랑스의 외무부가 활동 범위와 승진의 권리에 대한 자신의 위상을 보장해주기를 기대함.

1897년 4월 3일, 파리.

저는 드디어 준비가 된 셈이고 이제 일은 조선 사람들에게 달려 있습니다. 제가 장인어른과 상의했다는 것을 공사님께 말씀 드릴 필요는 없겠죠. 장인어른은 제가 출발할 경우 국립도서관에 대한 저의 입장에 신경 써 주시기로 약속하셨습니다. 또한 장인어른과의 상의로 12,000프랑이라는 금액이 매우 불충분한 점도 파악했습니다. 도쿄대학과 동문관(同文館)이[63] 지급하는 봉급을 고려해보십시오. 다른 모든 사항에 대해서는, 2월 5일자 저의 편지에 적은 입장과 동일하며, 게다가 세부 사항의 해결에 대해서는 공사님의 통찰력에 맡깁니다. 이제 조선 사람들은 저의 결정이 그들에 대한 호감에서 비롯한 희생이란 사실을 몰라서는 안 됩니다. 왜냐하면 저는 제 아내와 아이도 데리고 갈 수 없을 것이기 때문입니다. 게다가 저에게는 연로하시고 쇠약하신 모친이 계셔서, 가족의 입장에서 생각한다면 제가 있을 곳은 프랑스입니다. 저는 이런

---

63 원문에는 "Thong oen koan"으로 기록되어 있으나, 의미를 파악하기는 어렵다.

불리한 점들이 정신적으로나 물질적으로 좋은 조건을 통해 충분히 균형 잡혀져야만 조선으로 떠나는 것을 수용할 수 있습니다.

일이 현실화된다면, 떠나기 전에는 조선 정부가 제게 바라는 것뿐 아니라 공사님께서 염두에 두고 계신 것이 무엇인지 꼭 알고 싶습니다. 공사님의 명확한 조언을 듣고 싶습니다. 일의 실행에 관해 말씀 드리자면, 저는 공사님과 가까이 있게 되는 것을 기뻐할 것입니다. 공사님이 서울에 계신다는 사실과 공사님의 후원은 저에게 있어 성공의 보증이자 제가 프랑스에 두고 가는 것에 대한 보상이 될 것입니다. 그곳에서의 체류하는 동안 제가 고고학과 언어학 그리고 여타의 것에 대한 연구를 지속할 것이라는 것을 공사님께 말씀드릴 필요는 없겠습니다.

이 주제에 대해서 덧붙일 것은 없어 보입니다. 늘 저를 염려해 주시는 공사님의 배려에 감사드릴 따름입니다.

저의 충심을 믿어주시길 바라며

모리스 쿠랑[서명]

1897년 9월 20일, 라크루아 생탈방 성(사부아)
콜랭 드 플랑시 공사님

공사님께서 6월 25일에 수고롭게 쓰신 편지를 8월 21일에 받았습니다. 공사님의 소식을 듣게 되어 너무도 행복했습니다.

때마침 저는 두 개의 논문 작성에 몰두하고 있었습니다. 「조선학과 일본학에 대한 소고」가 첫 번째이고, 압록강 우안에 위치한 「고구려 왕국의 비(414년)」(우에노에 탁본이 있습니다)에 관한 글이 두 번째입니다. 저는 이 두 논문을 학회에 제출했는데, 인쇄되는 대로 공사님께 보내 드리겠습니다.[64] 동양학자들의 회식에까지 참석한 이후, 10월 초까지 좋은 공기를 마시며 조용히 일을 진행하기 위해 이곳 사부아로 돌아왔습니다. 제가 총무로 있었던 중국과 일본 분야에서 다수의 발표를 들었는데 여러 연구가 흥미로웠습니다. 그러나 그 연구 발표는 여기 모임에서 최소한의 것이었습니다. 제가 생각하기에 여기서 얻은 소득은 무엇보다도 몇몇 외국인 동양학자들과 관계를 맺었고, 기회가 있다면 그들에게 정보를 문의할 수도 있다는 점입니다. 우리는 모두 건강상의 이유로 레쟁에 머무르고 있는 샤반(Chavannes) 교수의 부재를 통탄했습니다. 공사님께서도 알고계실 듯한데, 그는 3월에 심한 각혈을 했고, 어쩔 수 없이 내년 봄까지는 철저히 휴식을 취해야 합니다.

5월 1일자 『르뷔 데 되 몽드(Revue des 2 Mondes)』를 읽으셨는지 모르겠습니다. 제가 거기 발표한 글에 대한 공사님의 고견을 들을 수 있다면

---

64 "Note sur les différents systèmes d'écriture employés en Corée", *Transaction of the Asiatic Society of Japan* 23, 1895.12; "Stèle chinoise du royaume de Ko kou rye", *Journal Asiatique*, 1898.

좋겠습니다. 제가 '아시아협회'에서 한 발표('한문의 일본어식 독해에 대하여')의 별쇄본[65]과 지난 겨울 기메 박물관에서 고대 조선과 일본의 관계에 대해서 한 강연의 별쇄본[66]을 곧 공사님께 보내드릴 수 있기를 기대합니다. 저는 현재 일본어, 류큐어, 조선어에서의 동사 이론과 이들 언어들의 일부 어미변화의 언어 기원에 관한 연구를 계획하고 있습니다. 게다가 10월 초부터 국립도서관의 목록 작업을 재개할 예정이고, 4월에는 역사 서적 목록을 인쇄할 수 있으리라 여기고 있습니다.

지시 사항들을 제게 전해 주셔서 감사합니다. 적절한 때에 이를 잘 활용할 수 있을 것 같습니다. 공사님과 서울에서 만났던 이후로 공사님께서 보여주신 한결 같은 호의와 저의 작업 방향에도 큰 영향을 준 그 호의에 저는 매우 감동하고 있습니다. 『한국서지』는 바로 그런 영향이 드러난 표식이기에 저는 제 이름 위에 공사님의 성함이 적히기를 그토록 바랐던 것입니다.

저는 늘 조선에 대해 항상 동일한 태도를 지니고 있고, 언젠가 그곳으로 돌아가서 저의 기록들을 완성하기를 간절히 바라고 있습니다. 저는 막 4월 20일자 법령의 통지문을 받았는데, 그 통지문은 저에게 재량권을 주며 제가 조선 사람들에 대한 봉사를 시작한 후부터 5%를 불입하는 것과 퇴직 시에 저의 권리를 유지하는 것이 인가될 것을 알리고 있습니다. 그래서 저는 서울의 결정을 조급해하지 않고 기다릴 수 있습니다. 저도 봄 이전에 출발하기는 어려울 것 같습니다. 게다가 상황이

---

65 "De la lecture japonaise des textes contenant uniquement ou principalement des caractères idéographiques", Journal Asiatique, 1897
66 "La Corée jusqu'au IXe siècle, ses rapports avec le Japon et son influence sur les origines de la civilisation japonaise", 『通報』, 1898.

그렇게 빨리 진행될 거라고는 생각지 않지만, 공사님께서 늘 저를 지켜봐 주심을 알고 있습니다.

르페브르(Lefèvre) 부인께 저의 정중한 예를 표해주시고, 이주사(李主事), 장 선생, 그리고 다른 이들에게도 안부를 전해 주십시오. 그리고 뮈텔 주교님께도 제가 곧 편지를 쓰겠다고 말씀해 주십시오. 이를 부탁드려도 괜찮겠지요.

공사님께 저의 충정과 우의를 표하며

모리스 쿠랑[서명]

1898년 6월 26일, 샹티이 방면 비뇌이(우아즈)
콜랭 드 플랑시 공사님

답장을 쓰지 않고 두 달 동안 공사님의 편지를 놓아두었습니다. 저도 인정합니다만, 그것은 물론, 일을 처리하는 데에 적절하지 못한 방식입니다. 하지만 문제가 있었기 때문입니다. 공사님의 편지가 도착한 것과 동시에 조선에서의 러·일 협정소식을 알게 된 것입니다. 그러니까 러시아 참사관들의 임무는 지금으로서는 끝난 것 같았습니다. 일본 참사관들은 아마 그들 스스로 일을 처리할 것이고, 우리가 간섭하지 못하도록 하겠지요.

— 그렇지만 저는 드베리아(Devéria) 씨를 만나 정보를 얻었는데 프랑스 학술원의 업무를 위한 재원은 2, 3년 예정으로 투입된다고 합니다. 교육부 쪽에는 아무 것도 기대할 수 없습니다. 공사님께서도 잘 아시겠지만, 저는 더 이상 이전과 같은 동일한 후원자들이 없습니다.

— 그리고 말씀하시는 총체적인 저술 작업은, 제가 프랑스에서 모든 문서를 가지고 있더라도(저는 그 일부분만 가지고 있습니다) 1900년까지 한다는 것은 불가능해 보였습니다. 사실 공사님께 즉각 계획안을 보냈었지만, 답을 기다리거나 제가 가을 전에 작업을 착수할 수 있을 것은 기대하지 않으셔야 했습니다. 8절판 두세 권의 책을 준비하고 인쇄하는 데에 18개월이 걸립니다.(왜냐하면 성의 있는 저술이 되려면 이보다 더 짧을 수는 없기 때문입니다) 그러나 말씀하시는 책은, 18개월이 아니라 3, 4년이 필요할 것입니다. 또 한편, 이 작업이 만약 본업이 되어야 하고 일시적으로 다른 상황을 대신해야 하는 것이라면, 저는 요구조차 할 수 없는 엄청난

금액이 지불되어야 할 것입니다. 저는 고정된 지위가 있을 때만, 부차적인 일로서 그런 일을 맡을 여지를 가늠할 수 있을 것입니다. 그러면 그 일은 상당히 흥미로운 것이겠지요. 아마도 더 오랜 시간이 걸릴 지라도 이렇게 요구해볼 수 있겠지요. 인쇄지 한 장당 50 또는 75프랑을 바란다고 말입니다. 이런 비율로 1,600쪽이라면, 즉, 3권에 5,000 또는 7,500프랑이 될 것입니다. 더 많은 금액을 요구하는 것은 제가 보기에 불가능해 보입니다. 한편 3년을 가정해본다면 1년에 2,500프랑이 주봉급이 되는데, 그것은 약소하지요.

저는 여기서 아주 순진하게 저의 모든 생각을 공사님께 드러내 놓습니다. 공사님께서는 여기서 공사님의 우애와 업무 감각에 대한 저의 전적인 신뢰의 표시만 봐 주시기 바랍니다. 어렴풋이 제시해주신 윤곽으로 그 일이 제게는 실현 불가능한 것처럼 보였습니다. 다른 형식을 찾을 수도 있을 것입니다만, 어쩌면 그 기회 역시 지났을 수 있겠지요.

저는 지난주까지 콜레주 드 프랑스에서의 강의로 무척이나 바쁜 나날을 보냈습니다. 주요 강의의 주제는 당(唐) 시대에 역점을 두면서, 중국 문명의 변화를 선택했습니다. 콜레주 드 프랑스에 있는 훌륭한『고금도서집성(古今圖書集成)』총서 덕분에 모든 자료가 수중에 있었습니다. 다음의 것이 대략 제가 분류한 강의 단락들입니다. 영토 형성, 고대 신분제도와 근대 계급에; 사·농·공·상, 그리고 과거제도와 조세 제도; 가족, 중국 종교와 중국 사상; 이방 종교; 중국 내 외국인과 외국에 있는 중국인; 군대, 지방, 중앙 정부 등입니다. 저는 이 세력들과 제도들 각각의 내력을 추적하려고 애를 썼습니다. 보는 것은 성공했습니다만 보이는 것은 성공했을까요? 중국에서 작용한 주요 사회 세력들의 발전과 움직임을 말입니다. 저에게는 이 공부 덕분에 중국 역사가 더 이상은 차례차례 몰락해가는 왕조들의 승계가 아닙니다. 저는 거기에서 다른 것을 보는데, 지속적인 발전을 보고, 유럽에서와 같은 사상들을 봅니다. 이제 그것을 쓰고, 저의 모든 자료를 재검토하고 다시 연구해야할 것입니다. 상황이 순조롭더라도 2, 3년보다 덜 걸릴 거라고는 생각하지 않습니다.

지금으로서는 샤반 교수가 개학이 되면 강의를 재개하려고 합니다. 저에게는 제가 추이를 지켜봐야 할 아주 심각한 길이 있습니다. 리옹에 중국어 강좌("정교수가 담당하는 강의")를 개설한다고 하는데, 저는 그일에 적극적인 관심이 있습니다.

또한 저는 국립도서관의 목록 작업을 계속하고 있습니다. 필요한 자금을 찾게 되면, 역사 서적들을 모은 분책(分冊) 하나가 가을에 인쇄에 들어갈 수 있을 것입니다. ─동양어학교의 목록에 관해서는, 지금부터 3, 4년 이내에 책이 세상에 나온다면 저는 무척 놀랄 것입니다.

제가 이번 겨울에 보내드린 두 권의 소책자가 잘 도착했기를 바랍니다. 제가 신문에서 본 바에 따르면, 사람들은 대한제국의 철도에 관심이 있습니다. 그러나 사람들이 괜한 일에 동요를 하는 걸까요? 아니면 유익한 일을 하는 걸까요? 멀리서 바라보는 것은 이렇게나 힘든 일이고, 그것이 제가 늘 1년이나 2년 정도 극동으로 되돌아가고 싶은 이유입니다.

공사님께 진심어린 경의를 표하며

모리스 쿠랑[서명]

1899년 12월 18일, 샹티이 경유 비뇌이(우와즈)
콜랭 드 플랑시 공사님

　조금 늦은 감이 있지만, 아들 루이가 9월 25일 세상에 나왔음을 알려드립니다. ─ 그런 시기를 보내고 있었고, 그 이후에는 동양어학교 중국어과 교수임용에 지원하느라 매우 바쁜 나날이었습니다. 교육 위원회가 제게 찬성 24표, 반대 12표를 던졌음에도 불구하고, 교수직은 저의 경쟁자에게 부여되었습니다. 저는 그를 비방할 생각이라곤 추호도 없습니다. 다름 아닌 비시에르인걸요. 하지만 교육적 자질로 보아 그보다 제가 더 적합하다는 믿음에는 변함이 없습니다. 샤반은 건강이 회복되었고 강의를 다시 맡았습니다. 리옹의 교수직은 여전히 논의 중인데, 누구도 기금을 제공하려고 하지 않습니다. 일에 있어서 제 한 해 결산은 이렇습니다.

　작업은 늘 그럭저럭 이루어지고 있고, 매달, 매주 여기저기 조금씩 보충해 나가고 있습니다. 그러나 그때그때 긴급한 일들과 각종 일에 따른 문제들로 제가 집필하고자 하는 한두 권의 책에 몰두할 수가 없고, 노력이 분산됩니다. 그런 까닭에 일은 더 힘들고 결과물은 더 적지요.

　공사님 소식을 못 들은 지 꽤 오래 되었습니다. 만국박람회 때 파리에서 공사님을 뵐 수 있기를 희망하고 있습니다. 저의 희망은 어긋나고 말까요?

　새로 시작될 해를 앞두고 가장 진심 어린 따뜻한 기원을 공사님께 보냅니다. 가끔 저도 모르게 조선에서 공사님 가까이에서 보내던 때를 생각하고 있음에 깜짝 놀랍니다. 무척이나 짧았지만, 저에게는 너무도 충만했고, 저의 존재에 그토록 많은 흔적을 남긴 기간이었습니다. 외진 사무국에서 있던 저는 아주 잘 지냈었지요. ― 그렇지만 아직 과거 속에서 사는 것으로 만족할 정도로 제가 그렇게 나이 든 것은 아니겠지요?

공사님께 충심 어린 경의를 표하며

모리스 쿠랑[서명]

3. 프랑스, 리옹에서(1902.7.14~1921.4.24)

3장은 쿠랑이 플랑시에게 1902년에서 1921년 사이 보낸 서한 12종을 모아놓은 것이다. 이 서한은 프랑스 리옹시 북서쪽으로 위치한 에퀼리에서 보낸 것들이다. 이 시기 쿠랑은 프랑스 리옹대학교에 개설된 중국어 강좌를 담당했으며, 결국 중국어과의 정교수로 임명되게 된다. 그가 그토록 바라던 안정을 얻은 시기였지만, 과거와 같은 열정적인 한국학 논문집필의 소망과 모습이 보이지 않는다. 이 시기 러일전쟁에서 을사늑약으로 이어지는 역사적 궤적 속에서 한국-프랑스의 외교는 단절되게 되었기 때문이다. 특히, 대한제국의 멸망이라는 사건은 플랑시가

쿠랑이 살았던 에퀼리. 상슬리에 3번 길

쿠랑의 친필사인과 명함　　　쿠랑이 소장했던 한국문헌

한국을 떠나게 된 계기이자 쿠랑을 더 이상 한국학자로 존재할 수 없게
만든 가장 큰 이유이기도 했다. 특히 1910년대 이후 쿠랑의 서한은 자
신의 안부를 플랑시에게 전하는 일종의 연하장과 같은 성격을 지닌 것
들이기도 하다.

　그렇지만 을사늑약 이전 플랑시가 머물던 한국을 늘 주시하던 그의
모습이 잘 보인다. 또한 오늘날 쿠랑이 남겨놓은 유물들을 볼 때, 그의
한국학을 향한 염원을 발견할 수 있다. 상기의 사진자료가 잘 보여주
듯, 국립중앙도서관에서 조사・발굴했던 콜레주 드 프랑스에 소장된
한국의 고문헌은 쿠랑이 그가 죽는 날까지 소장하고 있었던 자료이다.

중법대학교 남학생기숙사(리옹시립도서관 소장 사진)

중법대학의 대기실(리옹시립도서관 소장 사진)

「콜랭 드 플랑시 문서철」에 새겨진 젊은 한국학자의 영혼 또한 조선고서간행회가 발간한『삼국사기』영인본에는 쿠랑의 친필과 명함이 수록되어 있다.[67] 여기에는 "1919년 9월 1일 27년이 흘러 서울에 돌아온 추억에"라는 쿠랑의 필적이 남겨져 있다. 그토록 재방문하고자 했던 한국을 찾아온 그의 흔적이 남겨져 있는 것이다.

쿠랑의 마지막 서한문은 발행일자와 장소를 알 수 없는 첨부 문건이다. 그렇지만 이는 1898년경 플랑시가 파리만국박람회를 안내할 한국학 단행본 제작을 의뢰했던 편지에 대한 답신으로 보인다. 당시 쿠랑이 구상했던 한국학 단행본의 모습과 이를 위한 기획을 엿볼 수 있는 자료이기도 하다. 『한국서지』 이후 출현했을 수도 있는 그의 미완의 한국학 저술을 엿볼 수 있다.

---

67 이 자료는 小倉親雄, 「(モーリスクーラン)朝鮮書誌序論」, 『挿畵』, 1941에 수록된 영인자료이다.

1902년 7월 14일, 에퀼리(론)
콜랭 드 플랑시 공사님

최근에 지인을 통해 공사님의 소식을 접했습니다. 철도 기공식을 맞아 열린 화려한 축제에 대해서도 들었습니다.[68] 누군가가 공사님께서 주관하신 화려한 리셉션, 해군장성과 그들의 군악에 대해 이야기해주었습니다. 부족한 것은 아무것도 없었고, 공사님께서는 그곳에서 길고 긴 수고로 얻은 성과를 즐기셨습니다. 이 새로운 조선이 제가 알고 있던 조선의 모습과는 얼마나 다를까요! 적어도 겉으로만 본다면 말입니다. 행정과 관습은 분명 그렇게 쉽게 변하지는 않으니까요.

공사님께 지금 편지를 쓰고 있는 라 크루아로, 일전에 말씀드린 적이 있는 러시아 책 『한국지』세 권을 가지고 왔습니다.[69] 이 책들을 읽으면서 이 나라에 대한 지식을 새롭게 할 생각입니다. 제가 2월에 말씀드린 『한국서지』의 보유(補遺)를 이제는 받으셨습니까? 저는 『코리아 리뷰 (Korea review)』 1901년판 전부를 훑어보았는데, 제가 이 정기간행물에 대해 너무 엄격한 평가를 했음을 깨달았습니다. 전에 본 두세 호는 다른 호에 비해 못한 것이었습니다. 요컨대 전체적으로 흥미로운 정보들을 담고 있기에 만약 공사님께서 1901년분과, 매 연말에 한 해 동안 출판된 것을 제게 부쳐주실 수 있다면, 이렇게 모인 것들은 저의 서재에

68　1902년 5월 8일 프랑스의 감독 아래 독립관에서 거행된 경의선의 서울-개성 간 철도기공식을 말한다. 해군 제독 베일, 프랑스 공사 콜랭 드 플랑시, 일본 공사 하야시 곤스케[林權助] 등과 한국인 인사 다수가 참석했다.

69　러시아 대장성에서 출간한 『한국지』를 지칭한다.(Составлено въ канцеляріи Министра Финансовъ, Описаніе Кореи (съ картой), С. Петербургъ : изданіе Министерства Финансовъ, типографія Ю. Н. Эрлиха 'Ju. N., 1900)

돋보이게 자리할 수 있을 텐데요. 저는 곧 파리에 가서, 출간된 『왕립아시아학회 한국지부 학술지(*Transactions of the Korea Branch of the Royal Asiatic Society*)』[70]들을 보도록 해 보겠습니다.

저의 『국립도서관 목록』 3권 분책이 간행되었고 이로써 1권 분량을 완성했습니다.[71] 파리에 가는 대로 분책이 공사님께 보내졌는지 바로 확인하겠습니다. 저희는 곧장 4권 분책의 인쇄를 시작했습니다. 제 강의는 막 끝났고 『목록』 작업을 계속하기 전에 사부아에서 며칠간 휴식을 취할 예정입니다.

하노이의 전시회에는 안 가십니까? 통킹을 방문하는 기회가 될 것입니다. 여행길이 그렇게나 멀지 않고, 동양학자들의 학회가 다른 시기에 열린다면, 그곳에 파견될 수 있도록 애써 볼 수 있었을 것입니다. 그러나 겨울에는 강의에 매여 있게 됩니다.

공사님께 충심 어린 마음을 표하며

모리스 쿠랑[서명]

---

70 왕립아시아학회 한국지부는 한국의 선교사와 외교관들이 중심이 되고 왕립아시아학회 중국지부의 중재로 1899년 영국으로부터 정식 허가를 받아 발족했으며, 학술지는 1900년 1호 이후 오늘날까지 계속 출간되고 있다.

71 1897년 2월 4일 쿠랑이 파리 국립도서관 측으로부터 의뢰받은 작업, 중국 서적 목록화 작업의 첫 결과물을 지칭한다(Maurice Courant, Bibliothèque nationale, *Catalogue des livres chinois, coréens et japonais*, Paris, 1900~1912).

1903년 3월 1일, 에퀼리(론)
콜랭 드 플랑시 공사님

　리옹에서 공사님의 방콕 파견 소식을 들었습니다. 저는 어떤 관점에서든 그곳이 호감이 가는 임지일 거라고는 생각하지 않습니다. 그러나 그곳은 주목받는 곳이고 싸움이 벌어지고 있는 곳입니다. 신문과 잡지에 실린 반론을 보면 시암(Siam)에서의 우리의 정책을 높이 평가하기란 저로서는 어렵습니다. 그렇지만 저는 그 선택 외에는 어떤 더 나은 선택도 할 수 없었다는 것을 믿고, 또한 그렇다고 알고 있습니다. 만약 어떤 것이 지켜져야 한다면 그것은 지켜질 것입니다. 그러나 서울에서 홀로 개척하셨던 공사님의 입지는 어떻게 되어갈까요?

　감사히 받은 1월 27일 자 공사님의 편지에 아직 답변을 드리지 못했습니다. 『코리아 리뷰(Korea Review)』 2년 분도 잘 받았습니다. ― 저는 『法規類編』 두 권을 가지고 있고, 3권도 기꺼이 구매하겠습니다만[72] 공사님이 서울에서 저의 편지를 받아보실 수 있을지 염려됩니다.

　공사님께서 전시회를 기해 하노이에 가실 수 있었는지 모르겠습니다. 시암에서의 임무는 공사님께 인도차이나를 공부할 기회를 제공할 것입니다. ― 저도 공사님처럼 이 유일한 기회를 이용하여 통킹을 방문

72　대한제국이 발간했던 당시의 현행법령집이었던 『법규유편(法規類編)』을 지칭한다. 쿠랑의 『한국서지』(보유편) 3419번 항목으로 『법규유편속(法規類編續)』 2책이 서목화되어 있다. 1894~1896년 말까지의 법령을 모아놓은 서적과 1896년 초부터 1897년 말까지 법령을 모아 의정부에서 발행한 서적이 소개되어 있다. 즉, 쿠랑이 소유하고 있던 2책은 이를 지칭한다. 현재 콜레주 드 프랑스 한국학연구소 도서관에 소장된 쿠랑 문고에는 쿠랑의 서한 속 진술에 부합되게, 『법규유편』 총 3책이 보관 중이다. 1~2책은 『법규유편속』과 같으며, 쿠랑이 추가로 구매한 3책은 의정부에서 광무 5년(1898)에 간행된 것이다(국립중앙도서관 편, 『콜레주 드 프랑스 소장 한국 고문헌』, 국립중앙도서관, 2012, 38쪽).

하고 윈난(雲南) 성까지 갈 수 있기를 간절히 원했고, 그럴 수 있도록 몇 가지 조사를 한 적도 있었습니다. 그렇지만 이 시점에서 학년의 절반 동안이나 제 강의를 내버려두는 것은 그다지 현명한 일이 아니란 결론을 내려야 했습니다.

강의에 대해서는 공사님께 어떤 말씀을 드릴까요? 저희는 잘 생활하고 있고 아주 규칙적으로 성장하고 있습니다. 올해는 작년보다 대략 3분의 1 정도 더 많은 학생이 있습니다. 저는 모두가 끈기있게 해나가서 유용하게 쓰일 수 있도록 바라고 있습니다.

공사님께 진실한 경의를 표하며

모리스 쿠랑[서명]

추신 : 원산 이후 최근 개항 항구들의 한자명과 그 항구들이 위치한 지역명을 부탁드리려고 했습니다. 그리고 1894~1895년 이후의 중–조 조약, 조–일 조약의 중국어와 일본어 원문들도 부탁드립니다. 저의 요청이 어쩌면 너무 늦게 도달할 것 같습니다.

1903년 7월 17일, 에퀼리(론) 콜랭 드 플랑시 공사님

공사님께『코리아 리뷰(*Korea Review*)』를 받았다는 말씀을 드렸는지 잘 모르겠습니다. 올 한 해는 무척이나 뒤죽박죽이었고, 이제 겨우 휴가를 맞아 편지를 정리할 수 있습니다. 신문보도에 따르면, 조선인들은 여전히 그리 일관적이지 못하고, 일본의 간섭이 모든 외국 활동들을 가로막고 있습니다. 일본과 러시아 사이에서 조선은 자신들의 단호함을 유지하기에는 상대들이 너무나도 강합니다. 체제의 변화에 따라 국민이 손해를 보지는 않겠지요. 사람들은 삼림개발과 압록강 하구의 항구 문제로 인해 전쟁이 임박했음을 예고해 왔습니다. 조선이 독자적인 것으로 남아 있는 것은 전쟁 속으로 빠져들 가능성이 있습니다. 이러한 추리를 하기에는 저보다 공사님께서 더 나은 위치에 계신다는 생각이 듭니다. 언제 공사님을 다시 뵙게 될까요? 공사님께서 떠나신 지 벌써 3년이 됩니다.

지난봄 저에게 중국에서 대략 1년 정도 체류하는 임시 업무 제안이 들어왔습니다. 리옹에서의 제 업무를 대리할 사람을 구한다는 전제 하에서 원론적인 수락을 하였습니다. 그러나 이 일은 수포가 되거나 아니면 적어도 무기한 연기된 것으로 보입니다. 그런데 이 임무는 조선과는 멀리 떨어진, 제가 모르는 지역으로 저를 데리고 갔을 것입니다. 저는 공사님을 만날 기회도 얻지 못했을 것입니다. 조선의 일이 모두 그렇듯이 의주까지의 철도는 느리게 진행되는 것 같습니다. 완성될 수 있을까요?

『코리아 리뷰』를 보내 주셔서 감사합니다. 지난 번 편지에도 또한 다른 책들을 부탁드리고 새로운 질문을 드려서 죄송합니다. 아마 언젠가 저는 다시 한국에 관한 것을 발표할 것이기에 연구 자료를 모으고 있습니다. 그러나 우리는 자신의 일을 자유롭게 지휘하지 못하고 다만, 상황의 지시에 놓이게 되지요.

공사님께 충심어린 경의를 표하며

모리스 쿠랑[서명]

1909년 2월 4일, 에퀼리, 샹슬리에 3번 길
콜랭 드 플랑시 공사님

공사님의 편지에 조금 놀랐습니다. 붉은 리본(레지옹 도뇌르 훈장)에 대해서는 결코 생각해본 적이 없기에 차치하고라도, 답장을 드리기 전에 생각을 좀 해봐야 했습니다. 이것을 생각해 볼 때가 온 것입니까? 모르겠습니다. 나라에 환원할 수 있었던 저의 봉사가 이런 훈장을 받을 가치가 있는 것인지요? 물론 그 답변은 제 몫이 아닙니다. 제가 아는 것은 공사님께서 저를 생각해 주신 것에 감동을 받은 사실이고, 제가 보기에 공사님의 의견과 호의적인 제안 그리고 제 활동이 유익한 어떤 결과를 이뤘다는 증거가 되어주는 것입니다.

따라서 제 경력에 관계한 참고사항을 동봉해 보내 드립니다만, 공사님께서 받고자 하시는 것이 바로 이것인지는 모르겠습니다. 이러한 특전이 저에게는, 제가 재능을 발휘할 수 있는 것을 알게끔 애써준 한 친구 덕택에 제게 오는 것이기 때문에 특별한 가치를 지닌다고 덧붙여 말씀드립니다. 이러한 조건에서 제가 붉은 리본을 높이 평가할 수 있는 것과 마찬가지로, 만약 저의 사적인 간청으로 그 훈장을 얻어야 하는 것이라면 제가 보기에 그것은 모든 특별함을 상실하는 것입니다. 그러므로 저는 이 훈장을 기쁘게 수락할 것이지, 절대 요구하지는 않을 것입니다.

공사님께 감사를 드리며 한결같은 충심을 표하며

모리스 쿠랑[서명]

추신 : 제 저술 중에서 『한국서지』를 추천합니다. 제가 감히 말씀드리자면 공사님께서는 저와 마찬가지로 그 책의 결정적이고 주요 저자가 누구였는지 아십니다. 이를 언급해야 할까요? 저의 모든 논문을 열거하는 것은 부질없는 짓입니다. 몇 개 정기간행물의 이름만 제시합니다.

『동방학지(*Journal Asiatique*)』, 『通報』

『종교사 논집(Revue d'histoire des religions)』

『일본아시아학회 회보(*Transactions of the Asiatic Society of Japan*)』

『佛文雜誌(*Revue française du Japon*)』

『프랑스 아시아 위원회 회보(*Bulletin du Comité de l'Asie française*)』

『역사 기술 지리학 회보(*Bulletin de géographie historique et descriptive*)』

『교육학 리뷰(*Revue pédagogique*)』

『교육 국제 논집(*Revue internationale de l'Enseignement*)』

『식민지 연보(*Annales coloniaes*)』

『정치학 연보(*Annales des Sciences Politiques*)』

『두 개의 세계에서의 정치적 삶(*La Vie politique dans les 2 Mondes*)』

『르뷔 데 되 몽드(*Revue des 2 Mondes*)』

『르뷔 드 파리(*Revue de Paris*)』 등등

기메 박물관, 식민지 연맹, 고등사회연구학교 등에서 한 강연.

1909년 4월 20일, 에퀼리, 샹슬리에 3번 길
콜랭 드 플랑시 공사님

공사님의 편지와 제게 알려주신 공사님의 호의적인 절차 진행에 깊이 감사드립니다. 공사님께서 저를 위해 애써주시는 것이 처음은 아니지요. 제가 조선에 도착했을 때 해주신 친절한 환대와 그 후 이어진 모든 좋은 관계를 잊지 않고 있습니다.

이제 고인이 된 황후[73]와 관련된 몇 쪽의 글을 공사님께 부치겠습니다. 저는 단지 그분의 공적인 역할을 서술하고 싶었습니다. 그녀의 개성과 사생활에 관해서는 사람들이 소문만 알고 있으므로 과거를 회상하는 식으로 사용하는 것이 더 바람직해 보였습니다.

전권대사님께 충심어린 우의를 표하며

모리스 쿠랑[서명]

---

73 헌종의 어머니이자 고종을 옹립한 신정왕후(神貞王后) 조대비(趙大妃, 1808~1890)를 지칭하는 것으로 보인다.

1909년 12월 28일, 에퀼리, 샹슬리에 3번 길(론)

전권대사님, 일본 고고학 책에 관해 제게 주신 허가에 감사를 드립니다. 그 책을 지금 유용하게 보고 있습니다. 왜냐하면, 『마드롤 가이드 (*Guide Madrolle*)』에 이미 게재한 내용을 보충하기 위하여 대한제국에 관한 몇 개의 짧은 주석을 약속했기 때문입니다.[74] 그러나 저는 역사와고고학 측면에만 한정할 의향이고, 여행자 숙소나 기타 유사한 종류의 정보에 대해서는 제가 맡을 수 없음을 명확히 할 것입니다. ─한편 일본 공사로부터 저희에게 그 책을 한 권 마련해 주도록 노력하겠다는 약속이 있었습니다. 저는 도판 몇 개를 사진으로 재수록 하게끔 할 생각을 했었습니다. 그러나 제가 일을 맡길 사람의 조심에도 불구하고 책이 상할까 염려가 되었습니다.

전권대사님, 올해도 여전히 제게 표현해 주신 모든 호감에 또한 감사를 드립니다. 공사님께서 기꺼이 제기해 주신 사안에 대해서는 그 어떤 소식도 받지 못했고, 저도 그 사안에 관해 물어보는 것은 삼갔습니다. 만약 어떤 일이 이루어질 수 있었다면, 저는 그것이 이미 이루어졌을 것을 확신합니다. 저는 한 번 부탁조차도 그다지 마음이 내키지 않았습니다만, 사적인 감정과 저 자신의 판단을 고집하는 것처럼 보이지 않으려고 그렇게 했습니다. 그러나 다시 돌아가 도움을 청하기에는 너무도 저의 소신과 신조를 희생해야만 할 것입니다. 저는 공사님께서 외관과

---

74 쿠랑은 1904년 마드롤이 편찬한 여행 책자에 한국 관련 부분을 기고한 바 있다.("La Corée", dans Claudius Madrolle, *La Chine du Nord*, Paris : Comité de l' Asie Française, 1904) 쿠랑은 당시 이에 대한 개정판 작업을 진행하고 있었던 것으로 보인다. 이 개정작업의 결과는 1911년에 나온다.(*Chine du Nord et vallée du Fleuve Bleu, Corée*(2e édition), Paris, 1911)

외면적인 표시보다는 훨씬 더 자신의 소신을 중요시하는 한 인간의 초연함과 솔직함으로 자신을 해명하는 것에 대해 저를 원망하지 않으실 것을 잘 알고 있습니다.

연말을 맞아 전권대사님께
새해의 모든 소망이 이뤄지길 바라는 마음과 아울러 충심을 표하며
모리스 쿠랑[서명]

1909년 12월 29일, 에퀼리, 샹슬리에 3번 길(론)
콜랭 드 플랑시 전권대사님

아주 오랫동안 보지 못했던 아이나르(Aynard) 씨를 어제 우연히 만났습니다. 그가 먼저 제게 다음과 같이 말했습니다. "우리는 당신에 관한 일을 했습니다. 상공회의소가 평소에 절대 하지 않는 일을 하며 해당 부처에 당신과 관계된 일을 잘 처리해달라고 편지를 썼습니다. 저도 피송(Pichon) 씨[75]에게 개인적으로 이야기를 했습니다."

수반된 친절한 말들만 지우고 제가 얻은 정보를 그대로 전권대사님께 전해 드립니다.

전권대사님께 진심어린 경의를 표하며

모리스 쿠랑[서명]

---

[75] 스테펜 피숑(Stephen Pichon); 1897부터 1900년까지 중국 전권대사로 지냈고 이후 몇 차례 걸쳐 외무부 장관을 역임했다.

전권대사님께서 제게 편지를 쓰시던 무렵에는 여전히 혹독했던 겨울에서 저희는 다행히 벗어났습니다. 그리고 몇 주 전부터는 제 기분이 참으로 좋습니다. 이것이 좋은 날씨가 준 효과일가요, 아니면 제가 작년부터 앓았던 폐렴의 잔재에서 마침내 벗어났기 때문일까요? 어느 쪽이든 저는 이 때를 이용해 몹시 오랫동안 소홀했던 연구 작업과 서신교환을 조금씩 해나가고 있습니다. 저는 3월에 뮈텔 주교님으로부터 서울에서 알고 지내던 두세(Doucet) 신부님[76]의 임종을 전하는 편지를 받았습니다. 뮈텔 주교님은 조선의 정신적인 상태에 그다지 만족하지 않으시고, 더 힘들었지만 선교의 결실이 풍성했던 성직의 과거를 그리워하고 계십니다!

저는 많은 흥미를 갖고 일본 정치를 지켜보고 있는데, 항상 몇 주가 지나서야 접하고 있습니다. 공사님께서는 『르 탕(Le Temps)』誌가 그토록 집요하게 권장하는 시베리아에의 개입에 대해서 어떻게 생각하십니까? 사람들은 광대한 거리와 의사소통의 어려움을 망각하고 있는 것 같습니다. 블라디보스톡은 하얼빈에서 멉니다. 그렇다면 이르쿠츠크까지는 무슨 말을 하겠습니까? 저는 2년 전부터 일본의 현저한 경제적 번영에 주목하고 있습니다. 그러나 이 나라는 얼마나 잘못 알려져 있는지

---

76 두세(E. C. Doucet, 丁加彌, 1853~1917) : 프랑스 파리외방전교회 소속 선교사로, 1877년 로베르 신부, 리델 주교와 함께 황해도 장연을 경유하여 서울에 왔다. 문호가 개방된 이후 신교의 자유가 허용되지 않던 황해도 일대에서 선교활동을 했다. 약현(藥峴 : 中林洞) 성당의 초대 신부로도 일했다.

요. 저는 매일 일본에 대한 오도(誤導)를 주목하게 되는데, 사람들은 일본을 일종의 중국과 같은 것으로 간주합니다. 그런데 프랑스에는 일본에 대한 것을 어디에서 가르치고 있습니까? 동양어학교에서의 강의가 전부입니다. 마치 로니(Léon de Rosny) 교수가 일본어 교육으로 사로잡아 놓은 것 같습니다. 언어 외에도, 가르쳐야 할 나라와 역사가 있을 것입니다. 영국 사람들은 우리보다 얼마나 더 많은 정보를 가졌는지요. 그들에게는 대중을 위한 책이 있고 그 책들의 가치는 매우 큽니다.

종이가 다 되었습니다.
전권대사님께 충심 어린 안부를 드리며
모리스 쿠랑[서명]

1919년 1월 7일, 에퀼리, 샹슬리에 3번 길(론)
친애하는 벗, 전권대사님

오늘이 벌써 1월 7일이라는 것을 알았습니다. 진작에 진권대사님께 저의 새해 인사를 보냈어야 했습니다. 그렇지만 잊고 있다고 생각하지는 말아 주십시오. 1년 전부터 유지하고 있었던 긴 침묵 또한 아닙니다.

그러나 얼마나 걱정이 많은지요! 긴 다달[川]을 두고 나라를 위한 걱정들 그 중 가장 심각한 것은 임박한 평화로 인해 드디어 해소되었다지요. ─또한 사적인 근심들, 아들 하나는 자리를 잡아줘야겠지만 경제적 불황과 드문 일손 등등으로 힘든 상황─또 한 아들은 진로를 정해야 하는데, 그러려면 방향을 택해야 하고─저 자신도 공익에 가장 유용할 방식으로 제 일을 편성해 나가기. 바로 이런 것들이 제가 1년 내내 싸워 왔고, 아직 벗어나지 못한 근심거리들입니다. 곧잘 대사님께 편지를 쓰려고 생각하곤 했습니다. 자기가 져야 할 근심거리로 친구들에게까지 부담을 주는 일이 뭐가 좋겠습니까? 무슨 소용 있겠습니까? 그들은 그들의 근심이 있고 그것로써도 충분합니다. 이것이 제가 침묵을 지키는 이유입니다. 저는 올해 추가 수업을 하나 맡았고 일본의 변화를 다룰 것입니다. 따라서 할 일이 많습니다.

충성어린 마음으로 새해 문안을 드리며

모리스 쿠랑[서명]

대사님의 1월 7일 자 엽서에 드려
야 할 감사인사가 너무 늦어졌다면
용서를 청합니다. 저의 임무에 관한
보고서 작성을 급하게 부탁 받았고
일본의 상황이 너무도 복잡해서 이
소소한 30쪽 분량의 작업이 무척 오
래 걸렸습니다. 그리고 드디어 며칠
전에야 그 원고를 넘겼습니다. 그 동
안 저는 다른 모든 일을 내버려 두었
었는데, 이제서야 제가 받은 편지들
에 답장을 쓰기 시작합니다. 저희는
아직도 제대로 정착하지 못하고 있

파리 16구 바리즈 12번가 전권대사 빅토르 콜랭 드 플랑
시 전권대사님께 보낸 서간〔내용물 분실〕

고, 제가 하고자 하는 강연과 논문
쓰기에 대해서는 생각할 여유도 별로 없습니다.

친애하는 벗에게 저의 모든 충심을 표하며

모리스 쿠랑〔서명〕

친애하는 벗, 전권대사님께서 먼저 새해인사를 해오신 일이 부끄럽습니다. 대사님의 새해 축원에 감사드리며, 대사님께서도 저의 새해 문안을 받아주시기 바랍니다. 사실 제가 돌아온 이후로, 그러니까 1년 전부터, 제 집에는 아무 것도 제대로 돌아가는 일이 없었습니다. 대사님을 뵙게 될 때, 아마도 편지로 쓰기 힘든 많은 것들을 들려드릴 것입니다. 사려 깊으신 대사님께는 모두 말씀드리겠습니다. 가정의 일로 제 시간의 절반이 손상되었고, 올해 제법 학생들이 모였던 강의를 어렵사리 유지했습니다. 그리고 저의 임무와 관계된 한두 가지 문제에 전념했습니다.

이것들이 저의 한 해의 결산입니다. 빈약하고 너무나 과중한…

안부를 여쭈며

모리스 쿠랑[서명]

1921년 4월 24일, 에퀼리, 샹슬리에 3번 길(론)
친애하는 벗, 전권대사님

대사님께 이 편지를 쓰는 것이 제게는 힘이 듭니다. 제가 오랫동안 쓰지 못 한 이유이기도 합니다. 그러나 오랜 벗에게는 진실을 밝힐 의무가 있지요.

동양에서 돌아오니 제 가정이 엉망이 되어있었습니다. 제 아내는 저희를 파산으로 몰고 가는 소비 욕구에 사로잡혀 있었고, 제 두 아들은 유익한 일이라면 아예 받아들이지 않고 있었습니다. 길을 벗어난 이런 정신들을 바로잡으려고 애쓰며, 이제껏 가졌다고 생각한 적이 없는 엄청난 인내심을 여기에 썼습니다. 늘 의견이 잘 맞는 처남인 크리스티앙 쉐페르(Christian Schefer)의 지원과 도움도 받았습니다. 헛된 시도를 한 지 몇 달이 지난 후 아내가 별거를 요구해 왔고, 3개월 전에 별거가 선고되었습니다. 저는 이 판결에 동의했습니다. 왜냐하면 저는 필요할 때 아내를 돕기 위해서라도 그녀의 재정적인 과실들을 피할 다른 방도가 없었기 때문입니다. 게다가 아내와 아이들이 그들에게 남아 있는 재산을 탕진하는 것을 막는 조치들이 취해졌습니다. 그러니까 이제부터 저는 혼자서 무력한 세 영혼을 돌보아야 하는 처지입니다.

저는 리옹에 살고 있고, 단과대학에 제 연구실이 있어서 우편물을 모두 이곳으로 보내도록 했습니다. 친애하는 벗이여, 1년도 더 되게 제 태도가 왜 그랬던지를 이제는 이해하시리라 생각합니다. 저는 편지를 쓸 시간도 마음의 여유도 없었습니다.

저는 한편으로는 제 강의로, 또 한편으로는 얼마 후에 있을 리옹의 중국 연구소 설립[역주. 1921년 9월 里昂中法大学(IFCL) 설립]을 앞두고 매우 바쁘게 지내고 있습니다. 저의 우울한 사건과 이사로 많은 시간이 들었고, 저는 아직 귀국 이후로 진지하게 일을 다시 시작할 수가 없었습니다.

처남(이복 처남)인 가스통 셰페르는 제가 결혼하기 전부터 자신의 아버지와 사이가 좋지 않았고, 저희는 그의 죽음을 신문을 통해서야 알았습니다.

친애하는 벗께서 저의 충심을 믿어주시기 바라며

모리스 쿠랑[서명]

또한 대사님께서 늘 제게 보여주셨던 호의에 감동하고 있음을 믿어주십시오.

4. 계획표*

조선에 대한 종합적인 내용의 단행본은 다섯 개의 장으로 구성되어야 할 것입니다.

I.   지리(반도, 지방, 도로 등에 관한 구체적인 서술)

II. 역사(단군과 기자의 신화적인 기원들 이후의 조선이라는 국가의 형성에 관한 연구: 중국, 일본, 북방 민족 등 외국과의 관계)

III. 행정과 사회(행정 역사, 사회 계급, 종교, 조세, 화폐, 시험, 가족, 동업조합, 인문)

IV. 예술과 산업(예술과 산업의 도입 또는 토착적 기원, 예술과 산업의 발달과 일본으로의 이동, 예술과 산업이 생산해낸 것과 오늘날의 모습?)

V.   지질학, 식물학, 동물학

제가 수집하고 입수해 가지고 있는 자료들을 통해 II장과 III장은 정말로 진지한 방식으로 다룰 수 있을 것입니다. I장과 IV장과 관련해서는 그런대로 넓은 분야의 정보들을 부분적으로 보유하고 있습니다. 따라서 이 부분에 관해서는 두 가지 저술방식 중에서 선택해야 할 것입니

---

*   1898년 초 서울에서 근무하던 콜랭 드 플랑시는 쿠랑에게 1900년 파리 만국박람회 개최를 대비하여 한국의 지리·역사·행정·사회·지질·식물 전체를 총망라한 완벽한 보고서를 작성해 줄 것을 제안했다. 물론 그가 1898년 6월 26일 콜랭 드 플랑시에게 보낸 서간에서 알 수 있듯이, 쿠랑은 자료·자금 및 시간의 부족으로 이를 할 수 없을 것으로 판단해 거절했다. 아마도 이 문건은 쿠랑이 거절 편지를 보내기 이전에, 해당 저술에 대한 기획내용을 콜랭 드 플랑시에게 보낼 때 첨부한 것으로 보인다.

다. 한 가지 방법은 I장과 IV장을 각각 도입부와 부록으로 만들고, II장과 III장보다는 덜 강조하는 것입니다. 또 한 가지 방법은 한두 명의 유능한 사람에게 조선에서 행해져야 할 체계적인 조사와 탐구를 통해 자료들을 결집하는 것입니다. V장에 관해서 저는 언급할 만한 그 어떤 것도 가지고 있지 않기에 기본적인 조사에서부터 착수해 나가는 것이 필수적일 것입니다. 왜냐하면, 이 분야에 있어서는 부족한 형태로도 관계 자료가 거의 전무하기 때문입니다.

이 작업을 잘 수행하기 위해서는, 현재 파리에 있든 저의 집에 있는 그 책들에 다음의 자료들을 추가하면 도움이 되겠습니다.

① 『코리언 리포지터리(*The Korean Repository*)』 전권(全卷)(저는 첫해 간행물 전부와 두 번째 간행물 몇 권만을 가지고 있습니다)

② 현 왕조의 역사(예를 들어 『한국서지』의 1875번에서 1886번에 들어 있는 몇몇 저작이 해당됩니다. 동양어학교에는 1884번과 1776번에서 1800번까지만 있습니다.)[78]

③ 1892년 이후에 있었던 사건들 신규 관보, 공식 사용 언어, 법률개정안 등에 관한 명확한 자료들. 게다가 원한다면 연표를 전쟁 전인 1894년까지로 고정 할 수도 있을 것입니다.

저는 II장과 III장을 종합적으로 다루고 I장과 IV장을 간추린 작품이 8

---

78 『한국서지』에서 해당 서적을 "서명(『한국서지』의 항목번호)"으로 정리해보면, 『國朝寶鑑』(1875), 『朝野會通』(1876), 『朝野輯要』(1877), 『朝野集』(1879), 『朝野類要』(1880), 『野史』(1881), 『東史補編』(1882), 無題(1883), 『東國記事』(1884), 『正宗朝記事』(1885), 『爛秒』(1886)로 조선왕조의 역사서로 볼 수 있다.

절판으로 1,500에서 1,800쪽 정도가 될 것으로 추정하고 있습니다(8절판은 동양어 출판물의 규격이고, 본문은 『한국서지』보다 더 촘촘할 것입니다).

사례비는 인쇄용지(16쪽) 단위로 계산할 수 있을 것입니다. 각종 총서가 인쇄용지당 50프랑을 지불합니다. 아마 더 저렴하게 합의할 수도 있을 것입니다.

프랑스에서 동양어 활자의 인쇄 비용을 되도록 줄이기 위해서는, 복제품과 아연판 인쇄술을 사용할 수 있을 것입니다. 그렇게 하면 비용을 대폭 절약할 수 있을 것입니다.

참고문헌

1. 자료

•모리스 쿠랑의 저술목록

『플랑시 문서철(*PA-AP, Collin de Plancy*)』 2[프랑스 외무부 문서고 소장 마이크로 필름].

Bibliographie Coréenene, Paris : E. Leroux, 1894〜1896, 1901.

Collège de France éd., *Études Coréennes de Maurice Courant*, Paris : Éditions du Léopard d'Or, 1983.

"De la lecture japonaise des textes contenant uniquement ou principalement des caractères idéo-graphiques", *Journal Asiatique*, 1897.

"Korea", *Encyclopedia of Religion and Ethics*, 1908〜1915.

"L'écriture coréenne", *Notes sur les caractères étrangers, anciens et modernes*, 1927.

"La complainte mimée et le ballet en Corée", *Journal Asiatique*, 1897.

"La Corée et les puissance étrangères", *Annales des Sciences Politiques*, 1904.3.15.

"La Corée jusqu'au IXe siècle, ses rapports avec le Japon et son influence sur les origines de la civilisation japonaise", 『通報』, 1898.

"La Corée", *La chine du Nord*, 1904.

"La musique coréenne", *Histoire de la musique*, 1913〜1914.

"L'Association universitaire franco-chinoise", *Annales franco-chinoises*, 1927

"Le pavillon coréen au Champ de Mars", *Souvenir de Seoul, Corée*, Paris : Exposition universelle, 1900.

"Note historique sur les diverses espèces de monnaie qui ont été usitées en Corée", *Journal Asiatique* 9(2), 1893.

"Notes sur les différents systèmes d'écriture employés en Corée", *Transaction of the Asiatic Society of Japan* 23, 1895.12.

"Notes sur les études coréennes et japonaises", *Extrait des actes du congré des orientalistes*, 1899.

"Principales périodes de l'histoire de la Corée", *Revue française* 1〜17, 1895.1〜1896.5.

"Quelques monuments coréens", *Conférence faite au Musée Guimet le 23 décembre 1900*.

"Sommaire `et historique des cultes coréens", 『通報』, 1900.

"Stèle chinoise du royaume de Ko kou rye", *Journal Asiatique* 9(XI), 1898.

"Un établissement japonais en Corée, Pou-san depuis le XVe siècle", *Annales coloniales*, 1904.8〜10.

Asie centrale aux XVIIe et XVIIIe siècles empire Kalmouk ou empire Mantchou?, Lyon : A. Rey, 1912.

Bibliothèque nationale, *Catalogue des livres chinois, coréens et japonais*, Paris, 1900.

Essai historique sur la musique classique des Chinois, avec un appendice relatif à la musique coréenne. Thèse pour le doctorat, présentée à la Faculté des lettres de Lyon, par Maurice Courant, Paris : C.

Delagrave , 1912.

Grammaire de la Langue Japonaise Parlée, E. Leroux, Paris : E. Leroux, 1899.

La Langue Chinoise Parlée, Grammaire du kan-hwa septentrional, Lyon : A. Rey, 1913.

La Sibérie, colonie russe jusqu'à la construction du Transsibérien, Paris : F. Alcan , 1920.

Répetoire historique de l'administration coréenne, Paris : Centre d'études coréennes , 1986.

•모리스 쿠랑 『한국서지』 참조논저

Allen, H. N., *Korean Tales : Being a Collection of Stories Translated from the Korean Folk Lore*; 1 vol. in-8, New York & London: G. P. Putnam's sons, 1889.

Amyot., *Diconnaire tartare-mantchou-français*; 3 vol. in-4, Paris : Fr. Ambr. Didot l'ainé, 1789-1790.

Aston, W. G., "On Corean popular literature", *Transactions of the Asiatic Society of Japan* 18, 1890.

_____, "Early Japanese history", *Transactions of the Asiatic Society of Japan* 16, 1889.

Bergaigne, Abel, *Manuel pour étudier la langue sanscrite*; 1 vol. in-8, Paris : F. Vieweg, 1884.

Bramsen, W., *Japanese chronological tables*, Tôkyô, 1880.

Bunyiu Nanjio(南條文雄), *A Catalogue of the Chinese translation of the Buddhist Tripitaka, etc.*, Oxford: Clarendon press, 1883.

Bulletin de la Société de géographie de Paris 7° série, tome X, 1889.

Cordier, H., *Bibliotheca Sinica*; 2 vol. in-8, Paris : E.Leroux 1881-1885.

_____, *Supplément du même ouvrage* 2 fascicules, 1893.

_____, *Essai d'une bibliographie des ouvrages publiés en Chine par les Européens au XVIIe et au XVIIIe siècles*, Paris : E.Leroux, 1883.

Catalogus Librorum Venalium in Orphanotrophio Tou-sai-wa; 1 vol. petit in-8, Zi ka wei, 1889.

Dallet, Ch., *Histoire de l'Eglise de Corée, précédée d'une introduction sur l'histoire, les institutions, etc.*; 2 vol. in-4, Paris : V. Palmé, 1874.

Du Halde, Le P., *Description de la Chine*; 4 vol. in-folio, Paris : P. G. Lemercher, 1735.

Eitel, Ernest J., *Handbook of the Chinese Buddhism*, 2e édition; 1 vol. in-8, Hongkong, 1888.

_____, *Feng-shui, or the rudiments of natural science in China*; 1 vol. in-8, Londres, 1873.

_____, "Feng shoui ou Principes de science naturelle en Chine, traduit de l'anglais par Léon de Milloué", *Annales du Musée Guimet* I, Paris : E. Leroux, 1880.

Griffis, W. E., *Corea. The Hermit Nation*; 1 vol. in-8, Londres, Scribner, 1882.

Hoang, P. Petrus, *De Calendario Sinico et Europæo ; de Calendario Sinico variæ notiones, etc.*; 1 vol. in-8, Zi ka wei, ex Typographia missionis catholicae, 1885.

Halez, C. de., "Traduction partielle du Koe yu", *Journal Asiatique*, nov. déc. 1893 et janvier février 1894 ; et *Mémoires du Comité Sinico-japonais de la Société d'ethnographie*, tome XIX, partie II, 1894.

Julien, Stanislas, *Résumé des principaux traités chinois sur la culture des mûriers et l'éducation des vers à soie*; 1 vol. in-8, Paris : Imprimerie royale, 1837.

Klaproth, J., *San kokf tsou ran sets : ou Aperçu général des trois royaumes*; 1 vol. in-8, Paris, 1832.

Legge, J., *The Sacred Books of China. The texts of Taoism, traduction*; 2 vol. in-8, Oxford : Clarendon Press, 1891.

Lowell, P., *Chosön, the land of the morning calm*; 1 vol. in-8, Boston: Ticknor and company, 1886.

Ma, Tuan-lin, *Ethnographie des peuples étrangers à la Chine. Matouan-lin traduit pour la 1ère fois*, etc.; 2 vol. in-4, Genève, H. Georg, 1876-1883.

Mayers, W. F., *The Chinese reader's manual: A handbook of biographical, historical*, 1 vol. in-8, Shanghai : American Presbyterianmission press, 1874.

Missionnaires de Corée de la Société des missions étrangères, *Dictionnaire Coréen-français*, contenant I partie lexicographique; II partie grammaticale; III partie géographique; 1 vol. grand in-8, Yokohama, 1880.

_____, *Grammaire Coréenne*; 1 vol. grand in-8, Yokohama. 1881.

Mollendorff, P. G. von, "Essay on Manchu literature", *Journal of the North China branch of the Royal Asiatic Society* XXIV, new series. 1890.

Nocentini, Ludovico, "Names of the old Corean sovereigns," *China branch of the Royal Asiatic Society*, XXII, new series, 1887.

Oppert, E., *A forbidden Land, voyages to Corea*; 1 vol. in-8, London: S. Low, Marston, Searle, and Rivington, 1880.

Plauchut, E., "Le royaume solitaire", *Revue des Deux Mondes*, 15 février 1884.

Playfair, G.M.H., *The cities and towns of China, a geographical dictionary*; 1 vol. grand in-8; Hongkong, Shanghai [etc.] : Kelly & Walsh, limited, 1910.

Rosny, L. de, "Sur les sources de l'histoire ancienne du Japon", *Congrès des Orientalistes*, tome I, p. 217. 27 mai 1881

_____, "Les peuples de la Corée connus des anciens Chinois", *Actes de la société d'Ethnographie*, VII, 1873.

_____, *Les Coréens*, Paris : Maisonneuve frères et Ch. Leclerc, 1886.

_____, *Traité de l'Education des vers à soie au Japon*; 1 vol. in-8, Paris : Impr. impériale, 1868.

_____, "Sur la langue chinoise en Corée", *Revue Orientale*, 1868.

Cf. *Congrès des Orientalistes*, tome I, pp.148, 178, 184, 217, 219, 221, 225, 227, 229, 233, 235, 237, 239, 289, 291.

Ross, Re. J., *History of Corea Ancient and Modern, etc.*; 1 vol. in-8, Paisley, Paisley [Scotland] J. and R. Parlane, 1879.

Satow, E., "Transliteration of the japanese syllabary", *Transactions of the Asiatic Society of Japan* 7, 1879.

_____, "On the early history of printing in Japan", *Transactions of the Asiatic Society of Japan* 10(1), 1882.

_____, "Further notes on movable types in Korea and early Japanese printed books", *Transactions of the Asiatic Society of Japan* 10(2), 1882.

Scherzer, F., Journal d'une mission en Corée, tranduit par, etc.; Dans les publications de l'Ecole des Langues Orientales Vivantes, tome VII, 1 vol. in-8, Paris, 1878.

Tchao sien tche, Mémoire sur la Corée par un Coréen anonyme, traduit etc.; 1 vol. in-8, Paris, 1886(extrait du Journal Asiatique).

Scott, James, *English Corean Dictionary*; 1 vol. in-8, Seoul, Corea : Church of England Mission Press, 1891.

Treaties and Conventions, Between the Empire of Japan and Other Powers Together with Universal Conventions, Regulations and Communications, Since March, 1854, Revised edition; 1 vol. grand in-8, Tokyo, 1884.

Treaties and Conventions, Between the Empire of Japan and Other Powers Together with Universal Conventions, Regulations and Communications, Since March, 1854 vol. II, 1884-1888 ; 1 vol. grand in-8, Tokyo, 1889.

Treaties, Regulations, Etc., Between Corea and Other Powers. 1876-1889, Etc. ; 1 vol. in-4 Shanghai, 1889(Imperial Maritime Customs, III, Miscellaneous series, no.19).

Wylie, A., *Notes ou Chinese literature*; 1 vol. in-4, Shanghai et Londres, New York: Paragon Book Reprint Corp, 1910.

Zakharov, I., *Dictionnaire mantchou-russe*; 1 vol. in-4, St. Pétersbourg, 1875.

岡倉由三郎, 「朝鮮の文學」, 『哲學雜誌』 8(74-75), 1893.4〜5.

『四庫全書總目』; 121책. 12절판, 廣東, 1868.

『增補彙刻書目』; 11책. 18절판, 北京, 1875.

『大明會曲』; 228권 42책. 8절판, 1587.

『李氏五種合刊』, 1888[1837].

『知不足齋叢書』.

『續彙刻書目』; 11책. 18절판, 北京, 1876.

『說郛』, 1530.

『通商各國條約』; 16책. 8절판, 北京 : 統理衙門 인쇄소 연대 미상.

『通商各國條約』; 16책. 8절판, 北京 : 統理衙門 인쇄소 연대 미상.

『通商約章類纂』; 20책. 대8절판, 天津, 1886.

『集說詮眞』; 6책. 8절판, Za ka wei, 1880.

• 모리스 쿠랑 연구를 위한 자료

Courant, M., 이희재 옮김, 『한국서지』, 일조각, 1997[1994](*Bibliographie Coréenne*, Paris, 1894-1896, 1901).

Courant, M., 파스칼 그리트·조은미 옮김, 『프랑스 문헌학자 모리스 쿠랑이 본 한국의 역사와 문화』, 살림, 2009(Collège de France éd., *Études Coréennes de Maurice Courant*, Paris : Éditions du Léopard d'Or, 1983).

『고종시대사』 1〜6, 한국사 데이터베이스(http://db.history.go.kr).

『고종실록』(http://sillok.history.go.kr).

『구한국외교문서』 19~20, 고려대 아세아문제연구소, 1970.

『국외소재 한국 고문헌 수집성과와 과제』(개정판), 국립중앙도서관 도서관연구소, 2011.

『규장각도서한국본종합목록』, 서울대학교 도서관, 1981.

『규장각도서중국본종합목록』, 서울대학교 도서관, 1982.

『규장각한국본도서해제』, 서울대학교 도서관, 1981-1984.

『콜레주드 프랑스 소장 한국 고문헌』, 국립중앙도서관 도서관연구소, 2012.

『프랑스외무부문서』 1~9, 국사편찬위원회, 2002~2010.

『한국근대사자료집성4 한불관계자료 : 主佛公使・파리博覽會・洪鍾宇』, 국사편찬위원회, 2001.

경기도박물관 편, 『먼나라 꼬레-이폴리트 프랑댕의 기억속으로』, 경인문화사, 2003.

러시아 대장성 지음, 한국정신문화연구원 옮김, 『국역 한국지』, 전광사업사, 1984[Составлено въ канцеляріи Министра Финансовъ, *Описаніе Кореи(съ картой)*, С.-Петербургъ : изданіе Министерства Финансовъ, типографія Ю. Н. Эрлиха 'Ju. N., 1900].

뮈텔, 한국교회사연구소 역주, 『뮈텔 주교 일기』1-8, 한국교회사 연구소, 1986-2008.

이상은 편, 『고서목록』, 보경문화사, 1987.

샤를 바라, 성귀수 옮김, 「조선종단기 1888-1889」, 『조선기행』, 눈빛, 2001(Voyage en Coree", *Tour du Monde*, 1892.5.7- 6.4).

서길수 편역, 『한말 유럽학자의 고구려 연구』, 여유당, 2007.

파리외방전교회, 윤애선・이은령・김영주 역, 『(현대 한국어로 보는) 한불자전』, 소명출판, 2015.

황호덕, 이상현 편, 『한국어의 근대와 이중어사전』 Ⅰ~Ⅺ, 박문사, 2012.

황호덕, 이상현 편역, 『개념과 역사, 근대 한국의 이중어사전』 2, 박문사, 2012.

Courant, M., 『모리스 꾸랑의 서울의 추억』, 서울역사박물관 조사연구과, 2010.

Courant, M., 김수경 옮김, 『조선문화사서설』, 범우사, 1995.

Courant, M., 박상규 옮김, 『한국의 서지와 문화』, 신구문화사, 1974.

Courant, M., Mrs W. Massy Royds trans., "Introduction to Courant's Bibliographie coréenne", *Royal Asiatic Society-Korea Branch*, 1936.

Dallet C. C., 안응렬・최석우 역주, 『한국천주교회사』(上), 분도출판사, 1979[*Histoire de L'Eglise de Corée*, 1874].

Lowell, P., 조경철 옮김, 『내 기억 속의 조선, 조선사람들』, 예담, 2011[*Chosön, the land of the morning calm*, 1888].

Griffis, W. E., 신복룡 역, 『은자의 나라, 한국』, 집문당, 1998[*Corea : The Hermit Nation*, 1882].

Park, Byeng-Sen, *Règles protocolaires de la cour royale de la Corée des Li*, Seoul, Kyujanggak Archives, 1992.

Allen, H. N., *A Chronological Index*, Seoul : N.n., 1901.

Cordier, H., "Nécrologie", 『通報』 XXI, 1922.

Courant, M., Gale, J. S. trans., "Introduction of the Chinese into Korea", *The Korea Review* Ⅰ, 1901.
_____, "The Ni-T'u", *The Korea Review* Ⅰ, 1901.

Courant, M., Royds, W. M. trans., "Introduction to Courant's Bibliographie coréenne", *Royal Asiatic Society-Korea Branch*, 1936.

Jones, G. H., *An English-Korean dictionary*, Tokyo, Japan: Kyo Bun Kwan, 1914.

_____, "Ch'oe Ch'I-Wun : His life and Times", *Transactions of Korea Branch Of Royal Asiatic Society* III(1), 1903.

_____, "Sul Chong, Father Korean Literature", *The Korea Review* I. 1901.

Kenmure, A. H., "Bibliographie Coréenne", *The Korean Repository* IV, 1897.

Scott, J., "Sanskrit in Korea", *The Korean Repository* IV, 1897.

Underwood, H. G. & Underwood, H. H., 『英鮮字典』, 京城: 朝鮮耶蘇教書會, 1925.

Underwood, H. H., "A partial Bibliography of Occidental Literature on Korea," *Transactions of the Korea Branch of Royal Asiatic Society* 20, 1931.

_____, "Occidental Literature on Korea", *Transactions of the Korea Branch of Royal Asiatic Society* 20, 1931.

Jones G. H., "Ch'oe Ch'I-Wun : His life and Times", *Transactions of Korea Branch Of Royal Asiatic Society* III(1), 1903.

_____, "Sul Chong, Father Korean Literature", *The Korea Review* I. 1901.

Courant, M., 淺見倫太郎 譯, 『朝鮮藝文志』, 朝鮮總督府, 1912.

Courant, M., 小倉親雄 譯, 「(モーリスクーラン)朝鮮書誌序論」, 『挿畫』, 1941.

김인택・윤애선・서민정・이은령 편, "웹으로 보는 한불자뎐 1.0", 저작권위원회 제호 D-2008-00 0026, 2008.

_____, "웹으로 보는 한영자뎐 1.0", 저작권위원회 제호 D-2008-00 0027, 2008.

2. 논저

1) 단행본

고영근, 『민족어학의 건설과 발전』, 박문사, 2010.

김승우, 『19세기 서구인들이 인식한 한국의 시와 노래』, 소명출판, 2014.

부산대 인문학연구소, 『한불자전 연구』, 소명출판, 2013.

이상현, 『한국 고전번역가의 초상, 게일의 고전학 담론과 고소설 번역의 지평』, 소명출판, 2013.

이상현, 윤설희, 『주변부 고전의 번역과 횡단 1: 외국인의 한국시가 담론 연구』, 역락, 2017.

이연숙, 고영진・임경화 역, 『국어라는 사상』, 소명출판, 2006.

이연숙, 이재봉・사이키 카쓰히로 역, 『말이라는 환영』, 심산출판사, 2012.

조현범, 『조선의 선교사, 선교사의 조선』, 한국교회사연구소, 2008.

황호덕, 이상현, 『개념과 역사, 근대 한국의 이중어사전』 1, 박문사, 2012.

프레데릭 불레스텍스, 이향・김정연 역, 『착한 미개인 동양의 현자』, 청년사, 2001

Barthes, R., *Le plaisir du texte*, Paris, Seuil, 1973.

Bayard, P., *Comment parler des livres qu'on n'a pas lus*, Paris, Minuit, 2007.

Elisabeth Chabanol(dir.), *France/Corée 1886-1908, Souvenirs de Séoul*, Ecole Française d'Extrême-Orient, Paris, 2006.

Jacob, C. (dir.), *Les lieux de savoir 1, Espaces et communautés*, Paris, Albin Michel, 2007 ; Les lieux de savoir 2, Les mains de l'intellect, Paris, Albin Michel, 2011.

Orange, M., *Archives françaises relatives à la Corée‐Inventaire analytique, Ministère des Affaires Etrangères* 1 Paris, Collège de France, 1987

_____, *Archives françaises relatives à la Corée‐Inventaire analytique, Ministère des Affaires Etrangères 2,* Paris, Collège de France, 2013

小倉進平, 『朝鮮語学史』, 刀江書院, 1940.

2) 논문

다니엘 부셰, 전수연 역, 「한국학의 선구자 모리스 꾸랑」, 『동방학지』 51·52, 연세대 국학연구원, 1986[D. Bouchez, "Un défricheur méconnu des études extrême-orientales Maurice Courant", Journal Asiatique, Tome CCLXXI, 1983.]

다니엘 부셰, 「모리스 꾸랑과 뮈텔」, 『한국교회사 논총』, 한국교회사연구소, 1982.

강이연, 「최초의 한국어 문법서 GRAMMAIRE CORÉENNE 연구」, 『프랑스어문교육』 29, 한국프랑스어문교육학회, 2008.

김기태, 「『直指心經』의 存續經緯에 대한 研究」, 『논문집』 29(1), 인천교육대학교, 1995.

_____, 「프랑스 소장의 우리의 전적들의 연원에 관한 고찰」, 『기전문화연구』 18, 인천대 기전문화연구소, 1989.

김승우, 「19세기 말 프랑스인들의 한국시가 고찰」, 『온지논총』 38, 온지학회, 2014.

마이클 김, 「서양인들이 본 조선후기와 일제초기 출판문화의 모습-대중소설의 수용과 유통문제를 중심으로」, 『열상고전연구』 19, 2004.

박재연·김영, 「애스턴 구장 번역고소설 필사본 『隨史遺文』 연구-고어 자료를 중심으로」, 『어문논총』 23, 국민대 어문학연구소, 2004.

박진완, 「러시아 동방학연구소 애스턴 문고의 한글자료」, 『한국어학』 46, 한국어학회, 2010.

박현숙, 윤종필, 「모리스 꾸랑과 고대 한·일 관계사 인식과 그 특징」, 『한국사학보』 54, 고려사학회, 2014.

서길수, 「유럽 학계의 광개토태왕비 조사와 연구」, 『고구려발해연구』 21, 고구려발해학회,

유춘동, 「구한말 프랑스 공사관의 터다지기 노래, 「원달고가」」, 『연민학지』 12(1), 연민학회, 2009.

_____, 「프랑스 파리 국립동양어대학교 소장 주요 자료해제-「언문한악잡가」에 대하여」, 『연민학지』 13, 연민학회, 2010.2005.

윤덕진, 「가사집 『기사총록』의 성격 규명」, 『열상고전연구』 12, 열상고전연구회, 2011.

윤애선, 「개화기 한국어 문법 연구사의 고리 맞추기」, 『코기토』 73, 부산대 인문학연구소, 2013.

_____, 「파리외방전교회의 19세기 한국어 문법 문헌 간 영향 관계 분석」, 『교회사연구』 46, 한국교회사연구소, 2014.

이길규, 「Maurice Courant과 한국서지」, 『圖協月報』 11(1), 한국도서관협회, 1970.

이상현, 「19세기 말 한국시가문학의 구성과 '문학텍스트'로서의 고시가」, 『비교문학』 61, 한국비교문학회, 2014.

_____, 「고전어와 근대어의 분기 그리고 불가능한 대화의 지점들」, 『코기토』 73, 부산대 인문학연구소, 2013.

_____, 「『삼국사기』에 새겨진 27년 전 서울의 추억―모리스 쿠랑(Maurice Courant)과 한국의 고전세계」, 『국제어문』 59, 국제어문학회, 2013.

_____, 「알렌 「백학선전」 영역본 연구―모리스 쿠랑의 고소설 비평을 통해 본 알렌 고소설 영역본의 의미」, Comparative Korean Studies 20(1), 국제비교한국학회, 2012.

이상현·김채현·윤설희, 「오카쿠라 요시사부로 한국문학론의 근대학술사적 함의」, 『일본문화연구』 50, 동아시아일본학회, 2014.

이상현, 이진숙, 장정아, 「〈경판본 흥부전〉의 두 가지 번역지평―알렌, 쿠랑, 다카하시, 게일의 〈흥부전〉 번역사례를 중심으로」, 『열상고전연구』 47, 열상고전연구회, 2015.

이상현, 이은령, 「19세기 말 고소설 유통의 전환과 '민족지'로서의 고소설」, 『비교문학』 59, 한국비교문학회, 2013.

_____, 「모리스 쿠랑의 『한국서지』와 훈민정음 기원론」, 『열상고전연구』 56, 열상고전연구회, 2017.

이선희, 「콜랭 드 플랑시와 直指의 改裝」, 『서지학연구』 68, 한국서지학회, 2016.

이은령, 「『한어문전』의 문법기술과 품사구분―문화소통의 관점에서 다시 보기」, 『프랑스학연구』 56, 프랑스학회, 2011.

_____, 「『한어문전 Grammaire Coréenne』과 19세기 말문법서 비교 연구」, 『한국프랑스학논집』 78, 한국프랑스학회, 2012.

이영미, 「朝-美 修交 이전 서양인들의 한국 역사서술」, 『한국사연구』 148, 한국사연구회, 2010.

_____, 「쿠랑이 본 한국의 역사와 동아시아 속의 한국」, 『한국학연구』 28, 인하대 한국학연구소, 2012.

이진명, 「프랑스 국립도서관 및 동양어대학 도서관 소장 한국학 자료의 현황과 연구 동향」, 『국학연구』 2, 국학연구소, 2003.

이혜은, 이희재, 「꼴레쥬 드 프랑스 소장 한국 고서의 현황과 활용방안」, 『한국문헌정보학회지』 45(4), 한국문헌정보학회, 2011.

이희재, 「모리스 꾸랑과 한국서지에 관한 고찰」, 『숙명여자대학교 논문집』, 숙명여자대학교 논문편집위원회, 1985.

_____, 「콜랭 드 플랑시와 直指의 改裝」, 『서지학연구』 28, 한국서지학회, 2004.

_____, 「재불 한국 고서의 현황과 발전방향」, 『국외소재 한국 고문헌 수집성과와 과제』(개정판), 국립중앙도서관 도서관연구소, 2011.

정대영, 「모리스 꾸랑의 『한국서지』에서 나타나는 고지도 자료연구」, 『한국고지도연구』 3(1), 한국고지도연구학회, 2011.

_____, 「콜레주 드 프랑스(Collège de France) 소장 『天下諸國圖』 연구」, 『한국고지도연구』 5(2), 한국고지도연구학회, 2013.

정병설, 「러시아 상트베테르부르크 동방학연구소 소장 한국 고서의 몇몇 특징」, 『규장각』 34, 서울대 규장각 한국학연구소, 2013.

정출헌, 「근대 전환기 '소설'의 발견과 『조선소설사』의 탄생」, 『한국문학연구』 52, 동국대 한국문학연구소, 2016.

황정하, 「『直指』의 刊行과 傳存 經緯」, 『역사와 실학』 35, 역사와 실학회, 2008.

허경진·유춘동, 「러시아 상트베테르부르크 국립대학과 동방학연구소에 소장된 조선전적에 대한 연구」, 『열상고전연구』 36, 열상고전연구회, 2012.

_____, 「애스턴의 조선어학습서 『Corean Tales』의 성격과 특성」, 『인문과학』 98, 연세대 인문과학연구소, 2013.

현광호, 「청일전쟁 이전 시기 프랑스 외교관 플랑시의 조·청관계 인식」, 『대구사학』 99, 대구사학회, 2010.

홍순호, 「구한말 서구열강의 대한인식 – 프랑스를 중심으로」, 『경제논총』 20(2), 이화여대 경영연구소, 2002.

Kobyakova, U., 「애스턴문고 소장 『Corean Tales』에 대한 고찰」, 『서지학보』 32, 한국서지학회, 2008.

이귀원, "Les travaux sur Maurice Courant en Corée", 『서지학연구』 40, 한국서지학회, 2008.

조재룡, "Les premiers textes poétiques coréens traduits en français a` l'époque de l'ouverture au monde", 『통번역학연구』 17(4), 통번역연구소, 2013.

_____, "Traduire le vers coréen sijo : approche théorique et practique", 『프랑스문화예술연구』 33, 프랑스문화예술학회, 2010.

3. 초출문헌

• 다니엘 부셰, 전수연 옮김, 「한국학의 선구자 모리스 꾸랑」, 『동방학지』 51·52, 연세대 국학연구원, 1986[D. Bouchez, "Un défricheur méconnu des études extrême-orientales Maurice Courant", *Journal Asiatique*, Tome CCLXXI, 1983.]

• 이은령·이상현, 「모리스 쿠랑의 서한과 한국학자의 세 가지 초상 – 『플랑시 문서철(*PAAP, Collin de Plancy Victor*)』에 새겨진 젊은 한국학자의 영혼에 대하여」, 『열상고전연구』 44, 열상고전연구회, 2015.